吉林省"长白山学者计划"项目支持

U0723591

冰雪经济高质量发展的
机理与路径研究

邵桂华　著

中国商务出版社
CHINA COMMERCE AND TRADE PRESS

图书在版编目（CIP）数据

冰雪经济高质量发展的机理与路径研究 / 邵桂华著
. --北京：中国商务出版社，2022.8
ISBN 978-7-5103-4080-2

Ⅰ.①冰… Ⅱ.①邵… Ⅲ.①冰—资源经济—研究—
中国②雪—资源经济—研究—中国 Ⅳ.①F127

中国版本图书馆 CIP 数据核字（2022）第 138226 号

冰雪经济高质量发展的机理与路径研究
BINGXUE JINGJI GAOZHILIANG FAZHAN DE JILI YU LUJING YANJIU
邵桂华　著

出　　　版：	中国商务出版社	
地　　　址：	北京市东城区安外东后巷 28 号　　　邮　编：100710	
责任部门：	教育事业部（010-64283818）	
责任编辑：	刘姝辰	
直销客服：	010-64283818	
总 发 行：	中国商务出版社发行部（010-64208388　64515150）	
网购零售：	中国商务出版社淘宝店（010-64286917）	
网　　　址：	http：//www.cctpress.com	
网　　　店：	https：//shop162373850.taobao.com	
邮　　　箱：	347675974@qq.com	
排　　　版：	北京贝壳互联科技文化有限公司	
印　　　刷：	天津雅泽印刷有限公司	
开　　　本：	710 毫米×1000 毫米　1/16	
印　　　张：	15.75	字　数：258 千字
版　　　次：	2022 年 8 月第 1 版	印　次：2022 年 8 月第 1 次印刷
书　　　号：	ISBN 978-7-5103-4080-2	
定　　　价：	78.00 元	

凡所购本版图书如有印装质量问题，请与本社印制部联系（电话：010-64248236）

|前　言|

数十年砥砺奋进,四十年改革不息,七十年长歌未央。经过历史潮流的澎湃激荡,党的十九大报告对我国发展所处的历史方向有了新的定位,当前我国经济正处于向高质量发展转变的关键时期,而实现高质量发展就是要实现从中国速度向中国质量的转变。绿水青山就是金山银山,冰天雪地也是金山银山。这一重要的科学论断不仅为加强生态文明建设和发展绿色经济指明了方向,也为正着力迈向高质量发展的体育产业提供了新的发展思路。冰雪经济作为一种绿色、低碳经济应势而起,在"3亿人上冰雪"的感召下,我国的冰雪正在迅速从"冷资源"转变为"热经济"。在此背景下,为了顺应新时代的发展需求,冰雪经济要以提升发展质量和效益为主线,以创新为发展的第一动力、以协调为内生特点,走绿色、开放、共享的发展道路,将冰雪旅游作为发展的"总牵引",冰雪运动为"重要推动力",强调以冰雪文化"铸魂",以冰雪装备"强体"。从社会和经济功能上来看,冰雪经济作为新兴崛起的增长极,不仅在满足人民对美好生活的向往中发挥作用,在满足人民体育需求方面也展现出重要力量。在将"冰天雪地"转换成"金山银山"的过程中,要充分利用绿色、低碳经济的优势,发挥出其在整合冰雪资源、优化产业空间结构布局和推动生产、生态协调发展上的作用,努力向着生产空间集约高效、生活空间宜居适度和生态空间山清水秀的"三生空间一体化"的建设目标前进。从长远来看,冰雪具有社会和经济双重效应,将成为实现我国经济高质量发展目标中的有力抓手,因此,探索冰雪经济高质量发展的逻辑机理和实现路径是充分发挥体育在满足人民美好生活需要和推动我国经济结构转型的必然选择。综上,本书将按照"一个中心""两个方向""三个层面""四个路径"展开这一探索:

"一个中心"是指从"三生空间"的系统内涵出发,以引领高质量发展的五大理念为研究中心,实现冰雪经济高质量发展。

1

"两个方向"是指基于复杂适应系统理论、创新生态系统理论、协同学理论和社会再生产理论，探讨冰雪经济高质量发展的理论方向和实践方向。

"三个层面"是指将冰雪经济高质量发展依照"三生空间"融合的演化层面、发展路径和实例分析的逻辑进行构建，确保研究具有系统性、科学性、合理性和可行性。

"四个路径"是指在"三生系统"融合的基础上，以冰雪装备制造、冰雪运动与赛事、冰雪体育培训和冰雪文化旅游这四类业态为重点，结合四个案例提出了切实可行的四类高质量发展路径，为冰雪经济高质量发展提供了可行的建议。

全书一共分为四大部分。第一部分为基础篇，主要进行了冰雪经济概述、经济高质量发展概述和阐述冰雪经济高质量发展的理论基础；第二部分为机理篇，从生产、生活和生态的角度系统分析了冰雪经济"三生空间"的系统构成，依据复杂适应系统理论、创新生态系统理论、协同学理论等，描述了冰雪经济高质量发展的"三生空间"系统构成、冰雪经济高质量发展的系统目标和系统环境，并且对生活、生产和生态空间进行分析，最终对冰雪经济"三生空间"的融合机理进行阐释；第三部分是路径篇，本篇立足于新发展理念，通过对冰雪装备制造、冰雪运动与赛事、冰雪体育培训与冰雪文化旅游产业进行分析，提出具有针对性的高质量发展路径，最终总结提炼出冰雪经济"三生融合"一体化的发展路径；第四部分是实证篇，从生产、生活与生态融合的角度选取了实际案例进行分析，其中包括山东泰山集团冰雪产业、长春净月潭瓦萨国际滑雪节、星宏奥冰球俱乐部和黑龙江雪乡风景区，除了介绍案例的基本情况外，也从主体本身的优势和劣势出发，分析了不同业态环境中高质量发展面临的机遇与挑战，最终提出了不同的发展策略。

| 目　录 |

基 础 篇

机 理 篇

路　径　篇

实　证　篇

基　础　篇

　　"要坚持不懈推动高质量发展，加快转变经济发展方式，加快产业转型升级，加快新旧动能转换，推动经济发展实现量的合理增长和质的稳步提升。"这一重要指示将作为当前乃至今后相当长一段时间的冰雪经济发展科学指引，能够有效推动冰雪经济发展从"量"的增长转向"质"的提高，实现量在新等级上保持增长。冰雪经济高质量发展是一个涉及经济、社会、文化、生态等的多维度概念。为了更科学全面地把握研究方向，本章对冰雪经济和经济高质量发展进行了系统的综述和分析，分别对其背景、内涵、特征以及研究进展进行深入梳理，并对冰雪经济高质量发展所涉及的复杂适应系统理论、创新生态系统理论、协同学理论、社会再生产理论等进行探讨，以期为本书研究冰雪经济高质量发展的机理与路径提供研究的理论基石。

第一章　冰雪经济概述

第一节　冰雪经济的背景

2015 年，我国成功获得了 2022 年冬奥会的举办权，冰雪运动在我国开始飞速发展。2016 年，习近平总书记在参加黑龙江省代表团审议时提出了"冰天雪地也是金山银山"的重要理念。近年来，武大靖、谷爱凌等优秀冰雪运动员的涌现，让冰雪运动更为大众所熟知，北京冬奥会的成功申办更是引发了国内的冰雪热潮，吸引了大批的冰雪爱好者，起到了良好的辐射带动作用，为营造我国的冰雪文化氛围打下了良好的基础。

当前我国的新发展格局不仅顺应了全球经济发展变化趋势，也切实符合了中国经济战略发展方向。市场经济的飞速发展，同样促进了体育经济规模的不断壮大，体育经济所创造的市场价值与影响力也与日俱增。目前的体育经济是以体育服务消费和物质消费作为主体，这与市场经济高度契合，同时体育经济在市场经济体系中发挥的作用也愈加明显[①]。冰雪经济作为体育经济不可分割的组成部分，其潜力自然不可忽视。目前，我国的冰雪产业初步形成了以冰雪场地设施建设运营为基础、冰雪大众休闲健身和竞赛表演为核心、冰雪旅游为带动、冰雪装备制造为支撑的冰雪产业体系。根据 2019 年腾讯体育联合易观数据发布的《中国冰雪运动产业发展报告》的相关数据显示，2017 年我国冰雪运动产业规模达到了 3796 亿元，预计到 2020 年冰雪产业总规模将达到 6152 亿元（如图 1-1 所示），到 2025 年，总规模将达到 10000 亿元[②]。

---

① 宋笑敏. 新时代发展壮大体育经济的三个基本立足点 [J]. 北京体育大学学报，2020（2）：10-18.

② 腾讯体育. 中国冰雪产业白皮书 [R/OL]. [2018-01-15]. http：//www.sport.gov.cn/jjs/index.html.

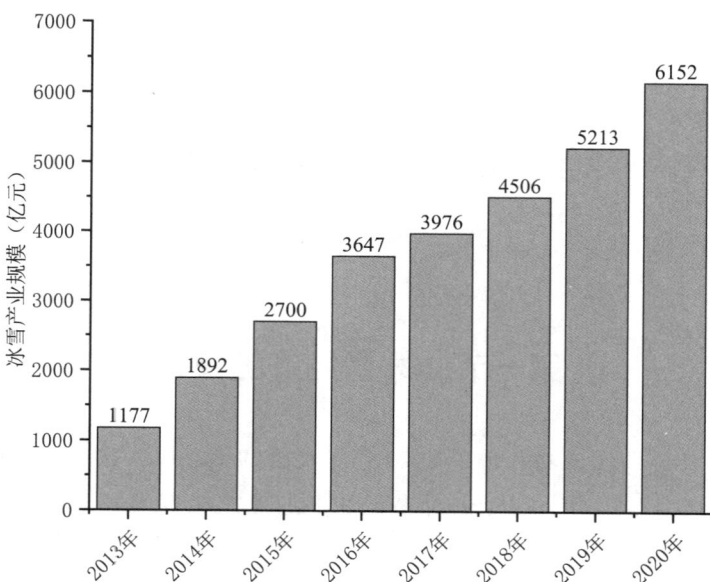

图 1-1 2013 至 2020 年中国冰雪产业规模及预测

冰雪运动文化目前正被世界各国政府大力推广传播，它的形成与发展可以说是一种必然趋势。冰雪运动文化的有效传播不仅可以促进国与国之间的交流，而且在提升国家战略发展上有着不可替代的作用。从当前冰雪产业的发展来看，冰雪产业已成为一种"热经济"，通过培育壮大冰雪产业以扩大居民体育消费、出口相关产品来开拓海外市场，已经成为体育经济不可或缺的组成部分[①]。

目前来看，中国冰雪产业尤其是东北地区的冰雪产业已初具规模，然而我国的冰雪产业在发展的过程中仍存在着诸多问题。首当其冲的就是区域发展不平衡，我国的冰雪产业发展主要集中在北方，南方的冰雪产业发展受限，整体相对落后。其次是冰雪运动的普及化程度较低，冰雪运动参与人数少，且大部分参与人群都是初步滑雪体验性消费，无法产生持续性消费。再者就是竞技项目发展不均衡，主要体现在冰上项目与雪上项目的发展不平衡，并存在冰雪运动员后备力量严重不足的问题。最后则是国内冰雪项目起

---

① 张东徽，吴昊，吴中琦. 构建体育经济"小循环"——以长三角冰雪消费升级为例 [J].
科学决策，2021（5）：141－157.

步较晚，冰雪产业规模不大，有效供给不足，缺乏核心技术，各类冰雪专业人才短缺，缺少建设运营标准和制度，导致冰雪企业运营效率低，同质化运营严重，大部分的冰雪设备都依赖于进口，缺少自主品牌。针对这些问题，国家也出台了不同的发展政策（如表1-1所示）。2014年国家体育总局发布了46号文件，标志着我国体育产业的发展迈入了新的阶段，2016年国家体育总局及相关部门又相继发布了《体育发展十三五规划》《冰雪运动发展规划（2016—2015）》《群众冬季运动推广普及计划（2016—2020年）》，提出了带动三亿人参与冰雪运动的发展目标以及冰雪运动"南展西扩东进"的发展战略，对于冰雪运动的普及与推广以及相关的保障措施也提出了更详细的规划[①]。同年12月又提出了《全国冰雪场地设施建设规划（2016—2022年）》，针对冬奥会专业比赛场馆的合适性、比赛器械的先进性以及场地维护的稳定性等基础性问题提出了相应的规划，同时对冬奥会后冰雪经济产业的未来和关于如何进一步推进、利用资源的问题也提出了相应的指导意见[②]。在此基础上，国家体育总局及相关部门于2019年3月和5月又分别出台了《关于以2022年北京冬奥会为契机大力发展冰雪运动的意见》和《冰雪装备器材产业发展行动计划（2019—2022年）》，以冬奥会的实际需求为导向，开展"南展西扩东进"冰雪装备器材示范应用，同时重点加强了对青少年冰雪运动的规划，促进"冰雪运动进校园"装备器材示范应用，为未来我国冰雪产业的发展指明了前进方向[③]。

表1-1 2014年以来国家发布的冰雪产业相关政策文件

部门	发布时间	文件名称
国务院	2014—10—02	《国务院关于加快体育产业促进体育消费的若干意见（国发〔2014〕46号）》
国家体育总局	2016—05—05	《体育发展十三五规划》
国家体育总局等7个部门	2016—09—14	《全国冰雪场地设施建设规划（2016—2022年）》

---

① 国家体育总局. 冰雪运动发展规划（2016—2025）[EB/OL]. [2016—11—02]. http://www.gov.cn/xinwen/2016—11/25/content_5137611.htm.

② 国家体育总局. 全国冰雪场地设施建设规划（2016—2022年）[EB/OL]. [2016—11—02]. http://www.gov.cn/xinwen/2016—11/25/content_5137605.htm.

③ 工业和信息化部. 冰雪装备器材产业发展行动计划（2019—2022）[EB/OL]. [2019—05—20]. http://www.gov.cn/gongbao/content/2019/content_5430508.htm.

部门	发布时间	文件名称
国家体育总局等 4 个部门	2016-11-25	《冰雪运动发展规划（2016—2025）》
国家体育总局	2018-09-05	《"带动三亿人参与冰雪运动"实施纲要（2018—2022 年）》
中共中央、国务院	2019-03-31	《关于以 2022 年北京冬奥会为契机大力发展冰雪运动的意见》
国务院等 9 个部门	2019-05-20	《冰雪装备器材产业发展行动计划（2019—2022 年）》
国家发展改革委等 3 部门	2021-02-08	《冰雪旅游发展行动计划（2021—2023 年）》

即将到来的北京冬奥会，是一场世界瞩目的体育盛会，它是在新时代展示我国国家形象、提振中华民族精神、促进中西方文化交流的重要舞台，同时对于中国的冰雪产业来说，也是一个千载难逢的发展机遇。通过"冷资源"带动"热经济"，可以推动冰雪旅游、冰雪健身休闲产业，促进冰雪产业与相关产业的深度融合，让公众通过参与冰雪运动培养冰雪运动的意识，从而更好地推动体育强国的建设①。

第二节　冰雪经济的内涵

2014 年《冰雪装备器材产业发展行动计划（2019—2022 年）》中提出，到 2022 年，冰雪装备器材产业年销售收入超过 200 亿元，年均增速在 20% 以上②。在政府相关政策的引导和市场的双重驱动下，我国冰雪体育产业开始迈入新的发展阶段。冰雪运动在全国范围内迅速开展，冰雪产业已形成相当规模，冰雪经济作为新的经济增长点也开始受到社会各界的广泛关注。近年来，关于"冰雪经济"的相关研究已经引起了学术界的重视，但迄今为止，在理论层面还未形成统一的定论，对于冰雪经济的内涵也存在不同的解读。

冰雪经济作为体育经济的一部分，在第三产业中所占比重越来越大，已成为当前我国体育经济发展的重要推动力和着力点。冰雪产业对上下游产业的带动效应以及其他相关产业的拉动作用明显，冰雪经济的辐射范围非常之

---

① 董倩，张颐武，宋瑞，等. 面向新发展阶段——"三亿人参与冰雪"与新时代文旅融合 [J]. 人民论坛，2020（35）：36—37.

② 工业和信息化部. 冰雪装备器材产业发展行动计划（2019—2022）[EB/OL]. [2019-05-20]. http://www.gov.cn/gongbao/content/2019/content_5430508.htm.

大，在未来中国冰雪经济的发展前景将会更加广阔，冰雪经济将成为我国社会经济发展中新的增长点和驱动力。冰雪经济涵盖了冰雪产业，但冰雪经济的范围比冰雪产业更加广泛，冰雪经济在资本市场中的地位也越来越突出。在欧美发达国家，以冰雪产业为基础的冰雪经济已进入较为成熟的发展阶段，关于冰雪经济的理论研究也形成了较为完备的体系，而我国冰雪运动开展较晚，主要集中于我国北方地区。在过去往往将冰雪经济放在体育经济、冰雪产业中进行研究探讨，并未将冰雪经济作为一种独立的经济类型进行专门研究，对我国冰雪经济的相关研究课题和文献很少，现有研究相对滞后，在地理上也主要集中在冰雪资源丰沛的东北地区。因此，针对当今我国冰雪经济的发展现状，很有必要在理论层面和实践层面加强对我国冰雪经济的相关研究（如表 1-2 所示）。

表 1-2　关于冰雪经济内涵界定的部分文献梳理

视角	作者	研究内容
宏观视角	孙淑英（2011）	冰雪经济就是以冰雪为特征的经济，它涵盖源于冰雪活动的第三产业、为冰雪旅游服务的经济生产活动和为经济服务的冰雪活动。
	遇华仁、刘悦男（2013）	冰雪经济是以冰雪为特性的经济，是以自然资源为载体，所发生的经济、社会、文化活动的总和。
	胡慧璟、郭万超（2020）	冰雪产业又被称之为冰雪经济，一般指以冰、雪资源为基础而形成的经济产业。
	邹怡琪（2021）	冰雪经济指的是以冰雪为资源创造财富的经济，是涵盖于冰雪活动的第三产业，属于为经济服务的活动。
中微观视角	吴永立等（2019）	冰雪经济是以冰雪为依托和特征的经济，其基础是冰雪资源。其核心动力来自冰雪旅游，进而拉动装备制造、交通运输等多行业共同发展。
	张晗、李平（2021）	冰雪经济是以冰雪资源为主要特征的经济，它包含了一系列与冰雪活动相关的第三产业，冰雪经济具有较长的产业链，从而可以成为带动整个地区经济增长的有力引擎。

我国对于冰雪经济的研究起步较晚，1994 年，武岫岚提出要建立一门新学科——冰雪经济学，并指出"冰雪经济学是研究以冰雪为特征的经济现象及其运动规律的科学"[①]。此后，王清海在冰雪文化和冰雪旅游研究的基

---

① 武岫岚. 建立一门新学科——冰雪经济学 [J]. 龙江社会科学, 1994 (6): 49-51.

础上，对冰雪产业进行了深入探讨，从区域经济的角度深入研究了冰雪经济，把冰雪活动研究拓展到经济领域，填补了我国冰雪经济理论研究的空白。自我国成功举办 2022 年北京冬奥会以来，冰雪经济逐渐成为体育研究领域中的热点，关于冰雪经济的理论研究成果逐渐丰富，这对于我国冰雪经济向好发展具有重要的指导价值。

现阶段，关于冰雪经济的研究主要从宏观视角和中微观视角出发进行探究。冰雪经济的宏观研究大多数是与经济背景、社会发展、气候变化等相关联的研究。中观研究主要是对冰雪产业发展的研究。微观研究主要是对冰雪产业中各部分的细分研究，如滑雪场的经营管理研究、冰雪小镇的经济发展研究、冰雪体育赛事的研究等。在认识和理解"冰雪经济"的内涵时，有的学者从宏观经济背景以及区域经济的发展等方面对冰雪经济进行探究，也有的学者从中微观视角出发，通过对冰雪旅游业、冰雪装备制造业、冰雪赛事产业等冰雪相关产业的发展进行研究，以从中探讨冰雪经济的内涵。基于这种现状，现分别从宏观视角、中微观视角对冰雪经济内涵的相关研究进行梳理总结。

一、宏观视角下冰雪经济的内涵研究

自从"冰天雪地也是金山银山"的发展理念提出后，冰雪经济逐渐受到资本市场的青睐，学术界也围绕"冰雪经济"展开了相关研究，并形成了一些有价值的研究成果。加之之前一些学者的研究，现有理论研究成果主要包括如下观点：

孙淑英（2011）认为，冰雪经济就是以冰雪为特征的经济，它涵盖源于冰雪活动的第三产业、为冰雪旅游服务的经济生产活动和为经济服务的冰雪活动[1]。他认为冰雪经济是第三产业的重要组成部分，通过冰雪活动来服务社会经济发展，促进社会生产，对于带动整个第三产业的发展具有重要意义。冰雪经济作为一种独立的经济类型，是依托冰雪资源发展冰雪旅游业以及相关产业，促进社会经济发展的一种经济活动。应当充分认识到冰雪资源可以被旅游业开发利用，作为一种具有很高的经济价值的旅游资源，应当变资源优势为经济优势，促进冰雪经济的发展。遇华仁、刘悦男

---

[1] 孙淑英. 黑龙江省：冰雪经济存在的问题及发展对策 [J]. 统计与咨询，2011 (5)：48.

（2013）认为冰雪经济是以冰雪为特性的经济，不仅涵盖冰雪旅游、冰雪体育，也包含冰雪文化；是以自然资源为载体，所发生的经济、社会、文化活动的总和①。他们认为冰雪经济以自然冰雪资源作为发展基础，对地理环境条件和气候条件的要求较高。同时，提出冰雪经济是一种体验经济，冰雪经济的持续发展，必须通过消费者的口碑传播去获得更好的知名度和美誉度。此外，他们还认为冰雪经济的发展需要冰雪文化作为支撑，冰雪文化能够提升冰雪经济的档次。胡慧璟、郭万超（2020）提出，冰雪经济一般指以冰、雪资源为基础而形成的经济产业②。通过2022年北京冬奥会举办的巨大机遇，促进冰雪经济提质升级，同时加强冰雪产业与其他产业的关联，使冰雪经济成为国民经济新的增长点。邹怡琪（2021）认为冰雪经济指的是以冰雪为资源创造财富的经济，是涵盖于冰雪活动的第三产业，属于为经济服务的活动③。在发展冰雪经济产业的同时，还应加强与其他产业的合作，以冰雪经济为主体，实现多产业协同发展，进而推动整个宏观经济的发展。

综合来看，冰雪经济是一种以冰雪资源为基础，涵盖了冰雪活动的第三产业的经济生产活动。冰雪资源是指凡是具备吸引旅游者的条件，可以作为资源被冰雪经济产业利用，并可通过此过程产生社会效益、环境效益以及经济效益的一切事物和因素。冰雪资源作为冰雪旅游资源及相关产业的营销对象，具有显著的经济价值，其资源配置应在尊重客观规律和当地自然环境的前提下，以市场需求为主导，优化冰雪资源配置，通过对冰雪资源的合理开发利用，因地制宜地发展冰雪旅游经济，实现冰雪经济效益的最大化，将"冷资源"变为"热产业"。此外，冰雪资源也是部分城市发展所具有的独特优势，通过对优质冰雪资源的开发利用，以冰雪旅游为媒介，将带动上下游相关产业协同发展。在未来，冰雪经济将成为部分城市经济发展的重要推动力，进而对整个宏观经济产生重要的拉动作用。冰雪经济作为体育经济的一部分，属于为社会经济服务的冰雪活动，随着我国冰雪运动的普及，冰雪产业迎来强劲的发展势头，冰雪经济在第三产业中的贡献率越来越突出，在未

① 遇华仁，刘悦男．黑龙江省冰雪经济发展模式浅析 [J]．黑龙江金融，2013（9）：64—65.
② 胡慧璟，郭万超．借鉴日韩经验发展首都冰雪产业 [J]．前线，2020（6）：58—71.
③ 邹怡琪．黑龙江省冰雪经济发展路径研究 [J]．企业改革与管理，2021（13）：223—224.

来将成为带动我国第三产业发展的重要驱动力。

二、微观视角下冰雪经济的内涵研究

尽管"冰雪经济"作为一种起源于宏观经济层面而提出的新兴经济类型，但也有很多基于中微观视角展开的研究。吴永立等（2019）认为冰雪经济是以冰雪为依托和特征的经济，其基础是冰雪资源[①]。他提出以冰雪为媒介和纽带，连接起各行各业，将多项产业带动起来，使冰雪与相关产业的融合发展得到全方位的体现，通过"冰雪＋"战略来服务"白雪换白银"的发展目标。随着冰雪产业的纵深发展，在未来冰雪产业必将和其他关联产业进行更为深入的融合，"冰雪＋"经济将为冰雪经济的发展开拓更广阔的市场。张晗、李平（2021）认为冰雪经济是以冰雪资源为主要特征的经济，它包含了一系列与冰雪活动相关的第三产业[②]。有条件的城市应当利用自然地理优势和优质冰雪资源，将与冰雪相关的产业联系起来联动发展，打造一条完善的冰雪经济产业链，同时推动冰雪经济产业链向多元化方向发展，促进我国冰雪经济的可持续发展。

通过以上学者的观点可以看出，对于中微观视角下冰雪经济的内涵的理解，往往从冰雪产业出发，通过对冰雪产业的整体延伸，发挥冰雪经济对关联产业的引领作用，进而对冰雪经济产生更为全面的认识。现如今，随着我国国民经济的稳步发展，居民人均收入水平大幅度提高，越来越多的人开始参与到冰雪运动和冰雪旅游体验之中，这为冰雪经济产业的发展带来了巨大的商业客流和经济利益。大批南方游客纷纷前往北方冰雪旅游度假区，带来大量的冰雪体育消费。同时冰雪旅游业带来的经济效益又将推动我国冰雪体育经济消费升级，进而产生更高层次的冰雪消费需求，并将其传导到冰雪产业及上下游关联产业链之中，推动我国冰雪产业和冰雪经济的整体升级，最终以冰雪经济小循环助推整个经济系统的良性循环。

① 吴永立，王楠，刘雨萌，等．基于 SWOT 分析模型的河北省冰雪经济发展策略研究［J］．现代营销（下旬刊），2019（3）：117－118.

② 张晗，李平．冬奥会背景下河北冰雪经济可持续发展的策略选择［J］．商业经济，2021（3）：51－53.

第三节　冰雪经济的研究综述

冰雪经济是全球公认的朝阳产业，因其环保低碳、高效低耗、辐射广泛、收益明显、潜力巨大等特点，深受许多国家和地区重视。欧美等发达国家的冰雪产业发展较早，基础设施比较完善，冰雪经济早已形成了成熟的运行系统和完整的冰雪产业链条。在欧洲，冰雪运动历史悠久，冰雪体育文化深入人心，参与冰雪运动已经成为普通家庭的一种日常锻炼方式。阿尔卑斯滑雪圈以其优越的地理条件以及高质量的冰雪资源，已成为享誉全球的滑雪运动圣地，带动了周边国家冰雪产业和冰雪经济的发展。在欧洲，滑雪是最普及的冬季户外运动，大部分居民都会滑雪，源源不断的冰雪运动参与者保证了冰雪经济发展的可持续性。同时，欧美冰雪经济的发展不仅拥有得天独厚的地理优势和优质雪源，其先进的冰雪运动设备、高品质的服务和比较完善的管理体制更是冰雪经济良性发展的核心要素。

相比于欧美国家发达的冰雪产业，我国冰雪产业整体发展相对较晚，目前还处于发展的初级阶段，还存在冰雪经济体系建设不完善等问题。长期以来，受经济结构、发展理念和人民群众生活、消费、运动观念等影响制约，我国的冰雪产业始终处于缓慢发展的状态，留下了许多发展空白。进入新世纪后，我国冰雪产业开始进入高速发展阶段。到 2019 年，全国范围内的滑雪场从 2000 年的不到 50 家扩充到了 770 家[①]。同时，随着社会经济和科技的发展，越来越多室内滑雪场和商业冰场出现在我国的城市之中，为一些冰雪资源缺乏的南方地区群众提供了参与冰雪运动的平台，有效地增加了群众对于冰雪运动的参与度，对于冰雪运动在全国范围的普及起到了重要的推动作用。伴随着北京冬奥会的不断临近，我国冰雪经济的发展必须抓住历史机遇，乘势而上，打造成为我国第三产业发展过程中重要的经济类型。

由于国外冰雪经济发展较早，关于冰雪经济的理论研究形成了相对成熟的体系，相关研究成果也十分丰富。目前国内已有的冰雪经济研究大多以冰雪产业的发展为研究对象，从不同的研究视角对冰雪经济进行宏观或中观研

[①]　伍斌.《2019 年中国滑雪产业白皮书》[R/OL].［2020－02－18］. http：//www. sport. gov. cn/jjs/index. html

究。冰雪旅游业作为冰雪经济发展过程中的核心产业，是冰雪经济理论研究的重要内容。早在 1978 年，Michael J. Etzel 和 C. R. Michael Parent 就从旅游市场开发的视角出发，研究了滑雪旅游发展过程中不同的广告宣传策略对于冰雪旅游经济的影响[①]。在 1996 年，Greg Richard 研究了英国滑雪旅游市场中游客的"习惯性消费"动机对冰雪旅游经济的影响等[②]。在 2008 年，沃夫塞格等认为，气候变化对于滑雪场运营的威胁并不严重，滑雪场管理者认为通过人工造雪等技术，将能够有效应对 21 世纪的气候变化[③]。在 2010 年，皮克林等研究发现，随着气候变化，一些滑雪胜地的自然积雪开始变得不足，滑雪度假村经营者计划通过增加人工造雪来弥补降雪量的减少[④]。但低海拔的滑雪场地可能无法依赖人工造雪，甚至不能在短期内适应气候变化，对于冰雪经济的发展产生了不利影响。在 2014 年，霍普金斯等研究认为，气候变化对于苏格兰冰雪产业带来了难以控制的风险，滑雪场正在以业务多样化的形式提升自主适应能力，以提升其应对运营风险的能力[⑤]。

在过去，我国学术界对于冰雪经济的研究较少，相关研究成果也有待挖掘。但随着近年来我国冰雪产业的快速发展和国家对于冰雪经济的重视，当前学术界对于冰雪经济的研究也在逐步增加。在 2017 年，武传玺通过对"互联网＋冰雪体育旅游"的营销模式进行研究，提出并构造了成熟完善的"互联网＋冰雪体育旅游"生态圈，促使冰雪体育旅游产业成为居民消费升级的重要领域，进而推动冰雪经济的发展[⑥]。在 2019 年，李振、任保国通过分析我国冰雪特色小镇建设过程中出现的问题，提出要充分发挥冰雪特色小镇产业集聚效应，激发冰雪特色小镇产业的内生动力，以冰雪经济带动区

① Michael J. Etzel and C. R. Michael Parent. Advertising strategy in tourism：A case study in the ski industry [J]. Annals of Tourism Research，1978，5（1）：179.

② Richards G. Skilled consumption and UK ski holidays [J]. Tourism Managemen，1996，17（1）：25－34.

③ Wolfsegger C，G？//Soosling S，D Scott. Climate Change Risk Appraisal in the Austrian Ski Industry [J]. Tourism Review International，2008，12（1）：13－23.

④ PICKERING C M，BUCKLEY R C. Climate response by the ski industry：the shortcomings of snowmaking for Australian resorts [J]. AMBIO，2010（6）：430 438.

⑤ HOPKINS D，MACLEAN K. Climate change perceptions and responses in Scotlands ski industry [J]. Tourism Geographies，2014（3）：400 414.

⑥ 武传玺. 互联网＋冰雪体育旅游的营销模式与发展路径 [J]. 体育文化导刊，2017（5）：121－125.

域经济发展①。在 2020 年，张泽君等通过对我国大众冰雪旅游业发展优势与困境的分析，提出了相应的优化路径②。由此可见，当前我国学者对于冰雪经济的研究成果日益丰富，对冰雪经济研究的深度和广度也进行了一定程度的拓展。

总体来看，目前我国冰雪经济还存在着发展缓慢、开发程度低、盈利模式单一、冰雪装备制造水平较低、科技含量不足和高端冰雪装备过分依赖进口等问题。在北京冬奥会的热潮以及国家政策的扶持下，我国冰雪产业已经走上了稳步提升的道路，这对于新时代我国冰雪经济的稳步发展具有积极意义。冰雪经济作为以冰雪产业为基础发展形成的一种经济类型，细分之下，其具体内容主要包括以下几个部分：

一、冰雪旅游产业

冰雪旅游作为冰雪经济的核心产业，吸引着我国大批学者进行关注和研究，刘立军（2019）阐释了冰雪体育旅游的内涵、价值和特征，以黑龙江和北京作为典型案例进行实证研究，提出了冰雪体育旅游的发展策略③。杨春梅、赵宝福（2014）利用 DEA 模型对 2011 年黑龙江、吉林等 17 个省、直辖市的冰雪旅游产业效率进行了相关的数据分析与研究，得出了各地区的冰雪旅游产业发展在空间上呈现明显差异化的结论④。武传玺（2017）采用文献资料和逻辑分析等研究方法，对互联网＋冰雪体育旅游的营销模式进行研究⑤。

王飞（2016）通过对我国冰雪旅游业治理的内涵特征、结构体系以及运行机制进行研究，提出了通过加强激励机制、融资机制、竞争机制以及民主

① 李振，任保国. 我国冰雪特色小镇建设问题及发展策略 [J]. 体育文化导刊，2019（8）：78－83.
② 张泽君，张建华，张健. 我国大众冰雪旅游业发展的现实困境与优化路径 [J]. 体育文化导刊，2020（2）：89－96.
③ 刘立军. 中国冰雪体育旅游的理论与实证研究 [D]. 苏州：苏州大学，2019.
④ 杨春梅，赵宝福. 基于数据包络分析的中国冰雪旅游产业效率分析 [J]. 干旱区资源与环境，2014，28（1）：169－174.
⑤ 武传玺. 互联网＋冰雪体育旅游的营销模式与发展路径 [J]. 体育文化导刊，2017（5）：121－125.

决策机制建设等措施来完善冰雪旅游业运行机制[①]。吴玲敏等（2019）采用文献资料和实地调查等研究方法，对北京冬奥会推动京津冀冰雪旅游发展效应及协同推进策略进行了研究，提出了构建京津冀冰雪体育产业链，促进京津冀冰雪旅游产业经济生态圈建设的可持续发展等切实可行的发展战略[②]。

当前国内在冰雪旅游内涵研究领域的深度和广度都存在一定程度的空缺，需要加强冰雪体育旅游的理论研究，填补其理论方面的空白。当前对于国内冰雪旅游的影响因素研究，更多的是基于其劣势进行分析，进而提出相应的对策，而且当前国内的冰雪旅游研究更偏向于对于冰雪产业较为发达的地区，对于冰雪资源欠发达地区的理论研究相对较少。随着冰雪旅游规模的不断扩大，冰雪旅游已经不单单吸引着体育学者的关注，包括经济学、地理学的学者都对冰雪旅游进行了很大程度的涉猎，冰雪旅游产业真正实现了研究领域的拓展。

二、冰雪装备制造产业

近年来，随着我国冰雪经济市场逐步扩大，冰雪产业体系日趋完善，冰雪装备制造业在我国冰雪产业体系中的地位越来越突出，在冰雪经济中的占有率逐年上升。随着《"带动三亿人参与冰雪运动"实施纲要（2018—2022年)》的贯彻实施，冰雪运动在全国范围内迅速普及，冰雪装备产品也备受冰雪运动参与者和市场的关注。冰雪装备制造业处于冰雪经济产业链中的上游，具有利润附加值高的特点，是冰雪经济发展过程中极其重要的支柱型产业。从总体来看，当前我国冰雪装备制造能力较低，以科技含量水平不高的基础冰雪装备的生产制造为主，对于中高端冰雪装备的研发制造能力不足，尚未形成完备的冰雪装备制造产业链条，仍处于初步发展阶段。

冰雪装备制造业作为冰雪经济体系中一个重要的增值部分，但我国冰雪装备产业目前整体实力不强。主要表现在冰雪装备制造企业规模较小、产品科技含量不高、缺乏品牌影响力、市场竞争能力不强、国内品牌市场占有率不高等方面。而欧美发达国家的冰雪装备制造企业大多具备研发能力，注重

① 王飞. 冰雪旅游业治理结构与运行机制研究 [J]. 北京体育大学学报，2016（10）：46—50＋88.

② 吴玲敏，任保国，和立新，等. 北京冬奥会推动京津冀冰雪旅游发展效应及协同推进策略研究 [J]. 北京体育大学学报，2019（1）：50—59.

冰雪装备的科技创新。由于冰雪装备研发具备前期资金投入大、投入产出时间长、研发过程风险大等特点，因此许多冰雪装备企业不愿过多投入资金进行产品更新换代和新材料测试，使得我国冰雪装备行业的研发机构数量较少，自主创新能力不足，缺乏自主品牌，许多企业都是给国外冰雪装备制造企业进行贴牌代加工。长三角地区作为我国经济发展水平和科技研发能力最强的区域之一，其冰雪装备制造业也存在产品质量参差不齐、核心技术被"卡脖子"等问题。在我国滑雪产业链中，造雪机作为滑雪场的主要设备，目前基本上仍以国外进口为主，其中室外滑雪场所使用的国产造雪机仅占10%左右[①]。目前我国在冰雪装备制造核心产业链上的很多领域仍处于空白状态，中高端冰雪装备和很多关键零部件过度依赖进口。在冰雪产品品牌的市场占有方面，国外品牌也完全占据市场主导地位，缺乏具有国际影响力的本土自主创新品牌。

针对当前我国冰雪装备制造业发展过程中出现的困境，一些学者也对此进行了研究并提出了发展建议。张瑞林提出要推动我国冰雪装备制造业向"知识密集型"产业转型升级[②]。李在军等认为我国冰雪装备制造企业需要整合各种资源，进一步增强冰雪装备制造行业的开放性，通过满足消费者的消费需求来提升冰雪装备制造企业的市场影响力，促进冰雪经济的发展[③]。严燕通过探索两省合作路径，主张联合提升冰雪装备制造业的价值链[④]，提出对冰雪运动装备进行分类，加强南北方地区跨区域合作，充分发挥不同区域的区位优势，扬长避短，促进冰雪经济的发展。

总体来看，我国冰雪装备制造业想要达到当前欧美国家的发展水平还需要很长时间的沉淀以及多方的共同努力。要重点发挥长三角、珠三角等经济实力雄厚地区的科技研发能力，实现核心技术突破。加强政府与冰雪制造企业、高等院校和科研机构的合作，推动产学研一体化发展。努力打造具有国

---

① 中国报告网. 造雪机、压雪车目前主要以国外进口为主 索道与魔毯国产设备比例相对较高 [EB/OL]. [2018—04—23]. http://market.chinabaogao.com.

② 张瑞林. 我国冰雪体育产业商业模式建构与产业结构优化 [J]. 体育科学，2016，36（5）：18—23+53.

③ 李在军，张瑞林. 冰雪产业融合发展的动力机制与路径探析 [J]. 首都体育学院学报，2018，30（6）：510—514.

④ 严燕. 2022冬奥会背景下江苏黑龙江冰雪产业跨地域合作构想 [J]. 冰雪运动，2019，41（1）：77—80.

际影响力的知名冰雪运动装备品牌,在扩大国内市场的同时努力推动我国冰雪运动装备"走出去",充分挖掘我国冰雪装备制造业的经济发展潜力。

三、冰雪赛事产业

当前世界知名的大型冰雪赛事包括滑雪世锦赛、滑雪世界杯、短道速滑世界杯、NHL联赛等,但其中影响力最大的无疑还是冬奥会。冰雪产业的不断完善,吸引了越来越多的冰雪爱好者,使得冰雪赛事的影响力也随之扩大。周红梅(2016)以新疆阿勒泰地区为例,针对阿勒泰地区交通不便、经济欠发达阻碍了体育赛事的举办和体育营销的推广的问题,提出了以承办大型的冰雪体育赛事为引导,同时辅以阿勒泰当地的少数民族地域文化习俗,打造出具有阿勒泰当地特色的冰雪体育文化,并将冰雪体育赛事、冰雪节事、冰雪文化的体验模式向所辖各县市进行推广,使阿勒泰在北疆民族地区体育经济的发展中脱颖而出,并带动当地经济的发展的建议[1]。胡慧璟(2020)提出借助冬奥会的机遇,以冰雪赛事为切入点推动城市的冰雪基础性设施建设,培养冰雪产业的关联人才,进而推动冰雪经济的高质量发展[2]。冰雪体育赛事作为体育竞赛表演业的一项重要内容,吸引着全球大批观众。尽管当前我国冰雪体育文化氛围不如欧美发达国家浓厚,但由于我国人口基数巨大,冰雪运动爱好者的总数也不容忽视,在许多城市的社会中上阶层中,同样存在着大量的冰雪运动爱好者。由于这部分人口通常收入水平较高,是冰雪体育赛事的主要消费群体,推动着冰雪经济的发展。此外,热门的冰雪体育赛事往往会诞生受大众追捧的明星运动员,高山滑雪、花样滑冰等冰雪运动本身也具有很强的观赏价值,一些冰雪赛事便具有很高的转播价值和商业开发价值,对于吸引冰雪运动参与者也起到了很好的宣传作用,这些都对冰雪经济的长远发展起到了积极作用。

四、冰雪培训产业

冰雪培训主要包括对于职业运动员和普通业余爱好者的培训。郭万超

---

① 周红梅.少数民族地区冰雪体育赛事申办与城市营销研究——以新疆阿勒泰地区为例 [J]. 贵州民族研究,2016,37(7):162-166.
② 胡慧璟,郭万超.借鉴日韩经验发展首都冰雪产业 [J].前线,2020(6):68-71.

（2020）提出要以冰雪培训为基调，扩展冰雪人才发展路径[①]。张婷、李祥虎等（2018）通过对我国冰雪运动可持续发展进行研究，发现我国存在冰雪培训服务不规范、培训体系不够完善等问题，提出了构建冰雪运动文化、建立完善的冰雪培训服务体系等路径[②]。赵化雨（2021）提出，需要构建适应冰雪体育课程的教师培训体系，建立一支专业化的冰雪体育教师队伍。当前我国冰雪体育文化的建设相对滞后，大多数人缺乏冰雪体育的意识，同时冰雪培训费用高的问题让很多普通家庭望而却步。优化冰雪培训市场规范与准则，通过冰雪技能训练基地加强冰雪体育后备人才及关联人才的培养，是推动我国冰雪运动可持续发展的重要因素。近来，随着"双减"政策的颁布实施，有效减轻了学生的学业负担，使得青少年学生有了更多的体育锻炼时间，这为他们从事冰雪运动创造了时间条件，对于扩大我国的冰雪运动人口起到了很大的推动作用，也为我国冰雪培训产业的发展提供了难得的发展机遇，同时也促进了我国冰雪经济体系的完善与发展。

综上所述，形成完整的冰雪产业链是做大做强冰雪经济的重要基础，从国外冰雪产业强国的发展经验来看，冰雪经济产业链可分为上、中、下游三个环节。上游环节主要包括冰雪场地建设、冰雪景区打造和冰雪装备器材制造等。中游环节主要包括冰雪旅游产业经营、冰雪文化项目创造和冰雪体育事业发展。下游环节主要包括冰雪产业运营平台搭建、冰雪项目推广营销和冰雪消费人群吸引等。2022年是我国冰雪经济的整体发展过程中具有里程碑意义的一年，我们需要抓住北京冬奥会举办的历史机遇，大力普及推广冰雪运动。譬如根据南北方经济发展和自然地理环境的差异，在北方以发展冰雪旅游经济为主，在南方经济发达地区以发展中高端的冰雪装备制造业为主，充分发挥各自优势。此外，我们还应当充分借鉴欧美发达国家冰雪经济发展的成功经验，主动契合国际冰雪运动发展趋势和国内冰雪消费升级需求，努力推动我国冰雪经济实现高质量发展。

[①]　中国报告网．造雪机、压雪车目前主要以国外进口为主 索道与魔毯国产设备比例相对较高 [EB/OL]．[2018-04-23]．http：//market.chinabaogao.com．

[②]　张婷，李祥虎，肖玲，等．北京冬奥会背景下我国冰雪运动可持续发展路径研究 [J]．体育文化导刊，2018，（7）：17-21+31．

第二章　经济高质量发展概述

第一节　高质量发展的背景

在中国共产党第十九次全国代表大会中产生了"新时代"和"高质量发展"两个重要理念。在新时代中国特色社会主义的时代背景之下创新性地提出高质量发展要求，为我国开拓了一条更为明确的发展道路。改革开放若是新中国实现繁荣富强的时代选择，高质量发展则是在新时代背景之下实现中华民族伟大复兴的必由之路。

从时代角度出发，在面对国内产能相对过剩，供需不平衡的情况下；在面对世界经济复苏乏力，全球问题不断加剧的外部环境下，我们党从十八大以来提出了一系列新政策、新理念、新思想、新战略，面对各种挑战与难关，始终做到稳中求进、迎难而上、锐意进取，最终取得了社会主义现代化建设的新成就。

从民生角度出发，在党的十九大中提到，我国社会的主要矛盾已经从昔日的人民日益增长的物质文化需要同落后的社会生产之间的矛盾，转变为如今的人民日益增长的美好生活需要和不平衡不充分的发展之间的矛盾[①]。我国社会主要矛盾发生了显著变化，也就预示着我国的民生工程需要进一步得到落实。中国是由成千上万的社会大众和普通家庭所构成，始终坚持做到人民至上，将人民大众对美好生活的向往作为主要工作方向，让社会人民大众的实际获得、生活幸福、人身安全有一个显著的提升。

从环境角度出发，在过去几十年中，我国的确实现了社会和经济的快速发展，但此发展是建立在以生态环境和自然资源为代价的基础之上的。随着

---

① 刘琳丹．习近平科技创新思想研究［D］．武汉：武汉科技大学，2018.

城市化的飞速发展，自然资源被不断地开采，导致了自然环境逐渐恶化。春季的沙尘暴、夏季的暴雨、秋季的洪涝、冬季的寒潮及雾霾，都与生态环境的破坏存在着一定的联系。绿水青山是金山银山的基础，这是保证社会经济高质量发展的中心思想和保障社会长远发展的基本要义。

从经济角度出发，在十八大召开之后的五年之中，中国经济发展速度始终处在中高速度阶段，国内生产总值增长迅速，其增速始终位于国际前列，全球经济发展贡献率的三分之一由中国所提供。当前，全球政治经济秩序正加速变革，各国之间的关系也发生着深刻变化，在"5G"时代、数字经济、新一轮科技革命和产业革命的影响之下，世界各国的综合实力和国际秩序也在进一步的变换改写。此时此刻，我国正处于百年未有之大变局的特殊时期。在如此特殊的时代背景之下，可见全面推动供给侧结构性改革、推动发展方式进一步转变、经济结构进一步优化、增长动力进一步提升是十分重要的。因此，综合以上的角度来看，高质量发展对于推动经济可持续发展和社会全面进步、建成体育强国、实现 2035 远景目标和"两个一百年"奋斗目标是重要的，也是必要的。

第二节　经济高质量发展的内涵与特征

一、经济高质量发展的内涵

1978 年之后，我国便进入了社会主义建设新时期，国家的工作重心转变到发展经济上面；至 21 世纪初的可持续发展观；再到党的十八大，五大发展理念逐渐形成；在党的十九大之后，经济高质量发展应时而生，成为我国新时代的经济发展指导思想。从经济发展理论迭代更新、不断完善的角度来看经济高质量发展，可将其认定为是在五大发展理念和我国新时代国情基础之上的进一步深化与完善。党的十九大报告中曾指明，高质量发展是指投入较少的生产要素、实现高效率的资源配置、消耗较低成本的资源环境、最终实现良好效益的经济社会发展，这一论断对未来一段时期我国推动经济高质量发展做出了明确的指示，主要涉及三个重要方面，即经济效益不断提升、经济结构不断优化、经济运行平稳保障。由此，本书将从宏观角度和中微观角度对经济高质量发展进行相应的内涵界定。

（一）宏观层面的经济高质量发展的内涵研究

宏观层面的经济高质量发展更多的是以总体角度为切入点进行相关的研究，在宏观层面上"高质量发展"与"经济高质量发展"从字面角度看起来有所不同，前者更倾向于社会层面，而后者更倾向于经济层面。若仅仅从字面角度去研究经济高质量发展，那便很有可能在一定程度上割裂了"经济高质量发展"和"高质量发展"之间相互转化、促进的内在联系。"经济高质量发展"不仅强调经济发展的多目标，更强调了其发展的高层次。我们去研究经济高质量发展并不能仅仅局限于经济范畴，还应当充分考虑到其他角度，如从社会、政治、文化、生态等方面，而我国当前从宏观角度去分析研究高质量发展更多的是集中于经济学角度，实际上二者的概念在目前已有的研究之中并未做出十分明显的区分。

首先，在宏观视角下，从理论的角度去理解"经济高质量发展"的内涵，首当其冲的便是阐释何为"质量"，何为"发展"。在质量经济学中，"质量"是从规范性的角度出发，去评判经济的优劣程度；经济的发展是在一国之中的国民经济水平从最初的低端逐渐发展演进为高端，在经济水平的演进发展过程中，其国家与社会同时伴随着制度、结构、产业、收入、消费、医疗、生态等一系列发展过程。

其次，通过发展条件的角度来理解"经济高质量发展"的内在含义，只有在实现经济结构高质量的基础上，才能进一步实现高质量的经济发展。高质量的经济结构主要体现在资源配置、供需、业态、市场、就业、消费、产业及其内部结构之间，各要素的不断协调融合及优化完善。当一国经济处于高质量发展阶段，要求本国经济结构不再进行基于静态均衡基础上的帕累托优化，而是要基于本国当前具体情况进行新增长点的优化和调整。

再次，从发展过程的角度来研究"经济高质量发展"的内在含义，高质量的生产效率是实现经济高质量发展的基础。从静态的角度出发，较高的生产及投入产出效率和效益是高质量生产效率众多因素中必不可少的一个部分。此外，高质量生产效率还包括了达到较高水平的土地、劳动、机械化程度、自然资源、资本等在内的各类生产要素投入的利用率、边际产出率和生产规模报酬，以及最优化配比各类生产要素、最科学设定各类生产过程。从动态的角度出发，若想让生产效率达到较高水平，拥有强劲的内在持续动力是经济主体实现效率进一步提升所不可或缺的条件，通过自身内在动力的激发和促进，来实现经济高质量发展的内生驱动，并进一步保证自身动力是充足的、合理的、与时俱进的，则可实现上述目的。

最后，从发展结果的角度来理解"经济高质量发展"，只有经济发展方式以高质量为导向，最终才能实现经济高质量发展。使"要素驱动"向"创新驱动"转变，"低端代工"向"高端研发"转变，"劳动密集"向"人才引领"转变，"资源消耗"向"绿水青山"转变，最终在实现经济高质量发展的目标之下，且不以生态环境和不可再生能源的牺牲为代价，同时实现经济主体与自然环境、社会环境相互融合。

（二）中微观层面的经济高质量发展的内涵研究

若要进行经济高质量发展的相关研究，则需要先理清楚经济高质量发展的内在含义。而对于"经济高质量发展"内在含义的理解，则需要先理解"经济发展质量""经济发展""质量"的内涵及其相互关系。

从社会属性角度来看，质量是用来评定一个质量主体优劣程度高低的认定，其本质是对经济事物的社会价值的判定。所谓的"经济发展质量"，是从其本身的优劣程度对经济发展进行一个判定。我们在关注"经济发展质量"的过程中，不能够仅将注意力停留在静态的经济发展水平上，更不能只关注绝对以及相对量的扩张，而应该重视经济健康、稳定、持续发展的能力。

从社会动态角度来看，经济高质量发展并非普通的经济增长，也非普通的经济发展，它是包含了更为广阔的人类和社会发展的目标，如现代技术的迭代更新、经济结构的完善升级、社会经济的发展进步，以及人类生存发展的当前状态和未来目标，既包括了演进过程和最终结果，也包含了实现手段和既定目标。经济高质量发展在存量上取决于经济发展过程中所取得的实际成效，而在增量上体现为经济发展过程中发展目标的改善程度或者是向发展方向的进展程度。

从中观层面去分析研究经济高质量发展，本书主要是从经济结构和区域发展的角度对其进行内涵界定。经济结构是指在经济系统结构中，各个不同的要素所存在的相互的空间关系，按照范围的不同可将其区分为微型的企业结构、中型的产业结构、大型的区域结构等。全面融合经济结构中的各要素关系能够较好地促进社会经济进步及发展。从企业的所有制性质上看，涉及了全民所有制的、集体的、私人的、独资的企业等，可以通过进一步调整各类企业之间的所占比例，来优化我国企业结构。通过传统的界定方法可将产业区分为农业、工业、服务业。从改革开放至今，我国产业逐渐成长起来，从最初的不合理到合理、从低端到高端、从单一到完善，最终逐渐发展为产业结构高度统一。

区域发展是指在既定的时间和空间限制之下，以资源、企业、社会为重点的相关经济行为及活动。其中包含了三个阶段，在初级阶段自然环境对人为社会活动的限制较小，而人为活动对生态环境的影响也较小，在区域内部之间的人与自然关系较为和谐。在发展阶段，随着经济的不断进步，对自然环境的消耗逐渐增多，工业化和城市化也不断壮大和扩张，各区域内部关系逐渐走向复杂，人与环境之间的关系发生了较大转变，双方之间出现明显的不协调状况。在转型阶段，由于经济增长和城市化进程，导致了以人地矛盾为主要表现的一系列问题，原有的区域优势逐渐消失，区域发展从正增长到停滞再到负增长。区域集群效应减弱，社会动荡、人口减少等区域问题逐渐显现，此时，整个区域必须进行深度调整，并努力寻找新的发展方向。

在微观层面，本书主要从产品质量、服务质量、企业高质量发展、制造业高质量发展等角度分析研究经济高质量发展，并进行相应的内涵界定。产品质量主要是指为了迎合社会消费需要和社会生产需要而形成的对应特质，其包括了两个方面，内在层面的质量和外在层面的形式。产品的内在质量包含了安全性、可靠性、经济性、寿命、性能等方面。服务质量则是指服务能够很好地迎合当前社会中已存在的和即将出现的需求的总和。而服务质量之外还存在有预期服务质量，其主要是指消费者对于相关的企业在未来一段时期内所能够提供的本职服务的满意程度。企业发展是指企业立足于当前所处的实际环境中，通过对当前环境的具体分析，明确当前企业优势和劣势，并且对未来的市场社会情况进行相应的预测分析，保证企业能够进一步平稳发展，从而更好地去迎接未来的挑战，并最终实现企业目标。制造业是指为了给社会大众提供相应的产品，凭借机械制造的方式，在符合当前市场和未来市场的需求之下，使用现存的资源进行生产的行业。制造业的发展水平作为一个较为明确的指标能够测度出不同地区的生产力发展水平，也能够较为准确地反映出其内在的生产力发展程度高低。当前，我国已迈向中国特色社会主义新时代，实现制造业高质量发展，必须坚持以创新为导向，必须全面推动企业形态和产业模式更新换代。从微观层面推动经济高质量发展，需进一步激发各种内在因素，做到社会产品以质量驱动，社会服务以人性化驱动，企业发展以稳健驱动，制造业发展以创新驱动，各要素之间相互促进，各环节之间相互转化。

二、经济高质量发展的特征

从十八届五中全会提出的"新发展理念"，到十九大的"高质量发展"[①]，经济发展历经了一个从多维度到综合维度的转变。其特征主要表现为以下几个方面：

一是经济增长稳健。经济增长向来被作为评定一个国家或地区经济发展速度的有力指标，在过去，我国经济增长相对较快，随着社会发展及经济转型，我们不再一味地追求高速度、高指标，而是转向稳健型发展。经济的稳健发展，是社会繁荣昌盛的具体表现之一，也是实现高质量发展的必经过程。

二是产业结构合理。产业结构的合理分配能较好地体现出一国或地区的综合发展状况，通过对其三大产业占比的分析，能够明确一国经济发展的主要动能。目前，创新驱动发展战略深入推进，供给侧结构性改革稳步实施，我国遗留的过剩产能得到了更好的处理与释放，各大产业配比得到优化完善，进一步充实了经济高质量发展的内涵。

三是创新驱动导向。自从进入 21 世纪，我国在人口方面的优势所带来的低成本生产逐渐消失。在 2008 年世界金融危机之后，以美国为首的西方集团的经济发展一度受到冲击，在经济全球化的环境之下，中国也受其影响。正是在全球经济逐渐萧条的情况下，我们深刻意识到科技作为第一生产力的重要性，同时也进一步明确了创新才是引领社会经济发展的第一动力，进而提出了科技创新驱动发展，以创新带动经济复苏，以创新推动经济发展。

四是区域发展协调。在改革开放之后，经济特区从南到北、从沿海到内陆逐步设立，经济特区的出现，打开了我国经济发展新的大门。在我国经济高速发展的背后，各地区发展不匹配、不平衡、不相适应的问题也逐渐显现。在新时代，就是要在我们目前已经取得的社会成就之上，进一步缩小沿海与内陆、东部与西部、城市与乡村之间的差距，在不同区域上实现各自相

---

① 武国友. 建设现代化经济体系——党的十九大报告关于转变经济发展方式的新思路与新亮点 [J]. 北京交通大学学报（社会科学版），2018，17（1）：16—20.

应的发展目标，共同推动经济高质量发展。

五是生态建设优化。将以往的社会经济建设作为参照，不难发现其经济进步的实现是以消耗资源为代偿，经济发展虽日益提升，但生态环境却日渐恶化，并逐渐转变为制约经济发展的因素。新时代，若想实现国家社会经济的可持续性发展，必须要进一步转变观念，始终秉持"绿水青山就是金山银山"的绿色发展理念。

六是开放走向繁荣。世界人民处在时代发展的背景之下，中国处在滚滚向前的历史列车之中，进步来自开放，落后源于封闭是我们回望百年历史所总结出的宝贵经验。在经济全球化的体系之中，任何一个国家或民族仅靠自身的力量难以取得长远的发展，只有大胆地敞开国之大门，不断深化与他国之间的经济文化交流，在交流中学习经验、积蓄能量，才能够取得长足的进步，这既是历史的规律，同时也是现实的需求。文明因开放而发展蓬勃，因封闭而日渐衰落，开放正是自古至今人类文明发展的核心驱动之一，我国经济高质量发展也将在开放之中融入更多的时代内涵。

第三节　经济高质量发展的研究综述

一、经济高质量发展的水平测度

"高质量发展"一词最早在 2017 年中国共产党第十九次全国代表大会提出，表明中国经济开始转向高质量发展阶段。从 2017 年的 832035.9 亿元增长到 2020 年的 1015986.2 亿元，经济总量已经突破百万亿大关。在经济飞速发展的同时，如何测定经济发展是否为高质量成为学术界关注的一个热点。

对此，大部分学者主要围绕创新、协调、绿色、开放、共享五大发展理念，创建经济高质量发展测度体系[1][2][3][4]，也有部分学者从经济稳定、经济

---

[1]　郑耀群，葛星. 中国经济高质量发展水平的测度及其空间非均衡分析 [J]. 统计与决策，2020，36（24）：84－88.

[2]　胡晨沛，吕政. 中国经济高质量发展水平的测度研究与国际比较——基于全球 35 个国家的实证分析 [J]. 上海对外经贸大学学报，2020，27（5）：91－100.

[3]　杨沫，朱美丽，尹婷婷. 中国省域经济高质量发展评价及不平衡测算研究 [J]. 产业经济评论，2021（5）：5－21.

[4]　王伟. 我国经济高质量发展评价体系构建与测度研究 [J]. 宁夏社会科学，2020（6）：82－92.

结构、绿色生态以及社会福利四个方面来整体评测我国当前经济高质量发展的状况[①]。魏敏和李书昊（2018）[②] 从动力机制、经济结构、开放稳定、生态环境和人民生活 4 个方面设计了更加详尽和完善的经济高质量发展的指标体系。李强（2021）[③] 则是以全要素生产率为基础从经济发展能力、经济发展效益两方面构建了经济高质量发展的评价标准。杨耀武和张平（2021）[④] 通过构建反映整体效用水平的社会福利函数，从而确定了经济成果分配、人力资本及其分布状况、经济效率、稳定性、自然资源与环境以及社会状况 5 大指标。唐娟和秦放鸣等（2020）[⑤] 以效率为切入点，构建了超效率 DEA - SBM 模型，以此来测度当前我国经济高质量发展状况。马茹和罗晖（2019）[⑥] 则是从供给、内生动力、效率、可持续、稳定性、安全性以及对外开放等 7 个方面来建立了高质量供给、高质量需求、发展效率、经济运行、对外开放 5 个方向的经济高质量发展的评价指标体系。

从以上的研究可以发现，对于经济高质量发展的水平测度，学术界从不同的角度切入，有着不同的看法。目前来看经济高质量发展的水平测度还没有统一的标准，尚处于探索阶段。经济高质量发展是我国当前社会时期的客观要求，同时也是经济发展到一定程度后量变到质变的必然结果。所以经济的高质量发展也说明要抛弃以前单纯追求经济增速以及经济增量而不考虑发展成本的做法，建立新的经济发展政策，充分考虑创新、协调、绿色、开放、共享和以人为本等各方面的因素，坚持生态优先、绿色发展、区域协调、全面开放等理念，使经济向着更加健康的方向发展。因此经济高质量发展应该是更好地满足人民的需要，提高人民的生活品质。这样，才能够更加

① 刘学之，段朵朵，王潇晖，等．新常态下中国省际经济增长质量指标体系构建及测度［J］．科技管理研究，2020，40（11）：38—45.

② 魏敏，李书昊．新时代中国经济高质量发展水平的测度研究［J］．数量经济技术经济研究，2018，35（11）：3—20.

③ 李强．经济高质量发展评价指标体系构建与测度［J］．统计与决策，2021，37（15）：109—113.

④ 杨耀武，张平．中国经济高质量发展的逻辑、测度与治理［J］．经济研究，2021，56（1）：26—42.

⑤ 唐娟，秦放鸣，唐莎．中国经济高质量发展水平测度与差异分析［J］．统计与决策，2020，36（15）：5—8.

⑥ 马茹，罗晖，王宏伟，等．中国区域经济高质量发展评价指标体系及测度研究［J］．中国软科学，2019（7）：60—67.

符合当前我国的经济发展需要，才能够更好地反映我国当前经济的高质量发展的状况。

二、经济高质量发展的热点分析

(一) 文献发文量

中国知网 (CNKI) 作为目前全球最大的中文数据库，文献资源丰富，知识资源完整，覆盖绝大部分学科。因此选择中国知网数据库选取数据，以经济高质量发展为关键词，分析所有查询到的文献，获得从 1992 年至 2021 年 11 月 13 日期间发文的数量变化情况，如图 2-1 所示。从图中可看出文献数量在这 29 年期间的变化主要分为两个阶段：1992-2017 年为第一个阶段，这个阶段经济高质量发展只是作为一个表述，甚至在此之中有连续几年都未有经济高质量发展这一词的出现，将其作为研究主题的更是寥寥无几。2017 年至今为第二个阶段，在此阶段当中，2017 年党的第十九次全国代表大会在首都召开，在会议中首次提出高质量发展这一新表述，表明我国经济转向了新的、更高质量发展阶段。此后经济高质量发展和发展路径等成为学者、教授和科研机构研究的热点。

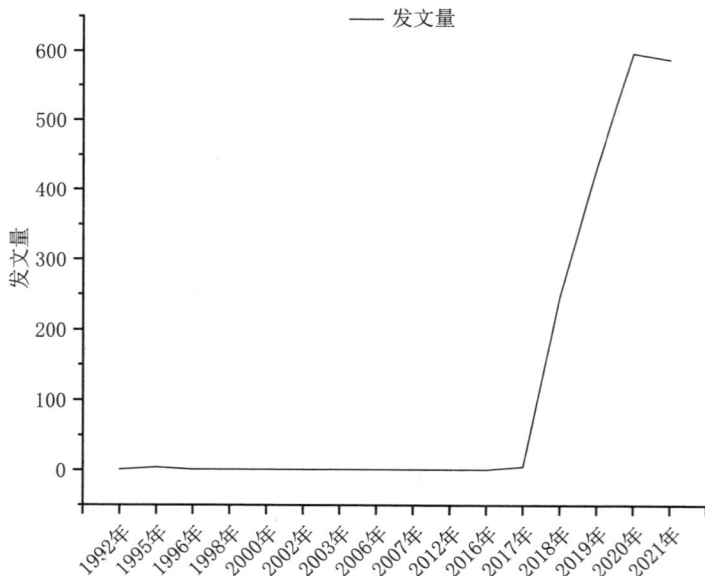

图 2-1 经济高质量发展主题文献的发表数量变化

（二）关键词词频分析

以"经济高质量发展"为主题词，以"高质量"为篇名，来源类别为核心期刊和 CSSCI 进行初步检索，获得 1880 篇经济高质量发展的研究文献，为保证分析结果的准确性，对文献数据再次筛选，剔除会议通告、报告社论，以及与所选主题无关的文献和重复文献，最终获得 598 篇文献。使用 Citespace 软件进行量化分析后生成关键词的数据图，按照频次和中介中心性两个指标进行排序。

统计的排序结果如下（见表 2 - 1）。可以看出频次最高的为高质量发展，其次为经济高质量发展、数字经济、全要素生产率、经济增长、新发展概念、现代化经济体系、科技创新、空间溢出效应和新时代等。从词频来看，除去经济高质量发展本身设定的关键词，其余高频词从高到低过渡较为平顺，说明学者们的研究大多集中于经济高质量发展。从中介中心性方向来看，若关键词的中介中心性大于 0.1，则表明该关键词具有中心性，具有一定的影响力，从表中也看出除了经济高质量发展，中介中心性排序的关键词依次为高质量发展、数字经济、全要素生产率、经济增长和新发展理念，分别为 0.42、0.23、0.17、0.12 和 0.11，其次依次为产业结构、现代化经济体系、科技创新、新时代。由此可以推测当前经济高质量发展的热点主要集中在数字经济、全要素增长率、产业结构等。

表 2 - 1　经济高质量发展关键词与中心度词频表

序号	词频			中心度		
	频次	中介中心性	热点词	频次	中介中心性	热点词
1	288	0.42	高质量发展	266	0.57	经济高质量发展
2	266	0.57	经济高质量发展	288	0.42	高质量发展
3	51	0.23	数字经济	51	0.23	数字经济
4	30	0.17	全要素生产率	30	0.17	全要素生产率
5	29	0.12	经济增长	29	0.12	经济增长
6	28	0.11	新发展概念	28	0.11	新发展理念
7	23	0.08	现代化经济体系	10	0.09	产业结构
8	16	0.08	科技创新	23	0.08	现代化经济体系
9	16	0.01	空间溢出效应	16	0.08	科技创新
10	15	0.08	新时代	15	0.08	新时代

序号	词频			中心度		
	频次	中介中心性	热点词	频次	中介中心性	热点词
11	15	0.07	环境规制	15	0.07	环境规划
12	15	0.04	评价体系	13	0.05	长江经济带
13	15	0.03	创新驱动	10	0.05	创新
14	15	0.03	中介效应	15	0.04	评价体系
15	15	0.03	门槛效应	14	0.04	技术创新
16	14	0.04	技术创新	6	0.04	高质量
17	14	0.02	指标体系	4	0.04	中等收入陷阱
18	13	0.05	长江经济带	15	0.03	创新驱动
19	12	0.03	作用机理	15	0.03	中介效应
20	11	0.03	经济发展质量	15	0.03	门槛效应

（三）关键词共现分析

通过运行 Citespace 可视化软件进行样本关键词的分析，其中 N＝274，E＝714，Density＝0.0191。探求经济高质量发展研究热点。分析后出现的结果如图 2－2 所示。通常网络节点和字号的大小是与关键词的频次正相关的，因此高质量发展、经济高质量发展、全要素生产率、数字经济、新发展理念、经济增长、现代化经济体系等关键词出现的频次较高。图中各节点之间联系紧密，孤立的节点很少，并且节点与节点之间形成的网络状态也是复杂多样的，这也说明关键词与关键词之间的关联性强。并且根据图中可以观察到边缘处不断有新的节点与连线出现，这也说明了经济高质量发展目前充满潜力，每一个细分领域的研究都呈多样化和纵深化的特点。

高质量发展是当前我国经济的发展方向，同时也是实现中华民族伟大复兴的基础。由图可知，影响经济高质量增长的因素包括了产业结构、科技创新、环境规制、创新驱动、外部大环境的双循环发展格局和新发展理念等，这些关键词出现的频率以及交叉的增多，受到更多学者的关注与研究。随着最近几年国家与人民对于生态和环境保护意识的提高，绿色发展作为新发展理念重要的组成部分，对于经济的可持续发展的重要意义日渐凸显，因此也成为学者们研究的热点。高质量一词在 2017 年党的十九大提出以后，关于生产生活的方方面面都开始转向高质量发展，经济的高质量发展更是我国发展的重中之重，如何评价经济是否是高质量发展也成为一项重要的研究内容。因此我们也可以看到指标体系与经济高质量发展、高质量发展和新发展理念相互关联，这也说明已经有部分学者开始相关的研究。但结合第三节（一）来看，目前尚未有一个统一的标准，还处于摸索阶段。对于经济如何高质量发展的产业结构、环境规制、产业聚集、供给侧结构性改革等关键词也开始出现，这说明学者、研究机构对于当前经济如何发展也开始重视起来，但是由于研究时间较短，研究的实践程度略低，各个路径的实践效果暂不明确。

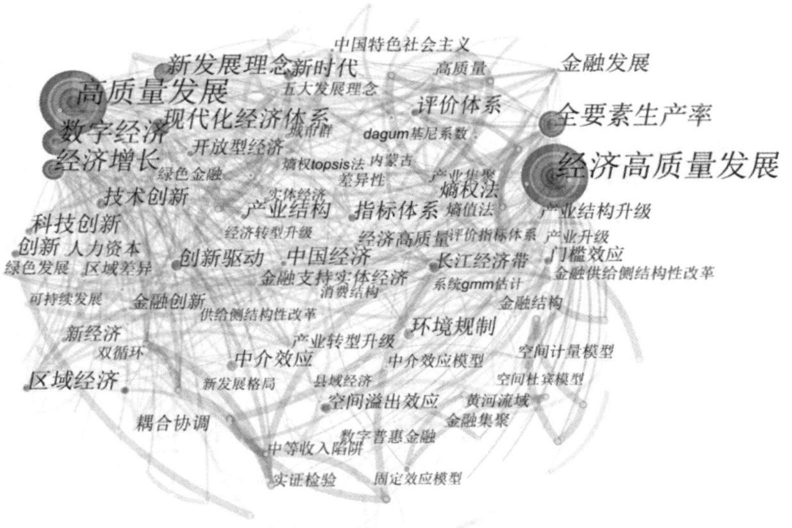

图 2 - 2　经济高质量发展关键词的共现图

（四）关键词聚类分析

选用 Citespace 软件进行可视化分析，在聚变类型中选择 K（关键词）聚变类形式。得到的结果如图 2 - 3 所示，形成了如下的 11 个关键词聚类。Citespace 显示的数据为：Modularity Q = 0.4942，Mean Silhouette = 0.784。Modularity 称为聚类模块值，我们通常认为 Q＞0.3 表明聚类结构显著。Silhouette 称为聚类平均轮廓值，我们通常认为 S＞0.5 聚类就是合理的，S＞0.7 时意味着聚类是可信服的。因此可知，经济高质量发展的网络聚类效果较为理想，且同一聚类同质性高，该结果体现了经济领域的学者、研究者们已经形成了多元化的研究视角。关键词聚类后出现了数字经济、经济高质量发展、新发展理念、黄河流域、中国经济、实体经济、全要素生产率、消费结构、新冠肺炎疫情、倾向性得分匹配和融合发展等数据，主要可分为两类：影响经济高质量发展的内部因素如消费结构、实体经济、数字经济、全要素生产率等；经济高质量发展的外部因素如新冠肺炎疫情、新发展理念、融合发展和中国经济等。

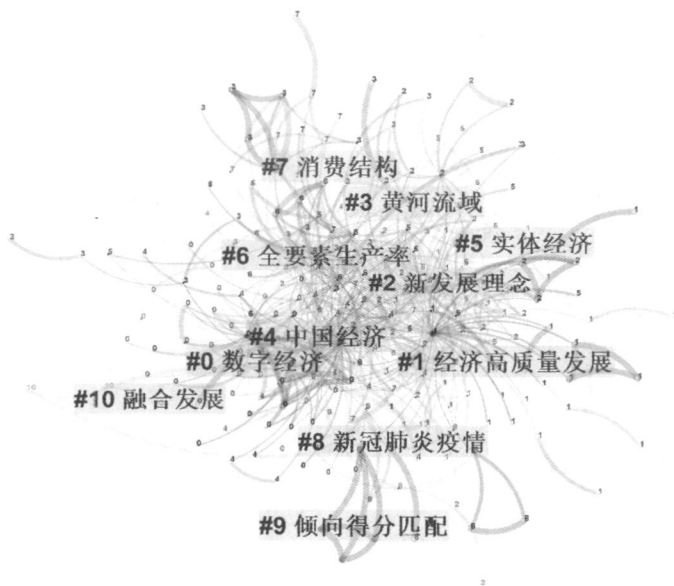

图 2 - 3　经济高质量发展关键词聚类分析图

1. 影响经济高质量发展的内部因素

通过关键词聚类分析图可以看到消费结构、实体经济、数字经济、全要素生产率等都可以促进经济更高质量地发展。李涛和乔彬（2020）[①]在研究我国经济高质量发展与消费的 GMM 分析时就得出过如下结论：提高消费者低碳消费、绿色消费习惯和行为的培养，可以有效减少消费者对高污染产品的需求，进而达到高质量发展。由此我们也可以看出经济的高质量发展也会被

[①] 李涛，乔彬．我国经济高质量发展与消费的 GMM 分析——基于区域节能减排效率视角 [J]．商业经济研究，2020（21）：185－188.

推动。关于实体经济，郭晗（2020）[①]认为要加快实体制造业的数字化转型，使数字化渗透到实体经济的方方面面，推动"中国制造"转为"中国智造"。邝劲松和彭文斌（2020）[②]也认为，增强实体经济数字化的转型能力，使数字化经济与实体经济深度融合从而能够更好地推动经济高质量的发展。

2. 影响经济高质量发展的外部因素

影响经济高质量发展的外部因素包括新冠肺炎疫情、新发展理念、融合发展和中国经济。窦克勤和何小龙等（2021）[③]认为尽管疫情给我国的社会经济带来了包括 GDP 增速下降、失业率上升等多方面打击，但也为我国经济的数字化提供了一次"实战"的机会，加速了我国经济向数字化转变的进程，为后疫情时代经济的增长提供了动力。朱福林（2021）[④]在研究中指出在疫情防控当中数字技术、数字产业和数字化服务发挥了重要的作用，展现出了巨大的应用前景和增长潜力，因此发展数字经济对于拉动我国经济高质量发展具有重大的意义。同时，经济的发展也需要与新技术相互融合，取长补短，通过有机结合来激发出更大潜力，提高经济的发展质量。随着我国综合国力的提高，GDP 突破百万亿大关，对于经济高质量发展的水平测度和发展路径等方向中也涌现出一大批学者（郑耀群和葛星，2020；胡晨沛和吕政，2020；杨沫和朱美丽，2021；王伟，2020）[⑤][⑥][⑦] 进行相关研究，其中大多数都以新发展理念为基础进行。

（五）突变词分析

在 Citespace 的可视化分析当中，突变词是指在某段时间内出现的频次

① 郭晗. 数字经济与实体经济融合促进高质量发展的路径 [J]. 西安财经大学学报，2020，33（2）：20—24.

② 邝劲松，彭文斌. 数字经济驱动经济高质量发展的逻辑阐释与实践进路 [J]. 探索与争鸣，2020（12）：132—136+200.

③ 窦克勤，何小龙，李君，等. 从新冠疫情防控看信息技术创新应用促进经济社会高质量发展 [J]. 科学管理研究，2021，39（2）：2—8.

④ 朱福林. 后疫情时代我国数字经济高质量发展战略对策 [J]. 经济体制改革，2021（1）：27—34.

⑤ 郑耀群，葛星. 中国经济高质量发展水平的测度及其空间非均衡分析 [J]. 统计与决策，2020，36（24）：84—88.

⑥ 胡晨沛，吕政. 中国经济高质量发展水平的测度研究与国际比较——基于全球 35 个国家的实证分析 [J]. 上海对外经贸大学学报，2020，27（5）：91—100.

⑦ 杨沫，朱美丽，尹婷婷. 中国省域经济高质量发展评价及不平衡测算研究 [J]. 产业经济评论，2021（5）：5—21.

多或者使用频率明显增加的词语，可以很直观动态地看出当前领域中某段时间研究的前沿或热点。在主题为经济高质量发展的分析当中，出现了如下15个突变词，如图2-4所示，分别为现代化经济体系、交通可达性、动力机制、八大经济领域、人才配置、创新政府、倾向得分匹配、创业活力、空间溢出效应、创新驱动、中国特色社会主义、区域协调发展、经济发展质量、实体经济和中国经济。随着高质量发展一词在党的十九大被提出后，经济转向高质量发展的过程中，基础建设发挥了巨大的作用。铁路以及高铁的建设发展，大大缩短了我国各地区之间的"距离"，使得地区与地区之间变得更加紧密，经济增长也获得了相应的提高，为现代化经济体系奠定了基础，因此突变词当中出现了现代化经济体系、交通可达性以及八大经济领域。此外，在党的十九大中还提出了贯彻新发展理念，建立现代化经济体系的政策。因此各地政府陆续出台了相应的人才引进政策，全面推进政府职能转变，所以创新政府、人才配置、创业活力、创新驱动等也成为2017、2018两年经济高质量发展的研究热点。而随着2020年疫情的突然爆发，经济全球化被打乱，我国经济也因此受到冲击，直至今日，疫情防控仍是当前的重要工作之一。在此背景下国家提出了构建以国内大循环为主体、国内国际双循环相互促进新发展格局的战略规划，以应对疫情和当今世界格局发生巨大变化所带来的冲击。因此中国经济、经济发展质量和实体经济也逐渐成为近年来学者们研究的热点。

Keywords	Year	Strength	Begin	End	2017 - 2021
现代化经济体系	2017	4.77	**2017**	2019	
交通可达性	2017	1.07	**2017**	2018	
动力机制	2017	1.07	**2017**	2018	
八大经济区域	2017	1.07	**2017**	2018	
人才配置	2017	1.07	**2017**	2018	
创新政府	2017	1.07	**2017**	2018	
倾向得分匹配	2017	1.07	**2017**	2018	
创业活力	2017	1.07	**2017**	2018	
空间溢出效应	2017	0.93	**2017**	2018	
创新驱动	2017	3.65	**2018**	2019	
中国特色社会主义	2017	1.67	**2018**	2019	
区域协调发展	2017	1.67	**2018**	2019	
经济发展质量	2017	0.89	**2018**	2019	
实体经济	2017	1.48	**2019**	2021	
中国经济	2017	0.78	**2019**	2021	

图2-4 经济高质量发展主题词的突变词统计

三、经济高质量发展的路径选择

随着我国经济步入到高质量发展的新时代，对于经济增长也提出了更高的要求，如何向高质量进行合理的转型也是当前一个重要问题，不同学者从不同的角度切入，对于经济高质量发展的路径选择有着诸多不同的看法。基于第三节（一）对经济高质量发展测度的文献分析，多数学者都是在五大发展理念的基础上构建相关指标。所以对于路径的选择有的学者也是以五大发展理念为基础提出如何更好地发展高质量经济（郑凯和赵海月，2021）[①]。陈再齐和李震等（2019）[②] 从国际视角下，以五大发展理念为基础，吸取世界其他国家的经验，提出政府应该改革和完善市场制度，继续深化供给侧结构性改革，创建或改革相关制度与体系。同时国家提出了"以国内大循环为主体、国内国际双循环互促"的新发展格局，为经济高质量发展提供了一个新的方向。丁守海和徐政（2021）[③] 则是从调整双循环关系为切入点。以内循环为主，外循环促进内循环为基础，并且在陈再齐和李震的研究基础之上提出了以下路径：加强国内人才的培养并建立国外高端人才的引进机制，充分利用大数据等新一代信息技术，将产业发展与数字经济相融合，对核心产业及相关领域的关键技术加大投资与补贴力度，以此来提升竞争力。在产业发展的各个环节尽量减少资源消耗和环境污染，通过收入分配体制改革进一步提高居民收入水平，缩小城乡差距，避免无效投资和建立良好的国际外交伙伴关系。而廖军华（2021）[④] 在研究发展路径时，还考虑了供给侧改革、要素市场改革以及坚持以人为本、成果分享的理念，更加符合当前我国的国情。近年来，随着新一轮的科技革命，我国的大数据、云计算、人工智能、5G 等方面的新技术取得了迅猛的发展，成为推动经济高质量发展新发力点。

---

① 郑凯，赵海月. 新时代经济高质量发展的实践路径探析 [J]. 湖北社会科学，2021（8）：80－85.

② 陈再齐，李震，杨志云. 国际视角下经济高质量发展的实现路径及制度选择 [J]. 学术研究，2019（2）：79－86.

③ 丁守海，徐政. 双循环格局下经济高质量发展路径探索 [J]. 宁夏社会科学，2021（1）：5－11.

④ 廖军华. 新时代我国经济高质量发展的理论要义与实践路径 [J]. 贵州社会科学，2021（6）：131－138.

在当前的时代背景下，任保平和何苗（2020）[①] 认为经济想要高质量的发展就要针对我国经济发展过程中面临的问题，采取一系列的举措和改革，为新经济发展创造条件。具体包括鼓励创新驱动、提供公平自由的发展环境、完善基础设施、把握经济全球化的趋势。同时，任保平和李佩（2020）[②] 通过深入研究和分析并结合我国当前所处的环境，也得出推动新经济高质量发展可以带动整体经济高质量发展的结论。吴志军和梁晴（2020）[③] 在研究中国经济高质量发展的测度、比较与战略路径时，采用综合质效和五大发展理念构建了经济高质量发展评价体系，发现我国经济高质量发展存在着区域差异，基于此提出了我国经济高质量发展应该立足顶层设计，明确发展战略导向、深化要素市场化配置改革、加强科技创新和自主研发能力、不断修正和完善国民收入分配、着眼于民生福祉和深化供给侧结构性改革。

综上所述，自从"高质量发展"一词在党的十九大被提出后，经济高质量发展相关的研究迅速成为各研究机构和学者们关注的热点。与经济高质量发展相比，如何评价经济发展的质量，经济高质量该往什么方向发展同样也是不可忽视的问题，当前对于经济高质量发展的路径以及实践的研究也在不断进行当中。我国制定了以国内大循环为主体、国内国际双循环相互促进的新发展格局。从国际来看，当前新冠疫情依旧肆虐全球，经济形势依旧严峻，在此背景下我们应该继续坚持改革开放、坚持习近平新时代中国特色社会主义经济思想、继续深化供给侧结构性改革和体制改革，并且将五大发展理念融入发展路径当中。同时，还应该充分将以人为本的理念融合，将当前经济高质量发展存在的问题加以解决，才能够制定出一条适合我国当前国情的高质量经济发展路径。

因此作为我国经济高质量发展一部分的冰雪经济，也要建立起合理的结构体系，以五大发展理念为基础，在现有体制下以北京冬奥会为契机充分宣传和发展冰雪运动，使冰雪运动走进大众的视野，早日实现"三亿人参与冰

---

① 任保平，何苗. 我国新经济高质量发展的困境及其路径选择［J］. 西北大学学报（哲学社会科学版），2020，50（1）：40－48.

② 任保平，李佩. 以新经济驱动我国经济高质量发展的路径选择［J］. 陕西师范大学学报（哲学社会科学版），2020，49（2）：113－124.

③ 吴志军，梁晴. 中国经济高质量发展的测度、比较与战略路径［J］. 当代财经，2020（4）：17－26.

雪运动"的目标。充分发挥我国各地区的独特资源和技术优势,北方以竞技运动训练、南方以高新技术研发为主。坚持创新,将新技术与冰雪产业相结合,完善与冰雪运动项目相关的配套产业设施,提高冰雪产业的核心竞争力。推动冰雪赛事、冰雪旅游等冰雪产业体系的构建,早日使冰雪产业完善成熟,最终不断扩大冰雪经济在我国 GDP 的比重。

第三章　冰雪经济高质量发展的理论基础

第一节　复杂适应系统理论

一、复杂适应系统理论起源

复杂适应系统理论的英文全称为 Complex Adaptive System，简称为 CAS。约翰·H·霍兰（J·H·Holland）教授终身致力于科学理论的研究，1994 年他在圣菲研究所工作期间，提出了这一理论。该理论认为：CAS 在发展的过程中会面临很多问题，演化的动力有很多种，但其本质上在其系统的内部，其中复杂性现象分为宏观和微观两个层面，但是微观主体间会不断发生作用，其产生的现象就是宏观出现的复杂性现象。由上面结论可知，系统内部要素之间会发生持续性的相互作用，而这种现象就成为本系统理论方法的研究思路，所以"自上而下"的研究路线与这种现象相呼应，这种研究路线便可以采用。本系统理论的研究深度也包含了多重因素，绝不仅仅只对一些客观的事物进行研究和描述，但是影响构成这些客观事物的多种因素和在其不断向着更好的方面进行演化的进程中产生的问题，都将会作为该系统理论关注的重点[①]。

二、复杂适应系统理论的概念

CAS 理论最基本的概念是具有适应能力的，主动的个体（Adaptive，Agent），简称主体。该系统中的适应性 Agent 具有感知和效应的能力，每个主体本身富有积极的"活性"、主动性和目的性，通过这些特性可实现与

---

① 李娜．基于复杂适应系统理论的特色小镇空间发展研究［D］．天津：天津大学，2019．

环境或其他主体进行随机的交流与沟通，还可以自如地将自身状态和参数根据环境的变化进行调整，它们为了获得尽可能多的生存机会和利益也会选择与其他个体进行相互之间的协同和竞争。但主体也并不是完美无缺的，有时也会出现一些失误，比如对一些出现的情况做出了错误的预知和判断，那将会导致它逐步走向消亡。总的来说，系统的复杂性正是由于主体的适应性造成的。

系统中的主体相比较于前期系统科学所采用的"部分""元素""子系统"等概念有着很大的不同，早期的这些概念都是处于被动的地位，它们没有自己固定的价值取向或者既定目标，能够存在的作用只是为了可以完成一些系统分配的任务，即使在环境中能够与其他因素进行交流，也只能是通过固定的方式做出一些固定的反应。但主体就不同于此，它可以随着时间进行演化与发展，具有"学习"与"成长"的特点。由上可得，复杂系统理论与以往的系统观存在着根本性的差别。[①]

CAS 被科学艺术界命名为第三代科学系统理论，第一代理论是以一般系统论和控制论为代表，第二代系统理论则由耗散结构和协同理论通过各种联系共同组成。第一、第二和第三理论都在相同程度上为研究理论系统的全面发展和运用机制提供了一种全新且实用的研究方向。这一理论在发展的过程中不断被优化，"动态可变化"作为 CAS 中成员所具备的基本特性，它在发挥作用的同时也能够联系到其他成员，并与其进行交流，从而达到相互作用的目的。在 CAS 中无论是在其他成员的特性的适应程度还是在对待周围的环境方面都可以取得更好的效果，且过程中继续对本身的构成部分和体系内容进行更好的演变，最终可以生成一套崭新且利用价值极高的系统。

三、复杂适应系统理论的特点

CAS 共有 5 个特点。第一，在系统内无论是子系统之间还是主体相互之间的界线都非常清晰，整体的层次性区分明显。第二，系统中每个层次之间独立性较强，相互两层之间的关联与沟通少，由于分层明显，所以每层的个体主要与本层的其他个体进行交流。第三，系统中的个体具有适应性、主

---

① 陈晶璞．基于复杂适应系统理论的企业财务能力系统演进研究［D］．秦皇岛：燕山大学，2010．

动性和智能性等特性，主要表现在它们可以自如地将自身状态和参数根据环境的变化进行调整。它们为了获得尽可能多的生存机会和利益也会选择与其他个体进行相互之间的协同和竞争，这种行为也与现在自然生物界中"优胜劣汰，适者生存"的理论相呼应。这也可以反映出 CAS 主要是一个基于个体并且持续进行演变发展的演化系统，在这个不断演变的过程中，处于变化的是个体的功能、属性和性能参数，整个系统内部的多种功能和系统结构也会随之发生变化。第四，每个独立的个体都具有的特性是并发性，整个系统中个体进行演化的方式是并行的对环境中的多种刺激做出反应，每个个体也会伴随着这些反应发生变化。第五，在复杂适应系统的模型里还可引进随机因素的作用，使它具有更强的描述和表达能力。CAS 为了使自己的描述和表达能力可以演变得更强，也会将随机因素引进到系统模型里以达到预期的效果。

CAS 的特征也包括很多内容，其中适应性理论里的内在前提和原因作为最重要的特征被表现出来。持续性的学习和进行选择作为 CAS 中适应的属性，这两种持续性行为可以被认为是一种主动且自发的适应，主动适应在发展的过程中对其子条件的要求非常高，在其中它将具备主体性地位的元素归纳为自己最基本的条件。约翰·H·霍兰提出了关于复杂适应系统理论的基本特性包括标识、内部模型、流、聚集、非线性、多样性和积木。

从多篇关于复杂适应系统的文章中我们可以找到 Prigogine 所说的一句话，那就是作为 CAS 中最基础的结构被称为"活结构"，这里所提的活结构能够进行主动且自发的适应。要有满足一些基本的要求才可以被称作"活结构"，这些要求包括能够自行记忆、选择、学习和施加应对策略等。

该理论对复杂性机理的研究方式主要是从宏观和微观层次两个方面进行论述的，通过多种方式从宏观角度进行分析，可以得出 CAS 的理论内容强调的是外部因素与理论主体二者之间相互作用的联系，相互作用的方式是通过运用能量、物质和信息流动来实现的，主要作用是为了推动系统与外部环境的持续进化和演变。

与宏观层面分析的内容相比，微观角度也可以分析出许多不同的内容。例如 CAS 理论更倾向于对适应性和自发性的主体进行研究，主体通过直接或间接的学习知识，从中获得经验并加以积累，然后通过特定的方式去记住这些内容，对这些内容加以固定并为以后更好的应用奠定基础，主体在行为实施的同时还能够做到对自己的行为模式进行修改和完善，以便适应更为复杂的环境，同时也获得更好的生存和发展。①

通过以上对复杂适应系统的论述与总结，可以得知 CAS 的应用领域非常广泛，在多种方面都表现出了能够通过自身实现主动适应，与其他主体和因素进行沟通与协作的特点与特征。分别从宏观与微观层面对问题进行分析与论述，能够将理论应用到实际中来解决相关问题。

第二节　创新生态系统理论

一、创新生态系统的概念

国外学者通过运用创新生态理论对企业和国家的创新发展进行研究，逐渐形成了创新生态系统这一概念，美国学者 James F Moore 在 1999 年就运用自然生态学这一理论中的规律进行探究，并试图通过这一规律对未来的经济世界进行观察和设想，经过探究得出未来经济的发展将会是弱者能够生存、企业之间相互依赖并且共同进化的景象，其探究分析内含中就包括了创新生态这一基本思想。在 2003 年，美国总统科技顾问委员会（PCAST）发表了一篇报告，内容中虽然提出了"创新生态系统"这个概念，但并没有对这一概念进行明确的界定，在后来的研究中，很多学者基于各自的学习背景和研究方向对创新生态系统进行了阐述和研究。

国内学者对创新生态系统的研究层出不穷，经过分析国内研究，可以将创新生态系统称为是各系统之间存在着共生关系的经济共同体，同时也可以充当基于长期信任关系而形成的比较松散但相互之间又存在关联的复杂网络结构，各系统组织间进行网络协作，并且对人力、技术、资本等创新要素进行深入的整合，目的是为了将多个创新因子进行有效汇聚从而可以创造不同的价值，实现网络中各主体的可持续发展。

通过分析国外研究可得，创新生态系统作为一个群落，它具备了一整套合作创新支持体系，通过发挥其内部各个创新主体的异质性，进行与其他主

---

① 杨仲元. 基于复杂适应系统理论的皖南文化旅游地演化特征和机制 [D]. 南京：南京大学，2018.

体之间的协同创新，由此实现其中的价值创造，形成了一种协同共进与相互依存的网络关系。

二、关于创新生态系统的研究

国内外对创新生态系统的研究逐渐丰富，通过对现有文献的分析可以发现目前学术界对创新生态系统的研究具有以下三个特点：第一，从研究对象进行分析，对企业、国家等宏观和微观层次创新生态系统研究较多，但是对区域和城市等中观层次的创新生态系统研究很欠缺。第二，从研究的具体细节内容分析，目前主要是对创新生态系统的结构、功能、风险管理等多个方面进行研究，但动力机制与治理能力对创新生态系统的演化所产生的影响方面的研究还存在一定的欠缺，另外在对城市创新生态系统的治理能力方面的研究也有着很大的空间。第三，从选取案例方面分析，当前国内外对创新生态系统的研究还只是涉及了美国、法国、日本、福建和北京等国家和地区，相对于发展中国家的城市和区域创新生态系统的研究还不多见，所以从演化的视角推断，一些关于发展中国家的城市和区域的创新生态系统研究将会成为一个比较新颖的方向。[①]

三、创新生态系统生成的合理性逻辑

当前的创新生态系统虽然取得了一些颇有价值的研究成果，但是一些关于"为何存在"和"何以可能"创新生态系统的问题还没有进行比较深入的探讨，这些问题总结来说就是"何以生成"的问题。这是解决该理论生成的合理性逻辑的关键问题，也成为该理论得以确立的必要前提条件和理论支撑。创新生态系统中"何以生成"这一问题的解决需要从以下三个方面来回答。

（一）创新生态系统生成的本质

创新是创新生态系统的核心。根据现有的研究可以发现，创新生态系统的构成总的来说可以概括为两个方面：一是可以称之为"硬件"的生成必要基础，硬件中包括创新群落和环境两部分，创新要素会在这两部分之间进行流动；二是"软件"，是创新生态系统能够持续发展下去的基础，从广义的

---

① 张仁开. 上海创新生态系统演化研究 [D]. 上海：华东师范大学，2016.

角度可以解读为能够对人们的思想进行唤醒，激发他们去不断创新的文化，主要包括社会规则和反馈机制等内容。

（二）创新生态系统生成的内在依据

对该系统生成的内在依据进行分析，其中的关键是对创新生态系统中包含的深层学理进行不断探索。该系统的生成与存在也有着特定的"关系"基础，创新群落与环境作为该系统生成的基础，该系统生成的内在依据就是这二者的关系链接，为该系统的生成和持续发展奠定了基础。

（三）创新生态系统生成的根本动力

系统中的内生动力与外生动力的统一是创新生态系统的根本动力。创新生态系统生成的内生动力中，系统的内生源动力是交流，人际和电子交流是内生源动力的两个部分，通过交流不仅可以推动不同创新主体与环境进行联系与连接，还可以更好地推动该系统的区域内生演化。

创新生态系统生成的外生动力。现在社会已经进入"互联网＋"的网络新时代，其中空间的组织形式随之发生了翻天覆地的变化，系统中各要素的汇聚不仅表现在物理空间上，虚拟的网络空间中也在进行着汇聚，与此同时网络和物理空间二者也在发生着相互的联系与作用。该系统作为一种空间的结构和模式，它本身就在强调内生经济，它体现的空间观主要表现为生态思维和网络思维。所以对创新生态系统能够产生巨大影响的因素是空间组织形式的改变，这个因素也成为该系统生成的外生动力。

综上所述，创新生态系统的生成主要通过基于各个创新要素之间进行正确组合形成客观规律所提供的可行性空间，创新群落和环境之间通过创新媒介进行交流与沟通，以此推动空间进行变革。目的是对该系统中的价值创造的实践空间进行不断拓展，由此获得多元价值的创生。①

四、创新生态系统的特点

创新生态系统的提出更加强调创新体系作为网络形态的系统性，其基本内涵主要体现在以下三个方面：

首先，创新生态系统更加全面地刻画了创新体系的生态过程。该理论认为，生物界中的各种群落和物种都会与它们所处的环境融为一体，相互依

---

① 张敏. 创新生态系统视角下特色小镇演化研究［D］. 苏州：苏州大学，2018.

存，这就构成了一个整体的生态系统。参照演化经济学的观点，可以将人类的创新活动与自然界的生态系统相比拟，可以把由政府、科研组织联结而成的种群在自然环境下相互约束和相互竞争的动态演化过程看作是创新过程。该系统在企业创新范式基础上将自然环境新增为一种重要的创新驱动力量，全面揭示了创新过程的生态系统性。

其次，创新要素的多元性成为该系统更加强调的部分，在创新生态系统中，创新过程是多个群落和不同物种对环境与外部扰动应对的过程。创新资源的提供者和约束方以及该系统的重要成员是自然环境，创新生态系统中所涵盖的利益相关群体最为广泛，可以作为一个突出多元化要素的共生演化系统。

最后，该系统对共生式创新更加关注。在创新 1.0 阶段，企业内部中各环节开展研发的双螺旋驱动和市场需求作为创新的源泉，这种模式强调的主要是企业内的个体创新，属于是一种完全闭锁式的创新模式。但是到了 2.0 创新阶段，资源变得越来越稀缺，这将成为企业逐步关注外部创新资源的驱动力。企业之间的联系与合作也逐渐被重视，国家也着手推进了创新体系的建设，由此演变为三重螺旋驱动的模式，这种模式包含了企业、政府和科研三个主体，这种模式可以归结为开放型的创新模式。现如今已经进入 3.0 创新阶段，伴随着时代的发展，用户对产品认知和消费经验的积累，对创新模式的转变也产生了非常重要的影响。与此同时，为创新发展提供了新的动力和机会的因素是自然环境，环境创新这种方法也逐渐被国家和企业所关注，整合了种种因素从此形成了五重螺旋创新的生态系统新模式。该系统对创新的外部特征进行了充分的体现，对多方资源的整合与共享也变得尤为重视，强调群落间的共生与动态演变，创新生态系统的共生性也变得更加突出[①]。

第三节　协同学理论

一、协同学理论的起源

协同理论的英文简称为 Synergetics，也被叫作"协同学"和"协和

---

① 刘畅.创新生态系统视角下企业家精神对创新绩效的影响关系研究［D］.长春：吉林大学，2019.

学"。物理学家哈肯是协同理论的创立者。1971年哈肯先生在德国的斯图加特大学担任教授时，在研究激光的过程中，偶然发现诸多激光膜之间会发生相互竞争的现象，经过不断地竞争，最终某种特定的膜会脱颖而出，从而被选择出来，由此哈肯教授向协同学迈出了历史性的一步。[①]

协同学的研究对象是非平衡状态内以人类所处社会和自然科学界中的广泛存在的开放系统中内部出现的自组织现象。如何从低级向更高级进行演化，中心意思就是如何才能使系统更发生自组织的行为，而且可以促进整个系统形成一套新的有序且合理的结构。总的来说，协同学描述的是特性一般、规律普遍和综合性很强的理论。通过在系统与外部环境的持续沟通和子系统之间的交流过程中发现问题，使其的发展状态能够顺畅且自发地从无序向有序的状态去演化。但这其中的重要问题是这个过程需要系统内在的矛盾去不断驱动才能够实现，所以这是需要探讨的重点问题。

作为一种理论思想方法，协同的概念无论古今中外都早已有之。协同理论虽由国外创立，但我国历史的记载也颇为丰富，例如在我国古代崇尚"百行之本，忍之为上"的儒家思想，这简短的两句话充分表达了孔子希望后人能够明白处理事物的根本理念，那就是互相之间通过彼此的忍让与理解，从而达到协同的效果。道家思想里亦包含了这一理论，老子曰："道不争而善胜，不言而善立。"无论是儒家还是道家思想，表达的内涵都是希望世人可以顺其自然，不要去争斗，而达到和谐的生存环境，尊崇至高无上的道德就像那潺潺流水一样有序而和谐。相比较中国强调的思想，西方文明以强调个性为主要特征，更加强调竞争以及由竞争而带来的协同。[②]

二、协同学的基本概念

(一)竞争与协同

在协同理论整个大的系统中，能够促使其内部的各个子系统之间出现具有各自不同的形态聚集之间变化的是竞争与协同，同时它也是系统自组织能够不断演进的主要动力来源。这种转变在大系统发展的过程中存在普遍性，

① 崔江婉.协同学理论视域下大学生思想政治教育研究 [D]. 西安：西安建筑科技大学，2017.

② 邵桂华.体育教学的自组织观 [D]. 南京：南京师范大学，2004.

通过演变成为不同形态的相也会形成各具特点的特征，主要的表现形式为相的多样性。由于事物在发展的过程中会形成不同情况，随之也会出现差异，最终就会产生竞争。在协同学理论中，竞争的存在也对系统形成了较积极的作用，同时也为系统前进奠定了基础，由于事物在不断地发展与演化，这个过程中就会出现各种各样的差异，这种差异也是竞争能够存在的决定性因素。

通过阅读哈肯的众多理论可以从中分析得出，在协同这个大系统内部存在着众多子系统，这些子系统在发展的过程中会进行沟通与交流，通过它们之间的相互协作可以将系统的整体性充分展现出来，所以说协同并不是单一的子系统，这样是无法表现出来的。众多的子系统通过相互之间的协同合作，能够达到一定的阈值，这样就会促使新功能的出现，从而能够产生新的结构。

（二）序参量

系统不断的发展与演变，在这个过程中整个系统内部的参数会从无到有乃至越来越多，这些新的参数也将成为新结构形成的重要组成部分。在序参量参与其中之前，整个系统内部的各个子系统之间几乎没有联系与交流，但是它们会在各自发挥作用的同时对整个系统的有序发展起到促进和推动的作用。

通过系统的持续演变，其中的参数也会达到一定的阈值，当这个阈值处于饱和状态时，由于子系统之间会发生关联性作用，它们的相关性加起来就会超过系统的各个功能，从此便形成了居于主导的地位，通过它们之间的交流与联系会形成一种协作模式。每个子系统的作用和能量是比较渺小的，如果可以将各个子系统联系起来，集中发挥它们的作用，由此也促进了协同理论的形成。系统中各个子系统之间的协作也推动了序参量的形成，序参量的作用有很多，其中最重要的作用体现在对系统的控制上。同时，序参量在形成的过程中各个子系统之间进行的竞争与交流协作也起到了至关重要的作用。

（三）支配原理

协同学理论系统中存在的支配原理，是由序参量和各子系统相关性联合起来形成的主导地位共同形成的一个有序的宏观结构，协同学理论的创立者哈肯先生通过运用数学方法，将系统中的快参量等于零，并且将关系式带入到相关的方程式中，从而可以得到一个序参量方程，这是一个慢参量的演变方程。

（四）涨落机制

系统中的各个子系统是处于一种无规则的运动状态，所以即使系统处于有序状态时，子系统的运动也不会停止，随着整个系统所处环境的变化，子系统的运动会产生一种局部的耦合效应，正是由于耦合效应的出现系统中的平均值就会与宏观值的瞬间值产生或多或少的偏离。

（五）自组织

自组织结构也被称之为自组织理论。该理论形成的首要条件是在一定的环境和条件的基础上，能够尽可能地提供一定数量的能量和物质流，系统通过自身的演变与发展不断地从外部环境中索取改变方式，通过对各种形式的信息进行反馈，能够实现有序与无序之间自由的转换角色，也通过内部结构对内部自组织系统进行控制。自组织作为协同学的核心，它需要序参量来维持本身的状态。

协同学理论从创立到发展至今，由刚开始时的模糊不清逐渐发展成为条理清晰，内容丰富且实用性极高的理论，这个过程的艰辛程度可想而知。现如今协同学不仅涉及社会学、经济学和管理学等人文科学领域，还应用到学科型、创新型和应用型等人才培养领域以及孵化创业平台的建设等方面，这些领域的研究者在进行问题研究的时候都能够或多或少地利用和借鉴到协同学理论的基本内容。

协同学的原理可以总结为是系统中各个子系统通过相互交流与协作，共同产生一种效应，然后利用自身的优势在研究者进行解决问题时发挥自己有序结构的特点和优势。总的来说该理论为研究者在不同领域的探索中提供了新颖的研究视角，也能够在研究者进行发现问题和解决问题的同时通过运用协同理论而得到更多的启发[①]。

第四节　社会再生产理论

在对社会再生产理论（theory of social reproduction）展开探讨前，要先对该理论的前身也就是再生产理论进行一定的了解。再生产理论最先是由

---

① 杨国清. 协同学理论视角下河北省校园足球可持续发展的动力研究 [D]. 长春：吉林体育学院，2017.

魁奈和亚当·斯密所提出，马克思在两位经济学家提出的理论基础之上，批判性地继承了再生产理论，进而创立出社会再生产理论。社会再生产理论主要涉及生产、分配、交换、消费等方面，从总体来说，一切有关于社会形态的社会再生产过程及其规律的理论就是社会再生产。

一、相关内涵

马克思社会再生产理论是通过对社会总资本的流通和再生产的全面分析来进一步阐释说明其形式和实现条件。通常来讲，一个国家或地区在一定时期内（通常为一年）由自身的物质生产部门所产出的所有物质资料之总和，我们将其称为社会总产品。通过马克思在《资本论》中的相关研究与讨论，可以发现马克思前期主要是站在独立企业的角度去研究价值增值相关问题，也就是价值补偿问题。而在此过程中，仅研究了生产资料和消费资料的消耗与社会总产品提供的补偿是否能达到均衡这一方面。因此，关于社会总产品在生产过程中能否达成一个完整的闭环补偿，即为社会再生产的核心问题。

二、实现条件

马克思的社会再生产理论需要在两个理论都实现的基础之上才能够成立：一是将社会总的生产部门划分为两类，即第 I 部类和第 II 部类，分别是生产生产资料的部类和生产消费资料的部类。马克思认为在社会再生产过程中包含着两种不同性质的消费，因此将其划分为两大部门。通过对社会生产进行高度抽象的划分，则可对两大部门之间的交换关系进行纯理论上的考察与分析，以便揭示其内在的规律与联系；二是将两个部类或社会总产品的产品价值界定为三个方面，即不变资本（c）、可变资本（v）、剩余价值（m）。马克思将社会生产划分为两大部门，将社会总产品的价值划分为三个部分，这是将其与劳动二重性学说和剩余价值理论直接相联系。

三、主要类别

马克思在对资本主义再生产进行研究时，将其区分为扩大再生产和简单再生产两类，我们在对社会总资本再生产进行相关研究分析时，首选简单再生产进行研究。简单来说，社会总资本的简单再生产就是在社会再生产完成一个循环之后，由于资本家的个人消费消耗掉所有的剩余价值，未产生剩余和增值的部分，因此其生产规模并未发生变化。一般对简单再生产进行研究，需要假定社会中只存在工人阶级和资本家，且整个社会是资本主义性质；在一年的周期中消耗完所有的不变资本，在零对外贸易的环境下，新产品的价值增值全部都来自不变资本自身价值的转移，商品价格能够按照相应的价值进行出售。对简单再生产进行研究要将其相关条件进行明确，其中第 I 部类的内部交换、第 II 部类的内部交换、两大部类之间的交换都必须存在。通过以上的交换，存在于社会中的总产品各部分从实物角度、价值角度都获得了相应的补偿，简单社会再生产则可在此基础之上循环进行。

在实际情况中，简单再生产几乎很少出现，取而代之的是扩大再生产。扩大再生产相比简单再生产，其实现条件会更加复杂，需要货币积累到一定程度，社会中存在一定的物质条件，经过长期的资本积累和剩余价值转化为储藏货币，再由储藏货币转化为生产资本，再到生产要素，从而扩大社会再生产。我们通过对简单再生产进行相应的结构调整，就可为扩大再生产创造出一定的物质条件和基础。

首先，从实物形式的角度来看，第 I 部类的剩余产品被划分为两个部分，一部分是用于第 I 部类自身积累的生产生产资料所需的生产资料，另一部分用来与第 II 部类进行交换的生产消费资料所需的生产资料。在扩大再生产的过程中，第 I 部类进行生产所剩余的产品需同时为第 I 部类和第 II 部类两个部门提供生产资料，如此，第 I 部类通过从上一个循环中获取剩余的生产资料，能够不断地进行自身积累并为第 II 部类不变资本的积累提供相应的生产资料。与此同时，第 I 部类中资本家用于个人消费的剩余价值和可变资本之和必须要小于第 II 部类中用于积累的剩余价值和不变资本之和。

第 II 部类的全部产出除满足资本家与工人的消耗外，还要留存有多出的余量用于扩大再生产对追加消费资料的需要。社会总资本若要实现扩大再生产需要有三个前提条件：一是第 II 部类中的原有不变资本加上追加的不变资本需要与第 I 部类中的原有可变资本加上追加的可变资本，和第 I 部类资本家用于个人消费的剩余价值之和相等；二是若进行扩大再生产，第 II 部类中的全产物价值，除在补偿两个部类资本家所需的生活资料及两个部类原有工人所需生活资料的基础上，还需要满足两个部类中新追加生产的工人们所需的生活资料；三是第 I 部类全产物价值，必须要能满足两个部类在进行生产资料积累时需要追加的生产资料。

四、现实意义

马克思社会再生产理论虽然已问世多年，但其内容与内涵有着科学严密的逻辑，深谙社会生产的本质，对社会生产的两大部类协调与发展有着很好的指导性意见，同时也对我国新时代经济高质量发展的众多方面有着较高的借鉴价值。

（一）促进产业结构优化升级

一个国家的产业结构和三大产业的划分与马克思再生产理论中的两大部类的生产与交换在其本质上是存在着差异的，但无论是对于产业结构还是三大产业，或是再生产理论，其研究对象都是以国民经济为总体，研究目的最终都要回归到如何协调产业之间的发展以及促进产业的高效运行。马克思再生产理论如同灯塔般指引着我们不断深化改革传统产业结构及模式，深入推动新兴产业蓬勃发展。

（二）提升企业经营效益

在现代化生产格局之下，经济的发展进步是由无数个企业聚集起来推动的。在经济建设发展过程中，要稳健合理的安排商品资金、生产资金、货币资金之间的协调关系，畅通供销渠道、提升生产效率、完善财务机制、引进核心人才、发掘新兴市场。企业要学会合理利用剩余资本，加强对剩余利润的再利用，既能有效提升企业的资源利用效率和经济效益，也能推动社会经济的不断进步。

（三）助力经济持续发展

在新时代背景下，要将马克思再生产理论的指导作用同中国特色社会主义经济体系高度融合，充分发挥出该理论的指导作用，进一步推动供给侧结构性改革，在实现经济增长的同时，保证经济增长的质量，拓宽经济的广度与深度，实现经济的高质量、可持续发展①。

---

① 乐力昌. 以"以人为本"为导向的转变经济发展方式研究 [D]. 重庆：重庆交通大学，2011.

机　理　篇

　　党的十八大将生态文明建设纳入"五位一体"总体战略布局后，全国便致力于推进生态文明建设，努力实现产业结构及能源结构的优化，以期形成绿色、低碳的生产生活方式。提出了"促进生产空间集约高效、生活空间宜居适度、生态空间山清水秀"的发展目标，努力构建"三生空间"协调并进的发展格局。本篇就基于包含生活、生产、生态的"三生空间"视角，首先从宏观层面构建冰雪经济高质量发展的系统框架，并对其系统构成、目标、环境进行阐述。其次从中观层面分析三生空间的基本结构，动态分析其发展趋势，进而探寻其发展困境与机遇。最后从三生空间融合的角度提出动态适应、合理利用、和谐相处的发展准则，系统阐释生活、生产和生态之间的融合机理，为冰雪产业高质量发展提供可资借鉴的研究思路。

第四章　冰雪经济高质量发展的系统分析框架

冰雪经济是一个由多系统构成的复杂生态体系，其系统内部的三生空间之间、三生空间与外部环境之间以及与整个系统之间都处于相互联系、相互影响的协同状态，整体产生了错综复杂的联系，对冰雪经济的高质量发展起到了尤为关键的作用。可见，虽然冰雪经济对外表现为一个整体，并以整体的形式追求价值最大化，但是它内部各系统也是一个个相对独立的个体，冰雪生产空间、冰雪生活空间以及冰雪生态空间的各系统间仍然存在互相协作关系。

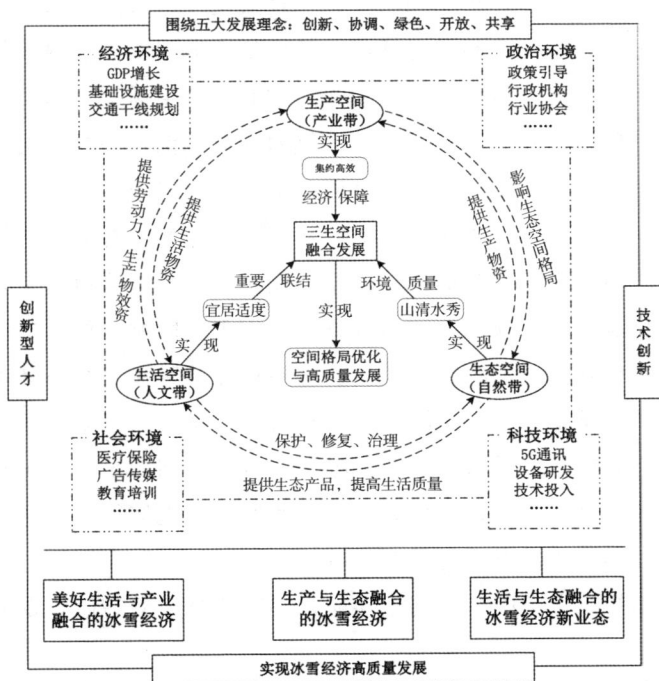

图 4-1　冰雪经济高质量发展的系统分析框架图

　　如图 4-1 所示，冰雪经济高质量发展是一个复杂、动态发展的过程，就其系统框架而言，冰雪经济高质量发展是在五大发展理念（创新、协调、绿色、开放以及共享）的指导下，受政治、经济、社会、科技等外部环境影响，不断进行三生空间融合发展的过程。因此，本部分主要从冰雪经济的"三生空间"系统构成、冰雪经济高质量发展的系统目标以及所面临的系统环境出发，对我国的冰雪经济高质量发展展开系统性的分析。

第一节　冰雪经济的"三生空间"系统构成

　　"三生空间"即是生产空间、生活空间以及生态空间的简称，最早用在城市发展规划的相关研究中，主要是指国土空间利用的生产、生活、生态空间格局，它是根据赋予土地的不同功能角度进行类别划分的。生产空间具备农业、工业、商业等获取和供给商业产品或服务的功能，主要用来进行农业生产、工业建设以及商业金融等生产类活动，通过这类生产活动为人类社会提供生活所需的各种商业产品和服务，这是人类改造自然和利用自然为自身谋求发展的过程；生活空间具有承载以及保障人类安全居住的功能，主要用来建设人类生活与安全居住的空间，为人类的日常生活提供消费、娱乐以及运动等活动的场所，具备物质以及精神层面的双重保障功能，是人类社会生存与成长的重要保障；生态空间具有调节、维持和保障生态安全的功能，这主要和当地的自然土壤、资源、植被以及水环境等基底有关，具体表现为在不同区域生态系统中通过各要素之间相互作用，从而对当地的生态系统承载力、污染净化能力、气候调节能力等方面产生重要影响。但是，三生空间内部各系统并非相互独立而存在的，三者之间存在着紧密联系。其中，对生产空间的合理利用是推动人类生活、生态空间升级发展的根本推动力，决定着生活与生态空间的整体质量和运行状态，对生活空间的统筹优化则是开发生产与生态空间的最终目的，对生态空间的适度开发是使得生产与生活空间的功能属性能够得到正常发挥的重要保障①。

　　本书借鉴"三生空间"的用地功能，提出冰雪经济高质量发展的"三生

---

　　① 徐磊. 基于"三生"功能的长江中游城市群国土空间格局优化研究 [D]. 武汉：华中农业大学，2017.

空间",即冰雪生产空间、冰雪生活空间、冰雪生态空间,用夹表征冰雪经济高质量发展过程中三生空间的不同属性以及内里的核心要素之间通过相互作用形成子系统之间相互影响以及联系的三生融合关系。三生空间是冰雪经济高质量发展的核心内容和重要基础,健康有序的三生空间是相互作用、彼此交叉联系的协同关系。生产空间、生活空间以及生态空间这三个具有不同属性的空间子系统,彼此通过相互协同作用共同构成了具有特定功能和有序结构的复杂适应系统。因此,为了更好地促进冰雪经济的高质量发展,必须明确冰雪经济的"三生空间"系统构成。

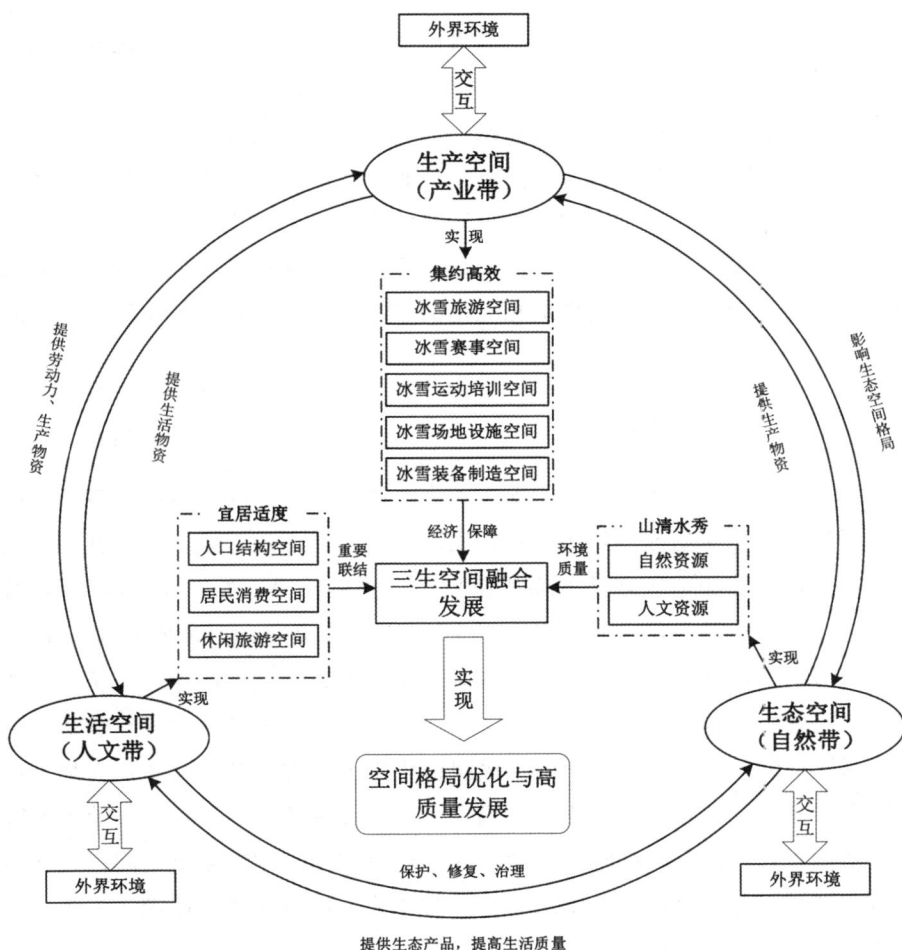

图 4 - 2　冰雪经济"三生空间"系统构成图

冰雪经济"三生空间"系统是一个由冰雪生产空间、冰雪生活空间、冰雪生态空间构成的复杂适应系统。其中，生产空间提供经济发展的根本动力，主要由冰雪经济的冰雪旅游空间、冰雪赛事空间以及冰雪运动培训空间组成，为生活空间和生态空间提供经济方面的驱动，为生活空间提供生活物资的同时也对生态空间的格局产生影响。良好的冰雪生产空间有助于优化冰雪产业结构、推动冰雪经济发展，也决定着生活、生态空间的质量，为促进三生空间的融合发展提供经济方面的保障。生活空间是提供经济与生态的消费主体，主要由人口结构空间、居民消费空间、休闲旅游空间组成，为生产空间提供了主要劳动力、生产物资的同时，也通过保护、修复以及治理生态环境对生态空间的发展产生影响。冰雪生活、生产以及生态空间之间协调优化的最终目标是提升居民们的生活幸福感，可见，冰雪生活空间为实现三生空间融合发展提供了重要载体，是冰雪经济这一复杂适应系统中三生功能之间相互联系的核心纽带。生态空间是生产和生活的坚实保障，主要由自然资源与人文资源组成，为生产空间提供原始的生产物资，也为生活空间提供众多生态产品以提高人类社会的生活质量与优化生活环境。可见，生态空间为冰雪经济高质量提供稳定的环境和充足的承载力，为实现三生空间融合发展提供良好的环境质量。

一、冰雪生产空间

生产是人类社会文明进步的根本动力，冰雪生产空间为居民日常生活中的各项社会文化活动提供经济保障，推动冰雪生产方式转型，丰富其生产空间的功能，能够为冰雪经济的高质量发展提供驱动力。如图4-3所示，冰雪生产空间由冰雪经济的冰雪旅游空间、冰雪赛事空间、冰雪运动培训空间、冰雪场地设施空间以及冰雪装备制造空间组成，其生产功能系统是在冰雪区域范围内，各类与旅游、赛事、运动培训相关的生产要素相互联系并相互作用形成的。具体体现在当地居民组织生产要素进行各项冰雪资料加工以及冰雪产品生产的过程，并为居民们日常生活提供所需的消费品以及各类服务。整体来看，冰雪生产空间包含了冰雪旅游空间、冰雪赛事空间以及冰雪运动培训空间等多个生产子系统，是能够与外界进行能源、技术、人才、信息等交互的巨型开放生产空间。

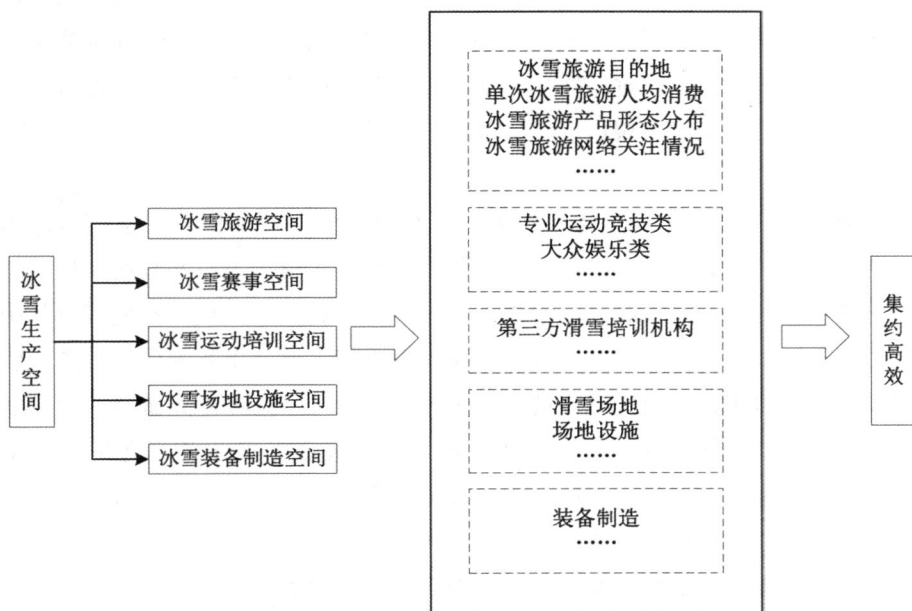

图 4-3 冰雪生产空间系统构成图

对冰雪旅游空间的分析首先注重于对我国冰雪旅游目的地分析、单次冰雪旅游人均消费情况分析、冰雪旅游产品形态分布以及冰雪旅游网络关注情况分析。冰雪赛事空间主要将国内冰雪赛事分为专业运动竞技类和大众娱乐类，随着冰雪赛事活动的日益普及，越来越多的体育参与者加入冰雪运动行业里面，增加了对冰雪运动培训的需求，冰雪运动培训空间的扩展也有助于拓展和留存冰雪运动用户，提升人群转化率，为冰雪行业带来升值性收入，助力我国冰雪行业的转型升级。此外，冰雪场地设施以及装备制造空间贯穿于各个冰雪生产空间内，滑雪场和冰场等冰雪场地作为冰雪产业的环境载体，为冰雪消费者提供了消费场所，场地内部的各类雪具设施为消费者进行冰雪运动提供了装备器材，为促进我国冰雪经济的高质量发展奠定了坚实的物质基础。

二、冰雪生活空间

冰雪生活空间是三生空间融合发展的重要联结，生活空间能够为居民们的居住、消费、休闲旅游等活动提供空间载体。在这个空间内，人是最主要的因素。重构冰雪生活空间格局，提升宜居环境品质、生活质量以及服务水平是居民们进行生产活动以及生态保护的主要目的和重要主线。在与冰雪生产空间、冰雪生态空间进行物质、能力以及信息交换流动的同时，冰雪生活空间结构也在受人的主观能动作用以及客观外界因素的双重影响下不断地调整变化。

如图 4-4 所示，冰雪生活空间由人口结构空间、居民消费空间、休闲旅游空间组成。其中，人口结构空间主要突出我国整体人口基数的基础上不同年龄结构的差异以及我国的滑雪人口情况，为我国居民消费空间以及休闲旅游空间的构成提供了有效支撑。居民消费空间主要突出我国居民可支配收入以及全国居民人均消费支出的分布情况，为深入了解休闲旅游空间的发展趋势奠定基础。休闲旅游空间主要突出我国居民在各类旅游行业的消费情况，为进一步挖掘冰雪旅游的发展潜力提供重要依据。可见，随着人口结构的优化调整、可支配收入的不断提高，人们对生活空间的多元化需求也在不断增加，冰雪运动消费日益成为我国公民们休闲生活的一个重要选择。

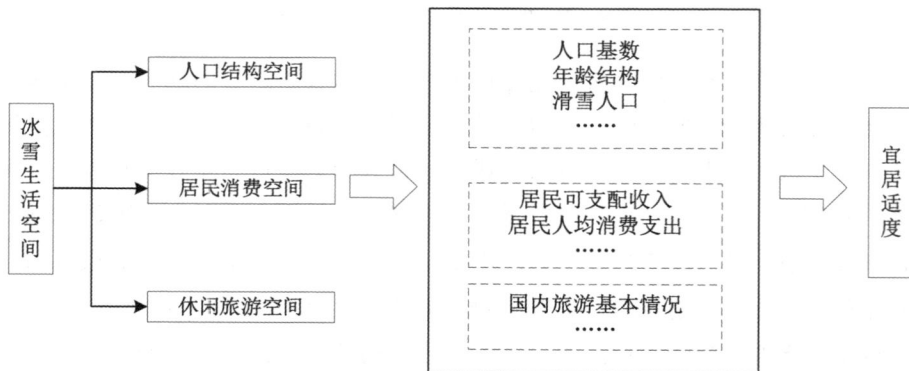

图 4-4 冰雪生活空间系统构成图

三、冰雪生态空间

冰雪生态空间是三生融合有序发展的重要前提条件，摸清冰雪生态空间基底，提升自然生态系统功能，能够为居民们的生活空间与生产空间提供良好的环境，是其生活与生产活动能够有序进行的重要基底。生态空间的格局具有一定的分布规律，与其生态景观的分布有较强的关系，例如在森林、冰川、河流等地区会表现出较明显的生态空间格局，具备较强的生态系统净化与循环功能。

冰雪生态空间并不是孤立存在的，它具备明显的动态性和开放性特征。如图4-5所示，冰雪生态空间主要由自然资源与人文资源构成，这里的自然资源由冰雪资源、土壤资源、森林资源、空气资源以及淡水资源构成，自然资源系统能够在一定程度内实现自我净化以及维持功能来调整生态平衡性，若自然资源受到的污染破坏超过了环境承载力，则会减低其净化和维持功能，最终使得人类生产与生活活动面临严峻、恶劣的生态环境。冰雪产业的人文资源包括人类社会活动中与冰雪运动、旅游等相关的内容和文化等众多因素，例如历史底蕴、冰雪景观、赛事氛围、政策生态等，经过开发、整合与利用，最终形成吸引和满足消费者兴趣和需求的资源。对自然资源的维护与合理利用是丰富人文资源的首要前提，而人文资源的丰富与发展反过来又会促进对自然资源的保护。

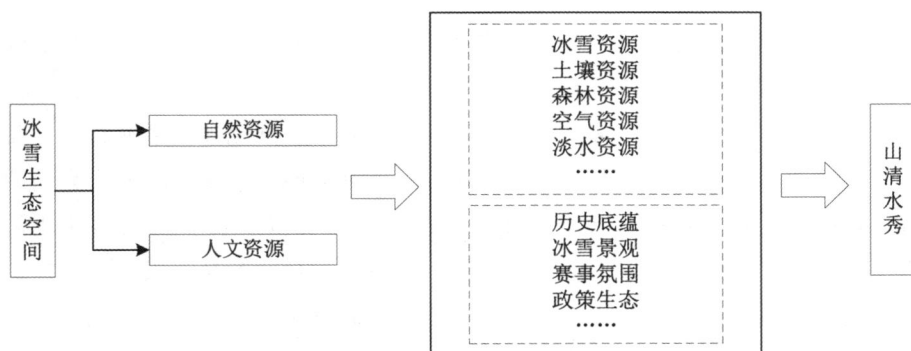

图4-5 冰雪生态空间系统构成图

第二节 冰雪经济高质量发展的系统目标

任何实践活动都需要目标的指引，宏观层次的目标对实践活动的进行有重要的引导作用，冰雪经济的发展也不例外。冰雪经济并不能自动地实现高质量发展，冰雪经济高质量发展是一个循序渐进的过程，这个过程并不是一帆风顺的，要想克服发展过程中遇到的实际困难，就需要通过结合新发展理念深化改革，促进冰雪经济结构的合理化，构建新的冰雪经济高质量发展体系。新发展理念作为我国当前以及未来经济发展方面长远的思想引领，以新发展理念为系统目标，践行新发展理念的过程，必然是冰雪经济实现高质量发展的整体历史过程。因此，要想促进冰雪经济高质量发展，需要结合创新、协调、绿色、开放以及共享的新发展理念，树立冰雪经济高质量发展的系统目标。

一、实现创新发展是冰雪经济高质量发展的首要目标

创新发展是历史社会进步的动力，是我国时代发展的关键，更是我国冰雪经济高质量发展的首要目标。创新位于"五大发展理念"之首，驱动着社会经济的发展，更是促进冰雪经济摆脱体制机制双重困境的重要法宝。纵观冰雪经济发展过程，唯有实现创新发展，提高核心竞争力，将发展动力从依靠要素投入转向创新驱动，推动冰雪产业中科技创新与社会经济发展的深度融合，才能实现冰雪经济发展方式的转型，调整冰雪经济发展结构，激发我国冰雪经济发展的内生原动力，最终实现冰雪经济的高质量发展。立足全局，要想实现创新发展这一冰雪经济高质量发展的首要目标，需要逐步实现冰雪经济领域的科技创新、制度创新以及理念创新。

首先，冰雪经济高质量发展得益于科技的创新。强化冰雪产业在冰雪装备制造方面产品、工艺以及营销等方面的科技创新能力，提高对科研方面的投入，提供具备更高技术含量的冰雪产品与服务，以满足公众的多元化需求。只有通过构建高附加价值、高品质、高技术含量的产品与服务，冰雪产业才能有颠覆性的突破，才能摆脱核心技术限制发展高度的局面。此外，还需要强化各行各业创新型人才的培养，科技创新发展的驱动归根到底还是创新型人才的驱动，人才的积聚促成了科技创新的摇篮。人才是支撑科技创新发展的第一资源，应着力发现、培养和积聚冰雪领域的科学家、企业家、工程师等人才队伍，积极培养我国新一代青年科技人才，全面提升创新型人才的科学素质。

其次，实现冰雪经济高质量发展需要从制度创新的方向入手。在出台相关政策法规规范冰雪经济发展的同时，强化各层级的管理能力，激发各主体在不同领域、项目、层面以及环节的创新，形成创新驱动发展的新格局。一方面，对于新能源等冰雪产业，需要支持、鼓励和引导，在制度执行方面给予环保企业便利。另一方面，需要出台具体的约束制度与管理办法，对冰雪

产品制造以及滑冰滑雪活动开展过程中出现的污染行为进行相应的惩罚。此外，还可以利用当今网络大数据与云计算等先进科技条件，提升网络政务服务的能力，为社会各主体的创新发展提供便利。总而言之，冰雪经济高质量要实现制度层面的创新，需要结合冰雪经济发展的特征，由点及线，由线成面的逐步实现。

最后，社会经济体系是动态发展的，冰雪经济高质量发展是一个需要一定时间实现的发展目标，而不同时期的外界环境、阶段目标以及实践困境都会随着时代的发展形成各异的特征，因此需要在不同时期更新理念引导，进行理念层面的创新。具体可通过学习与借鉴冰雪发达的国家或地区的实践经验、有益理论，再结合我国政治、经济、文化、社会以及生态等方面的实际情况进行理念创新，将先进的理论与经验中国化，"和"百家之长，"成"我国冰雪经济高质量发展的创新之道。

二、实现协调发展是冰雪经济高质量发展的内在目标

在当今复杂的经济社会关系背景下，实现冰雪经济高质量发展，需要处理好整个社会复杂的利益关系问题，只有统筹全局才能促进共同发展。就像一支合格的歌唱团，只有兼顾乐队内不同职务的协调，才能井然有序的奏响冰雪经济高质量发展的交响曲、中华民族伟大复兴的进行曲。众所周知，协调即与失衡相对，经济协调是指若干个具有独立管理权的经济管理组织和个人，通过平等协商，调节各自的经济行为，使它们的经济活动向着特定的经济目标运行或有利于特定经济问题的解决的经济管理行为和过程。历史证明，经济失衡、体制失衡的发展会使得经济落入"陷阱"，形成不可抵抗的发展灾难。如何补齐发展短板、缩小主体差距，实现协调发展，把握协调发展的规律，正确处理冰雪经济高质量发展过程中的重大关系，是促进冰雪经济高质量发展需要着手解决的问题。实现协调发展需要将协调这一理念贯穿于冰雪经济发展的各方面以及全过程之中，具体需要从以下几个方面努力。

增强整体发展的大局意识，提高冰雪经济高质量发展的系统性。在当今互联网时代的大背景下，冰雪经济涉及的领域越来越多、层次越来越多，并且各领域、各层次之间的关联互动也日益紧密。要实现冰雪经济高质量发展，以协调发展的新理念引领冰雪经济的发展，就必须增强整体发展的大局意识、相互交融的协同意识以及交融互促的补短意识，将协调发展的新理念

贯穿于冰雪经济的整个发展过程。历史经验告诉我们，推动社会的进步需要我们坚持地而不是静止地、坚持普遍联系地而不是单一孤立地、坚持系统地而不是零星地、全面地而不是片面地观察系统内外界的事物，并且需要精确地把握住各方面的客观实际情况，真正地掌握社会发展的客观规律，妥善处理发展过程中涉及的各种重大关系。因此，这就要求我们在大局中思考，并且在大局中出发行动，在这一过程中始终围绕高质量发展的中心，服务冰雪经济的大局。这就需要各发展主体跳出自己局限的视野，培养识大体、谋大事、顾全局的整体性思维，避免"一叶障目，不见森林"的情况出现。只有增强大局意识，摆脱局部利益的约束与桎梏，做到真正从国家冰雪经济高质量发展的整体利益出发，以人民长远利益为落脚点，开展工作、推动社会发展，才能提高冰雪经济高质量发展的系统性。

增强相互交融的协同意识，提高冰雪经济高质量发展的耦合性。实现协调发展是冰雪经济高质量发展的内在目标，这也意味着需要冰雪经济内部实现协同发展，提高经济发展的耦合性，增强凝聚发展合力。随着我国改革发展的不断深入，社会的各个范畴、各个环节之间的联系以及交互明显增强，每一项政策发展措施都会对其他社会主体的发展产生重要影响，且每一社会主体的发展又都需要其他主体的协同配合。在冰雪经济高质量发展过程中，面对涉及面较广的整体性社会改革，需要集聚社会各项协调推进的正能量，整体推进配套措施的改革，并且通过深入研究各项改革举措之间的关联，进一步树立双赢的观念，摒弃"零和"思维，走出各环节、各主体、各地区之间各自为政的误区，增加促进共同发展的措施，使得各项社会改革发展的举措在系统全局的发展上相互配合、在具体落地的操作过程中实现相互促进、在最终的成果上取得相得益彰的效果。

增强交融互促的补短意识，提高冰雪经济高质量发展的均衡性。正如众所周知的"木桶效应"所预示的那样，一个木桶能够承载多高的水，其实并不是由最长的那一块木板所决定的，而是由整个木桶中最短的那一块木板决定。"一花独放不是春，万紫千红春满园"，补齐短板象征着协调顺利、整体增效，要想实现冰雪经济高质量发展过程中的内部协同，需要增强整体的补短意识，认真做好补齐短板，深入认识到补齐短板是谋求我国冰雪经济发展、促进冰雪经济发展的重要举措，也是调整投入比例、优化经济结构，增强整体冰雪经济高质量发展的后发优势、培植发展后劲。此外，还需要将补齐短板这一重要举措作为一个动态的发展过程进行动态调整，防止在冰雪经济高质量发展过程中出现新的短板。通过下定决心优先解决涉及冰雪经济发展全局的"心头之患"，牢固树立协调发展的新理念，不断提高冰雪经济发展的协调性、增强整体发展的均衡性，推进冰雪经济的高质量发展。

三、实现绿色发展是冰雪经济高质量发展的基本目标

绿色发展作为关系我国整体发展的一个重要理念，也是冰雪经济高质量发展的基本目标。绿色象征着生命的本色，代表着大自然的底色，更是人们对美好生活的期望与绿色自然的期盼。将实现绿色发展作为我国冰雪经济高质量发展的基本目标，进一步体现了对经济社会深层次规律发展变化的掌握。

如今，我国多年经济高速发展的历史，铸就了伟大的"中国奇迹"，但也累积了许多矛盾和问题。其中，较为突出的矛盾和问题正是环境保护的问题。促进区域生态环境质量的提升，建设健康稳定的绿色生态环境是冰雪经济高质量发展的重要基础。社会生态系统内部的各主体在整个生态环境体系内是休戚与共的关系，冰雪经济高质量发展不单单是区域经济发展的互利共赢，也是人与自然的和谐共生的重要体现。然而，在冰雪经济发展过程中，各类企业进行的高投入、高损耗、高污染的生产方式，对生态环境造成了极大的伤害，使得冰天雪地的优美环境成为雾霾污染、水质污染以及土壤重金属超标等众多环境问题的物质载体。可见，促成绿色发展，通过环境治理解决污染的"心头之患"，推动绿色发展、实现生态环境利益的互惠共享是冲破社会资源环境瓶颈桎梏的必然要求，是调整冰雪经济结构、转变经济发展方式、实现冰雪经济高质量发展的必然选择。

把绿色生态环境建设放在冰雪经济高质量发展全局的突出地位，走绿色低碳循环发展之路，在绿色发展过程中融入政治建设、文明建设、社会建设等各方面和全过程，是当今时代发展的大趋势与变革方向。冰雪经济的绿色低碳发展强调兼顾发展过程的效率与公平，倡导人与自然和谐共生的发展理念，是指在冰雪生态环境容量与自然资源承载力的双重约束下，寻求冰雪经济高质量发展的路径。需要同步推进生产绿色化以及生活绿色化，在生产方面需要构建冰雪经济的绿色低碳循环经济体系，全面统筹生产过程中的绿色、低碳以及循环经济，并且以环境友好为重要导向，以绿色技术创新为动

力驱动，最大限度地降低冰雪经济增长对环境能源的依赖度，在实现冰雪经济高质量发展的同时，避免对生态环境造成不可逆转的负面影响；在生活方面，需要人人树立正确的生态观念、维护生态安全以及优化生态环境，通过完善相关生态制度与行为规范，形成全社会范围内的节约资源以及保护环境的冰雪空间格局、冰雪产业结构、冰雪生产方式以及冰雪生活方式等。可见，在生产和生活方面，通过绿色生活方式的培养与绿色文化的营造，引导社会公众在冰雪经济高质量发展过程中接受并践行绿色消费的方式，充分体现了社会发展以人为本、人与自然和谐共生的发展理念，推动了全社会生态文明观的建设以及绿色价值观的形成。

四、实现开放发展是冰雪经济高质量发展的宏伟目标

当今国际形势变化万千，国际经济的合作和竞争格局也在悄然发生改变，世界各国需要携手应对经济发展过程中出现的问题、经济全球化进程中的要克服的种种困难与挑战的同时，又彼此之间存在着抢占发展话语权、科技制高点、构建国际经济与贸易规则的激烈竞争关系。随着我国成为发展大国，肩负的国际责任和公众期待也日益增加，因此，需要通过建立更高层次的开放型冰雪经济体系，才能更好地顺应世界开放、和平以及合作共赢的新潮流，实现开放发展这一冰雪经济高质量发展的宏伟目标。这里所提出的冰雪经济开放发展并不是对过去传统方式的简单重复，而是需要社会各界以新的思路、新的方式进行更高水平、更深层次的开放发展。既要立足于我国的具体实际情况，结合国内政治、经济、社会等方面的优势，又要充分了解国外的发展环境，通过主动开放、双向开放、公平开放、全面开放以及共赢开放等，更好地利用国内外两个大市场，实现资源的高效利用，以促进冰雪经济的高质量发展，并与世界各国形成互利共赢的局面。

主动开放。要想促成开放发展这一冰雪经济高质量发展的宏伟目标，需要更加积极主动地对外开放，这不是权宜之计，而是促成我国冰雪经济繁荣发展的必由之路。坚持主动开放，需要统筹国内外两个大局，还需要踊跃地参与到国际冰雪经济事务中来，提高我国在全球冰雪经济发展中的话语权。同时，在主动开放过程中还需要注意开放发展与安全保障的有机统一，在不断开放的过程中寻求更高层次的安全保障。近年来，我国日益迈出主动开放的稳健步伐，坚定不移地扩大对外经贸，做国际冰雪经济自由贸易的积极推

动者，彰显了我国的大国责任意识与胸怀、担当。

双向开放。实现冰雪经济高质量发展需要坚持引进来和走出去两者并重。这是我国开放型冰雪经济发展到一定阶段的特性，也是更好地协调国内外市场的有效途径。促进冰雪经济双向开放新格局的形成，需要推动国内外生产资源的高效配置，生产要素的有序流动以及两个市场的深度融合。一方面，通过引进来，我国可以加快转变冰雪经济发展方式的步伐，逐步提高引资质量，吸收更多国际投资、技术创新以及先进管理人才等。另一方面，通过走出去，我国日益由贸易大国升级为贸易强国，通过支持更多国内企业扩大对外投资与发展，可以推动我国冰雪经济发展过程中各项装备、技术、服务等走上国际大舞台，提升了我国冰雪经济在全球经济发展的话语权。

公平开放。构建冰雪经济高质量发展公平、有效的竞争环境。通过加强法治建设，完善我国法律制度体系，为国内外企业提供一个公平、开放、透明以及可以预期的市场经济环境，为各类企业依法和平等的使用各类生产要素并公平地参与到冰雪经济的市场竞争中来提供法律方面的保护。推动公平开放，公平公正的保护国内外投资企业的正当权益，为国外投资企业在中国进行投资、建设提供更好的服务，提高外资企业在中国发展的信息，促进冰雪经济的高质量发展。

全面开放。通过全面开放创新我国冰雪经济对外开放的各项举措、空间以及内容，打造我国东西双向、海陆、国内外等全面开放的新格局。在开放举措方面，需要坚持冰雪经济自主和对等开放，加大走出去战略，统筹冰雪经济多边与区域开放合作。在开放内容上，需要进一步扩大冰雪制造业的开放，有序开放我国冰雪服务业以及扩大冰雪金融业的双向开放，以此促进各项基础设施的互通。在开放空间上，进一步协调我国沿海地区开放程度强、内陆开放程度弱的格局，逐渐形成沿海与内陆的分工合作以及共赢发展的新格局，推进冰雪经济高质量发展的互信、合作以及交流。

共赢开放。加强冰雪经济的全球交流与合作，推动冰雪经济朝着各国普惠共赢的大方向发展。共赢开放与保护主义相对立，随着当下各国经济的相互发展，全球产业链的加速整合，各国的命运与共、机遇共享、利益交融的关系日益凸显。构建开放共赢的冰雪经济体系，维护世界多边贸易体制，推动冰雪经济朝向普惠共赢的方向发展，为各国的冰雪经济发展提供更广阔、开放的市场以及发展空间。推进共赢开放，要求冰雪经济高质量发展实现全方面、多层次的国际化合作发展，扩大与世界各国、各地区的利益交融，维护和促进多边贸易体制，实现各国互利互惠、相辅相成的共赢新格局。

五、实现共享发展是冰雪经济高质量发展的最终目标

通过人人共建，最终实现人人共享，这是冰雪经济高质量发展的最终目标，也是我国冰雪经济建设的出发点以及落脚点。以共享发展的理念引领我国冰雪经济的发展，维护社会的合法公理，保障了发展靠人民、发展为人民以及发展的成果由我国人民共享。推进发展成果共享，有利于推进国家安定、民族团结，要实现共享发展需要从以下几点出发。

在冰雪经济制度创新以及舆论引导中营造共建共享的优良社会环境。社会环境对能否增强共建动力、能否提高共享水平有重要影响，而营造冰雪经济共建共享这一优良社会环境的关键在于制度环境以及思想舆论环境。在制度环境方面，我们需要认真审视我国冰雪经济的发展体制机制以及各项政策规定，对不利于人民共享发展成果、不利于实现社会合法公理的问题进行深层次改革，通过创新制度方面的安排，保障我国人民人人都有参与冰雪经济高质量发展的权利、人人都有享有冰雪经济改革发展的成果。在思想舆论方面，需要通过正确的理论指引，深刻了解到冰雪经济共享发展关乎经济发展的前景、关于我国人民生活的福祉、关于国家的长治久安，并且需要通过广泛的宣传与引导，让广大人民群众深刻认识到，冰雪经济高质量发展是全国人民共同的事业，亿万国民理所应当是享有者，也理所应当是建设者。众人拾柴火焰高，唯有将广大人民的力量拧成一股绳，通过制度创新以及舆论引导的共同努力，才能营造共建共享的良好社会环境，不断提高冰雪经济发展水平，最终实现我国冰雪经济高质量发展。

在增强科学素质、提升专业能力中不断增进人民福祉。冰雪经济高质量发展的成果能否实现共享，能否让广大人民群众满意，考验着冰雪经济发展过程中各主体的科学素质以及专业能力。如果各主体的科学素质以及专业能力与共享发展这一冰雪经济高质量发展的最终目标不相适应，在冰雪经济建设发展过程中的工作就会无所适从，甚至出现不负责、加大污染、恶性竞争等负面影响。因此，推进冰雪经济高质量发展需要社会各界心中始终要有共享发展这一最终目标，心中始终要有广大人民群众，真正做到以共享为中心、以人民为本心。在促成冰雪经济高质量发展实现共享发展的过程中，还

需要加强认清"时"、把握"势"的能力，在建设冰雪经济过程中提出新的思路以及新的举措，以共享发展为标杆定时衡量与检验自身的工作，使得冰雪经济的高质量发展具有更高的公理性以及普惠性，使得人人都能共享冰雪经济发展的成果，获得更充足的幸福感。

在人人参与中共同推进冰雪经济高质量发展。冰雪经济高质量发展是为了维护广大人民的利益，而不是一些人或者少数人的个人利益，最终目标是实现共享发展，因此坚持冰雪经济共享发展，既需要追求人人共享，也需要人人参与，人人出力，为我国冰雪经济高质量发展、民族发展以及个人的幸福贡献一份自己的力量。实现冰雪经济高质量发展的成果共享，不是不劳而获，也不是坐享其成，而是凝聚发展的力量，这就需要我们有理想、有担当，敢于承担责任，发扬艰苦奋斗的精神，树立"天下兴亡，匹夫有责"的责任心，一步一个脚印，为冰雪经济的高质量发展散发出自己的光和热。

第三节　冰雪经济高质量发展的系统环境

冰雪经济依靠自身独特的资源不断发展壮大，逐渐成为我国经济发展过程中不可或缺的一部分。冰雪经济要想实现高质量发展依靠的不仅仅是自然资源，脱离社会系统的冰雪经济无法独立运行，因此必须嵌入到整个经济发展的社会系统环境发展。对我国冰雪经济高质量发展的宏观环境进行分析，有效甄别影响其高质量发展的客观因素，进一步了解我国冰雪经济发展的客观规律以及影响因素，有利于各层级的行政部门进行宏观层面的顶层政策制定，也有利于冰雪经济发展涉及的相关企业与民间资本识别冰雪经济发展的宏观环境，据此探索大环境中蕴含的发展机遇。本部分主要对冰雪经济高质量发展的外部环境进行分析，通过对政治、经济、社会以及技术环境这四个方面的因素分析，从整体上把握冰雪经济的宏观环境。

一、政治环境

一个国家或地区的宏观政治环境、体制制度以及政策方针都会对本国的经济发展产生重要影响，冰雪经济作为我国经济发展的重要组成部分，自然也会受到政治环境的影响。具有前瞻性、进步性的政策制度方面的支持，能够明确冰雪经济在总体的国家经济与发展格局中的地位以及意义，为冰雪经济高质量发展提供不竭动力，推动全国冰雪经济有序、高质量发展。近些年，我国陆续颁布了众多有关冰雪的政策文件，如《冰雪运动发展规划（2016—2025年）》《加快推进全国青少年冰雪运动进校园的指导意见》《冰雪装备器材产业发展行动计划（2019－2022年）》《冰雪旅游发展行动计划（2021—2023年）》等，无一不彰显着我国对冰雪经济的重视。通过发布宏观的支持政策以及微观的具体措施，不断优化冰雪经济高质量发展政治环境的同时，通过税收、财政等方面的手段助力冰雪经济的发展，为我国冰雪经济的转型升级营造了良好环境、提供了有效的政策保障以及制度建设。

在制度支持方面，通过制定全国或者地域性的冰雪经济发展总体规划，鼓励各地将冰雪经济发展规划与当地的土地利用以及城乡发展规划相结合，并以宏观规划为方向指引，完善冰雪经济相关的基础设施和配套服务。此外，还在宏观调控的指引下，优化了冰雪产业结构，打造了一批冰雪旅游度假村、冰雪体验馆、冰雪特色产品、冰雪特色小镇等，推动了冰雪经济综合性新业态的发展，为冰雪经济高质量发展营造了良好的制度环境。在经济支持方面，政府通过购买冰雪旅游服务、补贴费用、鼓励设立发展基金等方式加大对冰雪经济的支持力度，引导更多消费者积极参与到冰雪活动中来，培养广大人民群众的冰雪消费习惯，为冰雪经济高质量发展提供了宽裕的经济环境。此外，还立足我国国情，积极引导社会各界加强冰雪经济发展能力的综合性，推动完善各项法规制度，力求为冰雪经济高质量发展提供一个稳定、合法的政治发展大环境。

二、经济环境

作为我国经济发展的一大重要组成部分，冰雪经济必然受到整体经济大环境的影响。一方面，我国经济的快速增长有利于推进冰雪经济产业布局的优化升级；另一方面，经济发展的非平衡性不利于冰雪经济产业结构的区域内部或整体调整，若不能适当处理好这一矛盾，则会阻碍我国冰雪经济发展的步伐。因此，我国将过去的传统粗放型经济发展模式转变为了如今的高质量发展模式，日益告别了过去"重量轻质"的发展方式，谋求更高质量的冰雪经济发展成为当下的主旋律。

受国家大环境的影响，越来越多的冰雪消费新业态、经济增长点开始逐渐显现，自从我国在2002年的冬奥会中获得了首枚金牌，冰雪运动便受到了人们的广泛关注。在北方冰雪资源丰富的城市地区，冰雪经济甚至成为当地的核心经济，吸引越来越多的人参与到冰雪运动中，带动冰雪产业总规模的整体发展。当下，受 2022 年冬奥会的影响，越来越多的冰雪小镇、旅游纪念品、冰雪体育培训等新业态日益壮大起来并焕发出蓬勃生机。另一方面，随着我国国民经济发展进入新常态，人们的生活水平日益提高，可支配的收入也日益提高，这预示着我国的冰雪经济蕴藏巨大的发展空间。当人们的基本生理需求得到满足与保障以后，就会相应的提高对娱乐、休闲、文化、旅游、教育等方面更高层级的享受型消费需求。冰雪经济发展带动了冰雪产业、冰雪旅游、冰雪小镇等新业态的升级，融合了时尚、朝流、娱乐等诸多元素，恰好能够满足人们这一更高层级的需求。

三、社会环境

社会环境即在自然环境的生态基底上，居民们日常活动中所创造出来的物质基础与精神文化等方面的总和，具体包含自然资源、历史文化、价值观念、社会结构、居民消费需求等。对冰雪经济高质量发展的外部环境进行分析，需要挖掘深层次的社会文化及社会动因，为把握冰雪经济高质量发展的规律提供社会动力。从社会文化环境来看，冰雪经济高质量发展与我国的民俗文化、社会教育以及赛事文化息息相关。

在民俗文化方面，以冰雪民俗文化为核心内涵的冰雪旅游成为冰雪覆盖地区的支柱性产业，其中，冰雪地区的冰灯、滑冰、滑雪以及雪雕等特色文化活动已然变为当地新的经济增长点。尤其在冰雪节期间，各项冰雪旅游、冰雪运动、冰雪文化活动等兴盛发展，实现了冰雪经济效益与社会效益的双赢发展。2016 年在新疆维吾尔自治区举行的第十三届全国冬季运动会向外界全面地展示了冰雪与当地民俗文化的融合，从滑冰到滑雪无一不展示了新疆冰雪文化独特的魅力与优良的冰雪资源、丰富的民族文化。新疆作为一个多民族聚居的地区民族文明丰富多彩，当地民族的生活方式、宗教信仰以及祭拜活动等都充满了古老而原生态的民俗气息，在这一丰厚的文化基础上，结合丰富的冰雪资源、冰雪人才，形成"冰雪＋民族风情"的特色旅游风格，吸引社会的广泛关注。可见，丰厚的民俗文化传统缔造了丰富多彩的民俗冰雪文化体系，有力促进了冰雪经济高质量发展。

在社会教育方面，通过加大力度发展冰雪运动的特色学校，让我国更多青少年接受冰雪运动教育的同时，完善冰雪运动后备人才培养体系，使得各地都具备一定数量的具有专业资质的冰雪项目教练员以及专业技术人员等。在国家政策文件的大力推动与各级地方政府的积极配合之下，我国中小学校园冰雪运动特色学校的数量日益增多，质量也在逐步上升。各地冰雪组织有计划地开展冰雪制造业、服务业等冰雪相关工作人员的培训，提升从业人员的专业素质。在各类院校鼓励设立冰雪专业的同时，还积极鼓励各企业与高校联合设立产学研相结合的冰雪人才培养基地，培育一批冰雪旅游、运动等高技能人才，推动冰雪经济的发展与转型升级。

在赛事文化方面，以举办冰雪赛事为契机，能够营造良好的运动文化环境。如今我国的冰雪赛事活动的数量逐年增多，办赛的规模逐步扩大，影响力也日益加强，参加冰雪赛事以及观赛的人员逐年上升。在北方城市，尤其是在春节假期期间的冰雪旅游消费规模也日益增长，以冬奥会的举办地张家口为例，通过冬奥承办的机会，将我国冰雪文化与当地民俗文化相结合，将"冷"资源转变成"热"经济。我国各地也通过举办多种形式的冰雪活动助力冬奥，让更多的市民游客积极地参与到冰雪运动中来，亲身感受到冰雪运动的独特魅力，养成参与冰雪运动的健康习惯。

四、技术环境

科学技术是驱动经济发展的重要力量，其发展水平的高低，极大程度影响了我国冰雪经济的发展。在冬奥会的影响下，大量社会资本涌入冰雪相关产业中，众多现代科技成果和信息技术向冰雪领域转移与应用，这为冰雪经济高质量发展提供了优越的科学支持与技术保障。

当前，随着互联网5G、智能化时代的到来，为冰雪经济的发展提供了广泛的信息与相关数据更新，为相关企业调整经营战略、促进冰雪产业间的融合发展提供科学有效的决策依据和双向的智力支持，对可预知的风险做出快速反应，避免落入定位与规划失败的陷阱中，造成资源浪费。科学技术与冰雪产业交互融合后形成的新技术、新模式以及新原料方面的创新与应用，拓宽了冰雪经济的发展链条，为冰雪经济的发展提供新范式，使得冰雪经济由内而外地散发出新生机。如通过互联网、人工智能、大数据、云计算以及虚拟现实等科学技术与冰雪产业的结合，推动了VR冰雪体验馆等冰雪体验产品和数字冰雪的创新发展，且智能冰雪装备的使用能够极大程度地降低冰雪运动事故的发生概率。此外，高新技术与冰雪产业的融合还打破了雪季的市场局限，通过鼓励冰雪企业研发人造仿雪，运用技术创新降低制造成本，逐步向市场推出人造仿雪场、室内滑雪场、滑雪模拟器等，为冰雪经济的四季运营提供创新驱动力，弥补了冰雪单季运营的不足。

第五章 民生与消费：冰雪生活空间分析

第一节 生活空间的基本结构

生活空间就是指能够容纳内部居民开展活动并构建社会关系的空间。在不同的研究视角中，生活空间的含义也不相同，常常与经济、社会、文化等诸多层面联系起来。但万变不离其宗，生活空间这一概念一定是与人们的日常活动联系在一起的。基于国土空间功能的"三生空间"里的生活空间指的是为人提供居住、休闲、消费和娱乐等功能的空间[①]。因此本书基于上述定义，将冰雪生态空间有机的划分为人口结构空间、居民消费空间和休闲旅游空间三部分，如图 5－1 所示：

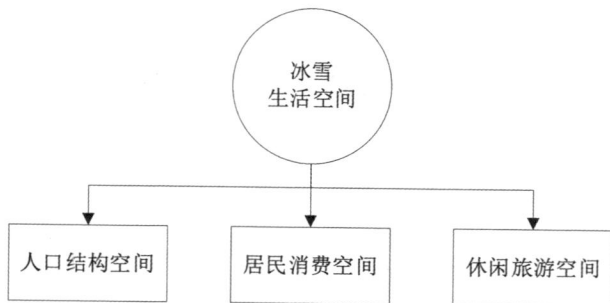

图 5－1   生活空间结构图

人口结构即根据研究需要将人口按照不同的标准来进行的划分。"三亿人上冰雪"的宏大战略提出以来，国内的冰雪人口便如雨后春笋般猛烈生

[①] 黄金川，林浩曦，漆潇潇. 面向国土空间优化的三生空间研究进展 [J]. 地理科学进展，2017，36（3）：378－391.

长。冰雪人口的上涨最主要的贡献来自群众冰雪活动。群众冰雪活动区别于专业的冰雪竞赛，日常生活中男女老少皆可参与，其参与类型又分为直接参与和间接参与两种方式，参与形式包括了冰雪竞技、冰雪民俗、冰雪观赏等诸多项目，学校学生也可以依托学校冰雪体育参与其中。

随着当前我国居民可支配收入的不断上涨，人民生活水平不断提高，闲暇时间不断增加。政策扶植下群众性冰雪活动不断增多，居民的冰雪消费也逐渐增加了起来。居民消费是生活空间的重要体现，产业的巨大发展潜力和低饱和度使得前述的人口优势顺利转化为消费优势。冰雪产业市场规模的不断扩大有力地拉动了居民日常生活中吃、住、行、游、购、娱等相关产业的发展，形成了较为完备的产业链。

冰雪休闲旅游是冰雪生活空间中居民文化活动的重要一环，同样也是冰雪生活空间的重要组成部分。作为一项极具体验性和刺激性的旅游产品，冰雪休闲旅游开始呈现出一种高端化和多样化的发展姿态，冰雪旅游的参与人口也在不断增多。人口的多少决定了冰雪市场需求总量的大小。我国作为人口大国，坚实的人口基数成为冰雪休闲旅游高质量发展的基础和动力。因此，通过分析以上三个冰雪生活空间的组成部分，能对当前冰雪经济发展中民生与消费实现总体把握。

第二节　生活空间的动态分析和发展趋势

前人对于生活空间的界定主要从两个方面来解释，第一方面是从静态层面罗列生活空间涉及的各方面要素，突出生活空间是物质实体空间；第二方面是从动态层面提出生活空间是动态活动的空间或场所，主要强调人的"活动范围"[①]。本书的生活空间则是从空间功能、要素、类型和属性等方面出发，结合人们不同的需求而进行界定，是在满足社区居民的日常生活需求的同时，为日常生活活动提供必要的基础设施、公共服务设施、商务服务等基础条件的空间。现代社会的快速发展促使了人们生活空间发生变化，而事实上，生活空间作为冰雪产业的上层环境，其动态变化也会对冰雪产业造成影

---

① 江曼琦，刘勇."三生"空间内涵与空间范围的辨析［J］. 城市发展研究，2020，27（4）：43－48＋61.

响。本书将立足于宏观的生活空间视角去探寻并分析影响冰雪产业的结构部分，主要分为人口结构空间、居民消费空间、休闲娱乐空间。

一、人口结构空间

（一）人口基数

我国在申请 2022 年第二十四届冬季奥林匹克运动会时重点提出"三亿人上冰雪"的战略目标，让更多人民群众享受到冰雪运动、冰雪旅游所带来的美好体验[①]。在国家政策战略引导和旅游消费驱动下，冰雪产业如今正逐渐从分散的"点"到相互连接的"网"。虽相较于国外冰雪产业，我国起步较晚，但发展趋势迅猛、动力充足。回溯历史，"带动三亿人上冰雪"的美好愿景是在 2015 年提出的，正值新时期我国开展体育工作的重要时期，既是新任务、新挑战、新机遇，又对冰雪运动的普及工作提出了新的要求。

根据图 5-2 可知，第一至七次的人口普查数据分别为 6.02、7.23、10.32、11.6、12.95、13.71、14.43 亿人。其中，第一次全国人口普查（1953 年）至第三次全国人口普查（1982 年）的环比增长率较高，增长速度较快，其中第三次普查（1982 年）环比增长率最高来到 0.42。第四次全国人口普查（1990 年）至第七次全国人口普查（2020 年）的环比增长率相对较低，说明我国现阶段进入了人口低速增长时期，但人口仍在持续增长。从整体来看，全国人口数量处于增长趋势，2020 年人数已经突破 14 亿大关，为实现"三亿人上冰雪"美好愿景提供了基础。与此同时，依托如此庞大的人口基础、巨大的潜在消费者以及如今发展良好的冰雪产业发展环境，冰雪市场将会迎来蓬勃发展的历史机遇。

（二）年龄结构

表 5-1 为我国 2001~2020 年人口年龄结构一览表，不难发现我国老年人口正不断增长，65 岁以上的老年人口从 2001 年的 9062 万人逐年增加至 2020 年的 19064 万人，尤其是在 2014 年后增长比率平均 5.3%，2020 年更是高达 7.3%。从 14 岁以下的人口数量变化来看，2001 年的 28716 万人逐渐下滑至 2010 年的 22259 万人，随后逐渐回升至 2020 年的 25277 万人，由此可以看出我国生育政策调整取得一定成效。

---

① 韩元军. 以大众冰雪旅游助力北京冬奥会战略 [J]. 旅游学刊，2020，35（4）：9—11.

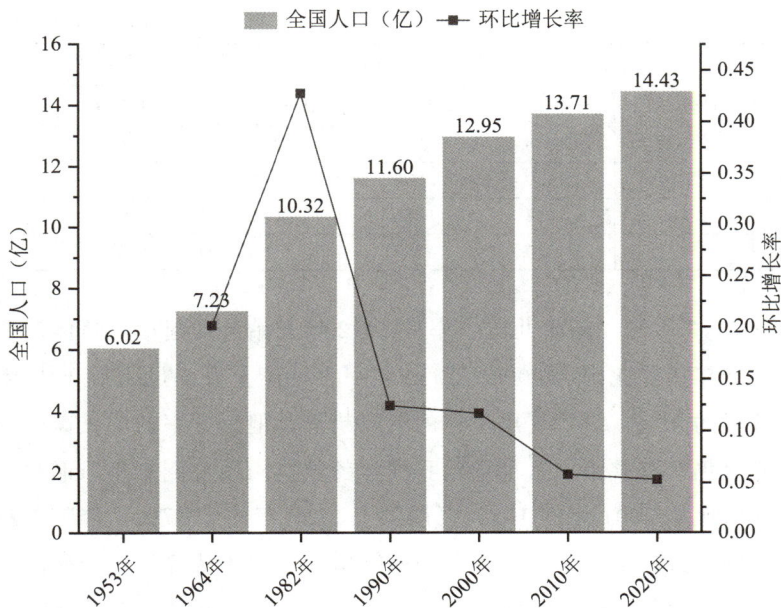

图 5-2　第一至七次全国人口普查数据一览表

表 5-1　2001～2020 年全国人口年龄结构一览表

年份	0～14 岁		15～64 岁		65 岁以上	
	人口数（万）	比重（%）	人口数（万）	比重（%）	人口数（万）	比重（%）
2001 年	28716	22.5	89849	70.4	9062	7.1
2002 年	28774	22.4	90302	70.3	9377	7.3
2003 年	28559	22.1	90976	70.4	9692	7.5
2004 年	27947	21.5	92184	70.9	9857	7.6
2005 年	26504	20.3	94197	72	10055	7.7
2006 年	25961	19.8	95068	72.3	10419	7.9
2007 年	25660	19.4	95833	72.5	10636	8.1
2008 年	25166	19	96680	72.7	10956	8.3
2009 年	24659	18.5	97484	73	11307	8.5
2010 年	22259	16.6	99938	74.5	11894	8.9
2011 年	22261	16.5	100378	74.4	12277	9.1
2012 年	22427	16.5	100718	74.1	12777	9.4
2013 年	22423	16.4	101041	73.9	13262	9.7
2014 年	22712	16.5	101032	73.4	13902	10.1
2015 年	22824	16.5	100978	73	14524	10.5
2016 年	23252	16.7	100943	72.5	15037	10.8

年份	0～14 岁		15～64 岁		65 岁以上	
	人口数（万）	比重（%）	人口数（万）	比重（%）	人口数（万）	比重（%）
2017 年	23522	16.8	100528	71.8	15961	11.4
2018 年	23751	16.9	100065	71.2	16724	11.9
2019 年	23689	16.8	99552	70.6	17767	12.6
2020 年	25277	17.9	96871	68.6	19064	13.5

由图 5－3 可知，新生儿出生率从 2012 年开始波动起伏，整体趋于下滑态势，而老年抚养比则从 2001～2020 年一直处于上升。虽受益于国家 2016 年二胎政策的开放，缓解了出生率的下降趋势，但出生率的增长速度相比起老年抚养比仍然有差距，这也导致我国年龄结构出现"倒三角"形状。老年抚养比的占比从 2001 年的 10.09％增长至 2020 年的 19.7％，伴随着我国老龄化情况的日益加剧，老年人人口的持续增加，老年抚养比率的提高，将会对我国第三产业造成较大程度的影响。事实上，人口年龄结构的变动很大程度上会影响冰雪产业的发展，而两者的敏感性在发展过程中将会逐步显现出来。因此我国冰雪产业在未来发展过程中，人口年龄结构也是重要考量之一。

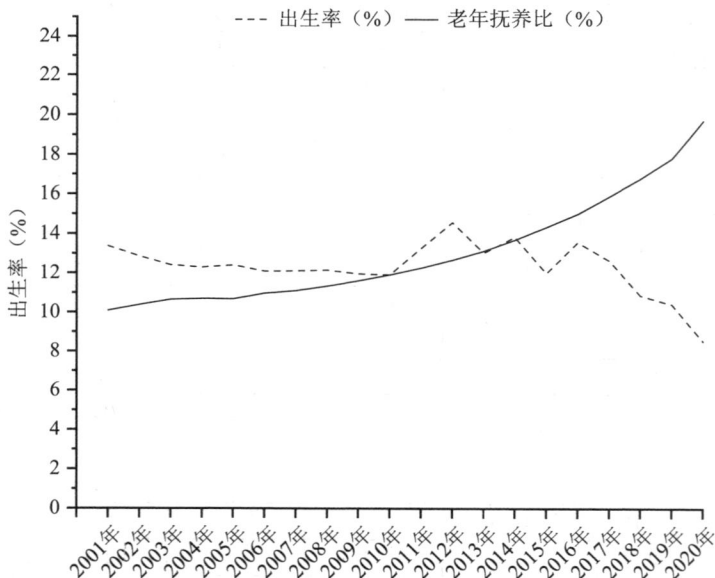

图 5－3　2001～2020 年全国出生率和老年抚养比

图 5-4 显示，1～17 岁占比 34％、18～24 岁占比 27％、25～30 岁占比 13％、31～35 岁占比 7％、36～40 岁占比 5％、41～50 岁占比 6％、51～60 岁占比 2％、60 岁以上占比 6％。可见，24 岁以下的年轻群体更为集中[①]。现实情况也表明，冰雪运动比一般体育运动项目对个人身体要求更高，年轻人群在身体素质方面更能符合其条件[②]。通过分析冰雪人群年龄分布现状，能够反映出当下冰雪消费以更年轻的新生代市场为主。

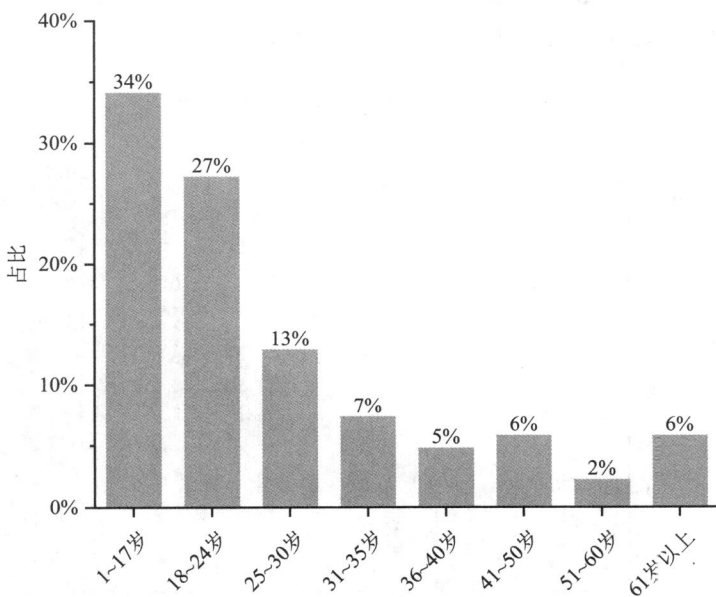

图 5-4 冰雪人群年龄属性分布

（三）滑雪人口

人口基数的增长为冰雪经济发展造成了直接影响和间接影响。直接影响主要体现在滑雪人次和滑雪人数方面，如图 5-5 所示，2006～2019 年间，整体呈现持续上升趋势，具体来看，2010 年滑雪人次增至 630 万次，仅用 9

---

① 腾讯体育. 2018 年中国冰雪产业白皮书［EB/OL］.［2018-01-15］. http：//www.analysys.cn.

② 王忠瑞，李树旺，徐有彬. 冰雪运动参与的影响因素及其组织化机制——基于北京市居民的抽样调查［J］. 沈阳体育学院学报，2018，37（1）：1-6.

年时间达到了 2019 年的 2090 万人次①。而在近 6 年的滑雪者人数上，整体也呈现持续增长趋势，由最初统计 2014 年的 805 万人，到 2017 年突破 1000 万人，并在两年后涨至 1305 万人。受疫情影响，2020 年国内滑雪场滑雪人次为 1288 万，相比上年下滑了 38.37%。将 1953～2020 年第一至第七次全国人口普查、2006～2019 年滑雪人次和人数等数据进行对比，可以以此预测未来冰雪运动的参与程度。结果表明，伴随着全国人口基数的增加，参与冰雪运动的人数逐渐增加，夯实了冰雪经济消费升级的基础，并在冬奥会重要赛事加持下，推动了冰雪经济高质量发展。

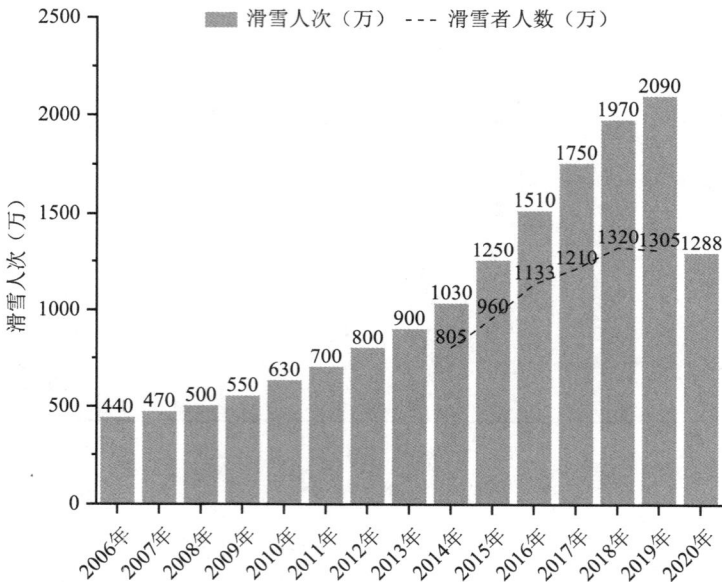

图 5－5　2006～2019 年滑雪人次与 2014～2019 年滑雪者人数

（按自然年度 1.1～12.31）

二、居民消费空间

（一）全国居民可支配收入

根据《中国统计年鉴 2020》的数据统计可知，图 5－6 中 1978～2020 年

---

① 伍斌. 2020 中国滑雪产业白皮书（暨 2020－2021 雪季财年报告）［R/OL］.［2021－07－03］. https://www.vanat.ch/2020%20China%20Ski%20Industry%20White%20Book-Chinese.pdf.

全国居民人均可支配收入呈现出持续增长的态势，增速波动幅度较小。从1978~2006年虽然数据统计年份不连续，但仍可以看出增长幅度相对较小。而从2000年开始至今是连续的年份，其中2000~2006年可支配收入增长在900元以下，主要在300~700元之间。自2007年开始，全国居民人均可支配收入增长速度加快，年均增长1783元，2020年高达32189元。根据Simon Smith Kuznets指出工资对产业结构高级化的影响路径：人均收入增加引起消费结构变化再导致产业结构变化[①]。伴随着全国居民人均收入的提高，预算线平移，消费者购买的商品数量会增加，在促进消费者水平提高的同时，还有效拉动了经济的发展。而消费升级意味着消费者需求偏好特征从满足生活需求的商品向个性化、品质化、享受化的商品转移[②]。国民经济进入新常态后，居民可支配收入的平稳增加以及生活方式的改变，由此产生了人们对精神消费需求的追求，真正意义上形成休闲文化，从而为冰雪产业未来发展的市场提供机遇环境。

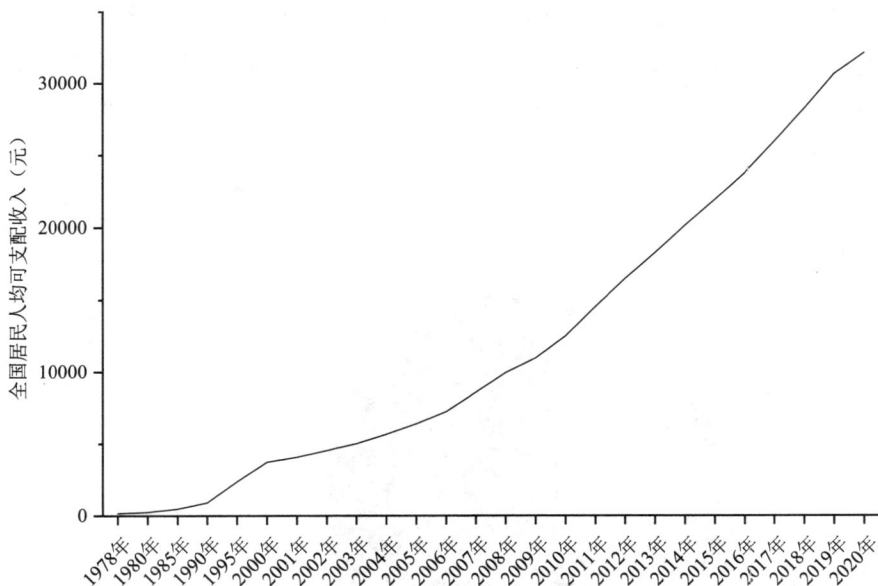

图5-6 1978~2020年全国居民人均可支配收入

---

① 张斯琴，秦宇. 劳动力成本、市场规模与资源型城市产业结构优化 [J]. 经济与管理，2017，257（4）：77-82.

② 龙少波，张梦雪，田浩. 产业与消费"双升级"畅通经济双循环的影响机制研究 [J]. 改革，2021，324（2）：90-105.

（二）全国居民人均消费支出

如图 5-7 所示，在 2020 年全国居民人均消费支出中，食品烟酒支出 6397 元占比 30.2%，衣着支出 1238 元占比 5.8%，居住支出 5215 元占比 24.6%，生活用品及服务支出 1260 元占比 5.9%，交通通信支出 2762 元占比 13%，教育文化娱乐支出 2032 元占比 9.6%，医疗保健支出 1843 元占比 8.7%，其他用品及服务支出 462 元占比 2.2%。其中，由于受疫情影响，教育文化娱乐支出虽然相较于 2019 年减少了 19.1%，但纵览 2014~2020 年的人均消费水平结构，教育文化娱乐所占的比重缓慢增加，这说明了人们逐渐增加了对教育文化娱乐方面的重视。2019 年疫情的突袭，对文化、娱乐、体育等行业造成了严重的影响，人民群众也因疫情，自主减少外出，减少了消费机会，这就导致全国居民可支配收入与人均消费支出在一定程度上会受到直接或间接的影响。近些年冰雪运动的兴起，引领了冰雪产业的火热发展，也让投资者看到了冰雪运动的投资热点，逐渐形成以冰雪健身休闲业、冰雪竞赛表演业、冰雪场地建设运营业、冰雪装备制造业等为主的冰雪运动产业链，同时也催生了更大的冰雪消费市场。总的来说，全国居民可支配收入的提高和人均消费支出结构的变化，为冰雪产业的蓬勃发展提供了坚实的需求基础。

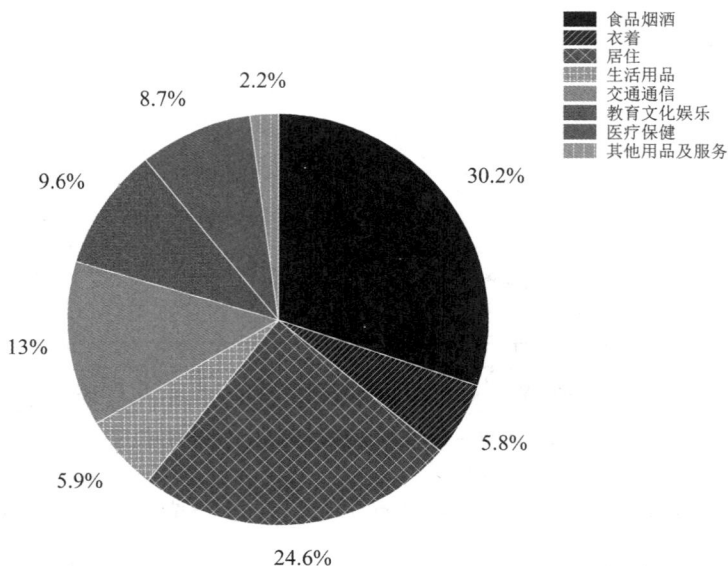

图 5-7　2020 年全国居民人均消费支出结构

三、休闲旅游空间

通过整理国内旅游业发展情况的相关数据不难发现，2011～2019 年国内游客、国内旅游总花费、国内旅游人均花费、旅行社、入境游客等指标的数值均不断增加，这充分说明了我国巨大的旅游市场，以及国内消费者庞大的旅游消费需求。与此同时，中国旅游对国外客的吸引度逐步提高。受到疫情的影响，2020 年的部分指标数据并没有公布，但是在国内游客、国内旅游总花费以及国内旅游人均花费三项指标的衰减可以看出疫情波及了旅游业的发展。从产业层面来看，冰雪经济呈现以冰雪旅游为核心、冰雪文创为引领的产业体系和大众观光为主导、休闲度假为补充的中国特色冰雪旅游发展模式[1]。疫情虽冲击了如今日渐繁荣的大众冰雪市场，对冰雪产业的发展产生了一定的影响，但得益于国家的大力防控，当前已进入"后疫情时代"，《中国冰雪旅游发展报告（2021）》提出"我国冰雪旅游规模有望继续突破 2 亿人次，预计 2020～2021 年冰雪休闲旅游人次达到 2.3 亿人次，冰雪休闲旅游收入超过 3900 亿元。"报告中也提到"55％参与调查的消费者表示愿意长距离进行冰雪旅游，82％游客有意愿进行短距离冰雪休闲旅游活动，53％以上消费者会选择维持往年消费水平或增加预算[2]。"

由此可见，前 10 年旅游业发展趋势之凶猛，加之冰雪运动发展之蓬勃，冰雪经济在此双重驱动力下，为未来消费者提供了更大的消费市场。冰雪旅游在疫情防控常态化背景下，并得益于国内旅游消费能力的升级以及经验的积累，其消费方式和组织形式随之发生变化。而伴随着国内冰雪旅游目标的战略性调整，未来将会朝向大众化、现代化、品质化、产业链化、标准化、全域化、国际化等方向发展。

表 5－2　2011～2020 年国内旅游业发展情况一览表

年份	国内游客（百万人次）	国内旅游总花费（亿元）	国内旅游人均花费（元）	旅行社数（个）	入境游客（万人次）	港澳台同胞入境游客（万人次）	台湾同胞入境游客（万人次）	外国人入境游客（万人次）
2011 年	2641	19305.4	731	23690	13542.35	10304.85	526.3	2711.2
2012 年	2957	22706.2	767.9	24944	13240.53	9987.35	534.02	2719.16

---

① 何文义，郭彬，张锐．新时代我国冰雪产业本质及发展路径研究［J］．北京体育大学学报，2020，43（1）：29－38．

② 中国旅游研究院．中国冰雪旅游发展报告 2021［EB/OL］．［2021－01－07］．http：//www.xinhuanet.com/travel/2021-01-07/c_1126954705.htm.

年份	国内游客（百万人次）	国内旅游总花费（亿元）	国内旅游人均花费（元）	旅行社数（个）	入境游客（万人次）	港澳台同胞入境游客（万人次）	台湾同胞入境游客（万人次）	外国人入境游客（万人次）
2013 年	3262	26276.1	805.5	26054	12907.78	9762.5	516.25	2629.03
2014 年	3611	30311.9	839.7	26650	12849.83	9677.16	536.59	2636.08
2015 年	3990	34195.1	857	27621	13382.04	10233.64	549.86	2598.54
2016 年	4435	39389.8	888.2	27939	13844.38	10456.26	573	2815.12
2017 年	5001	45660.8	913	29717	13948.24	10444.59	587.13	2916.53
2018 年	5539	51278.3	925.8	37309	14119.83	10451.93	613.61	3054.29
2019 年	6006	57250.9	953.3	38943	14530.78	10729.01	613.42	3188.34
2020 年	2879	22286.3	774.1	—	—	—	—	—

第三节　冰雪产业的需求特性与供需差异

"三生空间"中指出生活空间是人们日常生活的空间存在形式，与承载和保障人居相关。此外，生活空间还是作为人们日常生活中寄托身心、维持各方关系平衡的场所，将会被长期延续和存留[①]。冰雪产业的本质属性是新需求带来的品质升级和新生活方式[②]。伴随着人们对物质文化生活需求得到基本满足，开始重视自身的体验感受，逐渐转向对美好生活的需求和向往，并且对美好生活的要求也越来越高。而正因为人们多元化需求的不断增加，造就了冰雪产业的发展机遇。

一、人口基数

体育人口是运动开展的首要条件，但根据目前已有的条件来看，我国冰雪运动发展还不能形成现有参与人数的有效支撑[③]。国内参与冰雪运动的人口相较于西欧国家，仍存在数量劣势，人口基础较为薄弱等问题，在冰雪人

---

① 王秀伟，延书宁．从场所到场域：文化生态保护实验区的空间转变［J］．民族艺术研究，2020，33（1）：152—160．

② 何文义，郭彬，张锐．新时代我国冰雪产业本质及发展路径研究［J］．北京体育大学学报，2020，43（1）：29—38．

③ 阚军常，王飞，张宏宇，等．我国大众冰雪运动发展的问题、形成根源及对策［J］．体育文化导刊，2018（10）：40—45．

才储备、培养等方面的需求与供给问题仍是开展的重大阻力之一。而伴随着近年来人口基数的不断增加，以及国家出台相关政策推动冰雪运动的发展，使得参与到冰雪运动产业中的人口增加，这种强烈的带动作月是连锁效应的，可以为冰雪产业乃至体育领域产生长期的持续效应，未来发展将会是向好的景象。针对这一现象，如何扩大冰雪运动人口数量，培养冰雪专业人才，满足市场的需求与做到有效供给，俨然成为当前冰雪产业发展的关键性问题。

二、年龄结构

在冰雪消费人群年龄分布中，40 岁以下占比 86.26％，其中 24 岁以下占比 61.35％，反映出各年龄段的比值关系不够合理，具有一定经济实力的中青年消费内部需求尚未得到充分释放。通过年龄结构所反映出的问题也侧面说明了，目前冰雪消费人群以"体验式消费"为主，尝鲜体验的跟风现象明显，用户黏性不够强，尚未养成长期稳定的消费意愿和习惯，对我国冰雪经济的良性发展有一定约束。通过解读第七次全国人口普查数据发现，普查结果不仅展示了我国人口老龄化遵循了人口发展规律的普遍特征，还反映出人口老龄化的新形势[①]。随着时间不断深化的老龄化社会，是新时代经济社会以及冰雪经济高质量发展即将面临的新机遇和新挑战。

三、滑雪人口

滑雪人口是促进冰雪产业发展的基本保证。立足于宏观视角，虽然受到疫情的阻碍，对滑雪人次和人口的增长造成了一定阻碍，缩减了 38％的滑雪人次，但整体呈现不断上升的趋势。"三亿人上冰雪"计划的积极实行，使得滑雪人次和人口正在逐步增长，但对滑雪人口培养的有效路径尚未明晰，数量与质量仍存在缺口，是未来我国冰雪产业所需要重视的问题。缺少滑雪人口，冰雪产业的发展犹如空中楼阁，因此需要从冰雪产业视角出发来重新审视发展问题，通过科学合理地扩大和培养稳定的滑雪人口，从而促进冰雪产业消费升级。

---

① 原新，王丽晶. 新发展格局下人口老龄化新形势及其应对［J］. 西安财经大学学报，2021，34（5）：110－113.

四、全国居民可支配收入

可支配收入是人们参与冰雪运动，进行消费的关键考量。事实上，冰雪消费对于大多数群众而言仍然是高消费，冰雪运动消费不仅通勤时间较长，且相关开销也较高。从"体验式消费"转变为"常态式消费"过程中仍会存在消费支出等不少客观问题，容易受到消费支出的刚性约束，导致大多数冰雪体验者难以转化为冰雪爱好者。随着国家对相关冰雪企业的财政补贴以及促进体育消费等措施的推进，以多元形式鼓励与支持民众参与体育消费。与此同时，在实现 2020 年全面小康社会这一百年奋斗目标的过程中，全国居民可支配收入正在逐步提高，在此背景下冰雪消费规模将会越来越庞大。

五、全国居民人均消费支出

居民消费支出通常是指居民用于满足家庭日常生活消费需要的全部支出，既包括了实物消费支出，又包括了服务消费支出①。根据国家统计局的划分标准，分别为食品烟酒、生活用品、医疗保健、衣着、交通通信、居住、教育文化娱乐、其他用品及服务等，其中教育文化娱乐属于享受型消费之一。从近年来居民的教育文化娱乐消费支出占比缓慢增加的情况可以看出，人们越来越重视个人享受和发展消费。冰雪产业不仅是冰雪经济的主心骨，还是一个消费型产业。庞大的消费群体基于自身对教育文化娱乐等的需求，分流涌入冰雪产业中，并作为其消费基础，从而拉动冰雪经济迅速发展。此外，"终身体育"理念的不断渗透以及"健康中国"与"体育强国"战略的推进，人们对于体育的需求将会呈现多样化趋势，传统体育服务产品已不能很好地满足人们在体育运动上的消费享受与需求。因此，冰雪运动正顺乘北京冬奥会的盛事之风，能够在未来成为满足人们日益增长的体育需求选择之一。

六、国内旅游

社会经济水平的跨越式发展，可支配收入的提高以及幸福指数的上升，

---

① 刘怡，张宁川，耿纯.增值税分享、消费统计与区域协调发展——基于增值税分享由生产地原则改为消费地原则的思考 [J].税务研究，2021（8）：28-34.

有效地带动了人民群众的旅游意愿①。近年来国内旅游产业发展迅猛，全域旅游的快速推进，旅游设施服务的不断完善，各类型旅游产业已经成为拉动当地经济增长的新引擎。虽然受到新冠肺炎病毒的影响，对国内旅游消费需求有很大程度的抑制，但并没有因此完全停滞发展，并且开始逐渐出现新形态的旅游产品，如无接触度假、近郊游、预约浏览、房车旅行等具有新特征的旅游形态产品②。国内旅游的火热发展，能够为冰雪旅游提供健康发展的环境，但冰雪旅游现存的精品资源开发滞后、一季养三季、同质化等问题却影响了冰雪旅游发展的进程，因而积极借鉴国内旅游发展的经验来发展冰雪旅游是其发展路径之一。

---

① 张九月，胡希军，朱满乐，等．长株潭城市群 3A 级及以上旅游景区空间分布特征及影响因素 [J]．西南大学学报（自然科学版），2021，43（9）：162－172．
② 冯晓华，黄震方．新时代旅游美好生活内涵建构与实现路径 [J]．社会科学家，2021（7）：34－39．

第六章　产能与供给：冰雪生产空间分析

第一节　冰雪生产空间的基本结构

生产空间是指占据了一定地理空间的并以生产活动为主要功能、包含了生产人员、生产技术、生产原料等众多要素，承载了一定的生产文化和生产历史的空间类型①。生产空间在模式、功能属性以及形成背景等方面有别于前述的生活空间。能够从事生产活动是生产空间最主要的特色，生产活动的进行包括生产原料、运用生产工具和生产技术或工艺的生产过程以及生产产品。因此，通过对当前冰雪生产空间现状的深入探析，我们将冰雪生产空间划分为冰雪旅游空间、冰雪赛事空间、冰雪运动培训空间、冰雪场地设施空间、冰雪装备制造空间五个部分。

冰雪旅游空间是整个冰雪生产空间中一个极为重要的部分。在当前经济发展的洪流中，体验经济逐渐开始占据重要的位置，冰雪旅游便以参与性为主要特点，包括了运动休闲、观光、节庆和赛事等类型。冰雪旅游在早期以冰雪运动为主，后来逐渐延伸出冰雪观光、冰雪节庆等多样化的活动，极大地丰富了冰雪旅游的内涵，使冰雪旅游产品在冰雪生产活动所占的份额逐渐扩大。

冰雪赛事虽然在我国起步较晚，但发展势头迅猛，尤其大众冰雪赛事凭借低门槛和更强的体验性深受人们喜欢，成为冰雪生产空间的重要组成部分。2022 年北京冬奥会的成功申办，全国各地的冰雪赛事办赛数量快速上涨，赛事规模和运营水平也在逐年攀升，冰雪赛事的举办不仅能够推动大众参与体锻炼，提升国民身体素质，从生产的角度来看，冰雪赛事也是人们运

---

① 李先奎. 四川民居［M］. 北京：中国建筑工业出版社，2009.

动消费的重要方面，是冰雪生产空间中的重要一环。

随着各种政策的出台，国家对于冰雪运动的支持越来越坚定，对于冰雪人才的培养也越来越重视，因此冰雪运动培训的规模也在不断扩大，也开始成为冰雪生产空间中密不可分的一部分。以"百万青少年上冰雪""百万市民上冰雪"为代表的群众性体育活动的开展极大地促进了冰雪体育培训行业的发展，越来越多的培训机构开始进行冰雪体育培训，冰雪体育培训市场也越来越规范，行业逐渐趋于成熟，其产品也更加成熟。

冰雪场地是冰雪生产空间的重要载体，主要包括滑雪场和冰场，据国家体育总局冬运中心数据显示，当前全国范围内的标准冰场已达 654 块、室内外滑雪场更是达到了 803 个。冰雪设施的主要使用地是滑雪场，这些设施包括了造雪设施和上行设施，例如魔毯、架空索道、造雪机和压雪车等，当前国内滑雪场使用的大型设施主要依赖进口，冰雪设施仍有极大的发展空间。

冰雪生产空间的最后一项是冰雪装备制造。参与冰雪运动离不开冰雪装备，近年来，由于北京冬奥会的辐射效应，国内冰雪装备制造业也在蒸蒸日上，涌现了如泰山冰雪等一大批冰雪体育装备制造公司。牢牢抓住冬奥契机和政策扶持，大力发展冰雪装备制造业，也是实现生产空间中新旧动能转换和高质量发展的重要切入点。

第二节　冰雪生产空间的动态分析和发展趋势

目前关于讨论生产空间概念的研究较少，对于产业空间和布局的研究相对较多，不同的空间范围的生产空间的界定会有所差异。本书所研究的冰雪生产空间是以冰雪经济为主体，包括冰雪产业及其附带延伸的上下游产业，以及冰雪产业及其延伸产业服务的基础设施运行所需要的空间范围等。冰雪生产空间的主要功能是提供冰雪产品和相关服务产品。

一、冰雪旅游空间

伴随着我国 2015 年获得 2022 年冬季奥林匹克运动会的主办权，以及全域旅游的不断深入，冰雪旅游作为旅游的重要形式，正在成为全国游客出游的新选择。冰雪产业在我国仍是一个朝阳产业，起步较晚，冰雪旅游作为一项新兴度假旅游产品,具有稀缺性、文化主题性、可参与性与观赏性等价值[①],在为国内外广大游客带来白雪皑皑的冰雪美景的同时,还能让广大游客体验富含挑战和难度的冰雪运动,如深受大众喜爱的滑雪和滑冰等运动。总的来说,冰雪旅游是依托冰雪资源基础发展起来的一种休闲旅游活动,同时也是冰雪经济创造主体之一,具有十分良好的开发和发展前景。

(一) 冰雪旅游目的地

由表 6 - 1 得知在 2019 年 11 月～2020 年 1 月,人气传统冰雪旅游目的地依次排序是哈尔滨、海林、长春、沈阳、牡丹江、白山、大连、尚志、漠河、延吉[②]。与 2019 年相比,哈尔滨、梅林、长春、牡丹江、尚志等依旧是人气最高的目的地,其冰雪旅游路线及其相关产品经过多年打造,形成了较为成熟的冰雪旅游体系,成为广大游客的最佳选择之一。2020 年人气新兴目的地依次排序是拉萨、乌鲁木齐、张家口、石家庄、神农架、西宁、林芝、银川、呼伦贝尔、承德。浓厚的地域风情与宗教氛围,使得拉萨和林芝在冬季雪景下显得更加唯美,这也是吸引人们去旅游的原因之一。河北张家口、石家庄、承德,湖北神农架,青海西宁,凭借其自身独有的特色旅游资源开始吸引游客,逐渐成为游客出游的选择项。特别是连接北京和张家口的京张高铁作为保障 2022 年北京冬奥会的重要交通设施,于 2019 年 12 月 31 日正式开通运营后,无疑是激活冬奥会配套建设的"中枢动脉",为当地冰雪文化旅游提供了便利的出行条件。

表 6 - 1   2020 年冰雪旅游的十大人气传统和新兴目的地

排名	所在省、自治区、直辖市	传统目的地	所在省、自治区、直辖市	新兴目的地
1	黑龙江省	哈尔滨	西藏自治区	拉萨
2	黑龙江省	海林	新疆维吾尔自治区	乌鲁木齐
3	吉林省	长春	河北省	张家口
4	辽宁省	沈阳	河北省	石家庄
5	黑龙江省	牡丹江	湖北省	神农架
6	吉林省	白山	青海省	西宁
7	辽宁省	大连	西藏自治区	林芝

---

① 刘传濾,黄季夏,王利,等.俄罗斯滑雪场空间格局及可达性 [J].资源科学,2021,43 (1):197-208.

② 中国旅游研究院.中国冰雪旅游消费大数据报告 (2020) [EB/OL].[2020-01-19].https://www.meadin.com/report/209822.html.

排名	所在省、自治区、直辖市	传统目的地	所在省、自治区、直辖市	新兴目的地
8	黑龙江省	尚志	宁夏回族自治区	银川
9	黑龙江省	漠河	内蒙古自治区	呼伦贝尔
10	吉林省	延吉	河北省	承德

（二）单次冰雪旅游人均消费

通过对比 2019 年和 2020 年的《中国冰雪旅游消费大数据报告》的数据发现[①]，2020 年的冰雪旅游目的地单次人均消费 TOP10 相较于 2019 年再创新高，排名前十依次是呼伦贝尔（6990 元）、海林（6329 元）、白山（6222 元）、拉萨（6038 元）、哈尔滨（5592 元）、长春（5246 元）、乌鲁木齐（4897 元）、漠河（4836 元）、西宁（4791 元）、张家口（4619 元），其中排名前四的呼伦贝尔、海林、白山、拉萨都高达 6000 元以上，前十名目的地人均消费达到5556 元，而 2019 年冰雪旅游目的地单次人均消费仅为 3761 元。事实上，由于冰雪旅游的大部分目的地位于北方或祖国边疆，交通成本较高，也说明其目的地的独具特色，游客的参与意愿更强。在这两年 TOP10 排名中，呼伦贝尔、哈尔滨、长春、乌鲁木齐、西宁等目的地仍是游客出行冰雪旅游的热门地点。

表 6-2　2019 年和 2020 年冰雪旅游目的地单次人均消费

排名	2019 年	人均消费（元）	2020 年	人均消费（元）
1	长白山	4989	呼伦贝尔	6990
2	呼伦贝尔	4535	海林	6329
3	哈尔滨	4451	白山	6222
4	长春	4323	拉萨	6038
5	吉林市	3878	哈尔滨	5592
6	兰州	3785	长春	5246
7	乌鲁木齐	3008	乌鲁木齐	4897
8	西宁	2988	漠河	4836
9	雪乡	2877	西宁	4791
10	沈阳	2776	张家口	4619

（三）冰雪旅游产品形态分布

根据携程跟团游和自由行公布的数据表明，2019 年冰雪旅游出游类型

---

① 中国旅游研究院. 中国冰雪旅游消费大数据报告（2020）［EB/OL］.［2021-01-15］. https://www.meadin.com/report/209822.html.

分布为跟团游形式占比 65％，自由行形式占比 35％。而 2020 年冰雪旅游大部分游客选择跟团游形式，占比为 62％，有 30％的游客选择自由行，另有 8％的游客选择定制游方式。旅游消费人群数量的迅速增长以及国民旅游经验的增加，跟团游的形式不再是旅游消费市场的单一选择，越来越多的群众愿意自主规划行程、驾车出游等自由行的旅游形式[①]。伴随着冰雪旅游的热度不断涨高，用户对冰雪旅游产品的定制化需求随之增加，而定制师能够根据游客具体需求，安排旅游行程，同时还会根据所选择的目的地安全隐患情况与用户提前沟通，以确保出行旅游期间的人身安全。对比 2019 年和 2020 年的数据发现，跟团游由于其省心省力的特点，被广大游客所接受，仍然是出游的主要方式。在 2020 年冰雪跟团游产品形态分布中，传统跟团游占比 68％，新型跟团游占比 32％。新式跟团游摆脱了传统跟团游的行程安排密集，导致走马观花式的旅游，餐饮住宿体验不佳等印象，私家团、目的地参团、精致小团等旅游产品形态的产生，深受游客欢迎。

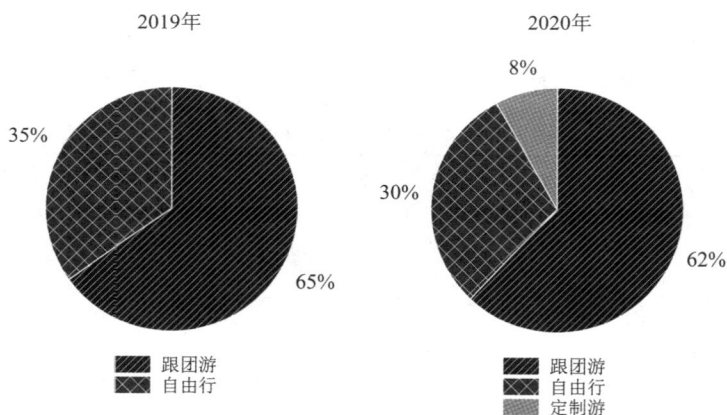

图 6 - 1 2019 年和 2020 年冰雪旅游出游类型分布

（四）冰雪旅游网络关注情况

在百度指数网站输入"冰雪旅游"，选择时间段为"全部"，来源设备为"PC 端和移动端"，范围为"全国"，经过统计整理得到 2011 年 1 月 1 日～2021 年 11 月 12 日我国冰雪旅游网络关注度的整体时间段变化曲线，如图 6 - 2

---

① 周晶晶. 旅游消费市场的变化与新型旅游产业的发展取向 [J]. 社会科学家，2020（7）：38-43.

所示。从冰雪旅游网络关注度的曲线趋势来看，国内消费者对冰雪旅游的网络
关注度，自2011年以来呈现波浪式上升趋势，每次上升的波峰主要在雪季附近
（每年10月至次年4月）。从2016年开始，冰雪旅游网络关注度的增长开始明
显，这是因为国家和地方逐渐出台与冰雪行业相关的政策所致。尤其是在2021
年波峰持续时间较长，很大程度上受到了2022年北京冬奥会的提前预热影响。

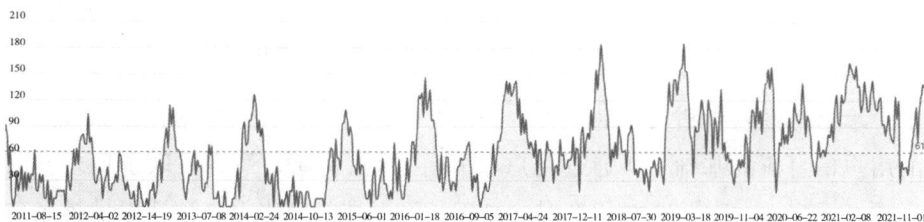

图 6 - 2　"冰雪旅游"百度指数的整体变化情况

　　PC端是指个人电脑端搜索趋势，移动端则是指个人手机端搜索趋势[①]。
通过对比图6-3～图6-4冰雪旅游百度指数的PC端和移动端的变化情况，
可以看出两者在整体趋势上大体一致，但也存有差异。从PC端来看，整体
搜索指数比移动端更高，并在近五年都保持较高的搜索指数。而且在非雪季
时间，PC端的搜索指数处于中等水平，比移动端高，究其原因，广大游客
在旅游前会提前关注目的地的相关信息，而PC端的大屏幕特点为消费者展
示更多的信息量，这也是广大游客搜索偏好于PC端的原因之一。从移动端
来看，搜索指数在雪季期间峰值较高，在非雪季时间段则处于较低水平，这
也侧面说明了移动端关注冰雪旅游的时间更具即时性，消费者在出游时会随
时利用网络搜索来关注冰雪旅游的最新信息。

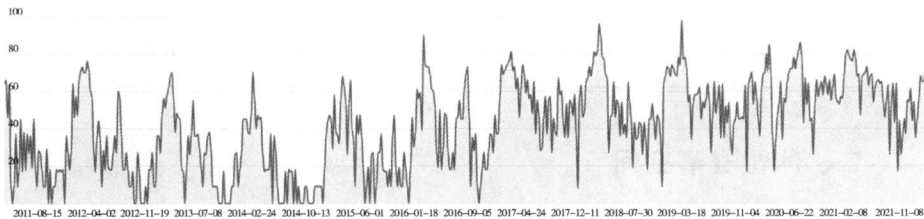

图 6 - 3　"冰雪旅游"百度指数的 PC 端变化情况

---

① 舒丽，张凯，王小秋，等 . 基于百度指数的我国体育旅游网络关注度研究 [J]. 北京体育
大学学报，2020，43（6）：110－122.

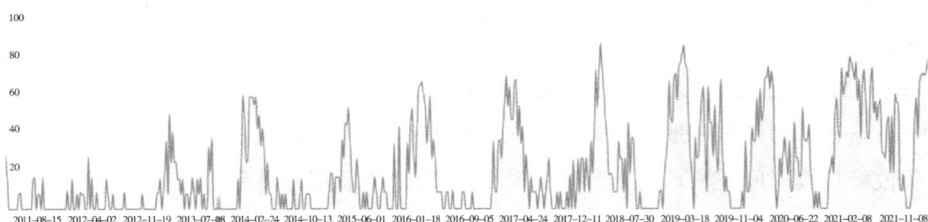

图 6 - 4 "冰雪旅游"百度指数的移动端变化情况

本书借助百度指数中的"人群画像"功能模块，在获取了搜索冰雪旅游的用户信息流的基础上，通过用户 IP 定位其归属地，最终获取了地理空间来源。下表 6 - 3 是 2013 年 7 月～2021 年 11 月关于冰雪旅游搜索量排名前 10 的省份、城市以及区域分布。我国关于冰雪旅游的网络关注度地理空间范围呈现以东北地区和华北地区为影响区域，以北京、哈尔滨、长春、辽宁以及上海等城市为主，呈现向内陆扩散衰减的格局。

表 6 - 3 "冰雪旅游"搜索量排名前列的省份、城市以及区域分布

排名	省区市	区域	城市
1	北京	华北地区	北京
2	黑龙江	东北地区	哈尔滨
3	吉林	华东地区	长春
4	广东	华南地区	上海
5	河北	华中地区	成都
6	江苏	西南地区	广州
7	浙江	西北地区	深圳
8	辽宁	—	杭州
9	上海	—	沈阳
10	山东	—	石家庄

二、冰雪赛事空间

冰雪赛事作为冰雪产业核心要素之一，其强互动、参与性、政策支持以及社会资本支持的特点在推动冰雪经济过程中起到了重要作用。国内冰雪赛事可分为专业运动竞技类和大众娱乐类。从赛事数量来看，目前大众娱乐类的赛事比专业运动竞技类的赛事更多，参与的人群更为广泛。冰雪体育赛事作为冰雪

休闲体验消费的重要组成部分，在一定程度上决定了冰雪产业的发展进程[①]。根据《中国滑雪产业白皮书（2018 年度报告）》可知，2016 年和 2017 年滑雪赛事分别共计 113、176 场次，大众性、专业性、综合性滑雪赛事场次均比 2016 年多，分别为 66、43、4，增长比分别为 77.3％、18.6％、100％[②]。

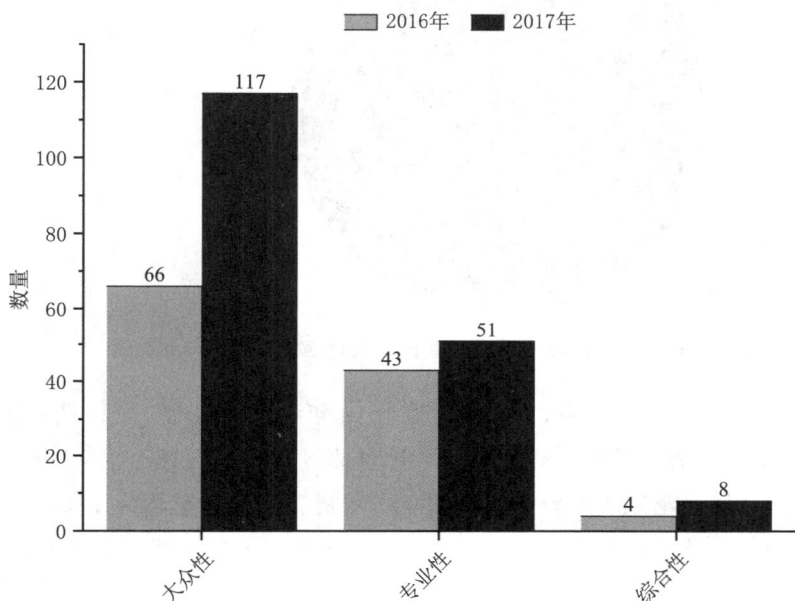

图 6-5　2016 年和 2017 年滑雪赛事数量比较

　　2018～2019 年雪季（是指每年 10 月到次年 4 月），国内举办专业滑雪赛事 251 场，增长比为 42.61％，其中越野滑雪、跳台滑雪、北欧两项、高山滑雪、自由式滑雪、单板滑雪、冬季两项等雪上项目赛事共计 192 场，增长比 32％；雪地足球、雪地马拉松、雪上自行车等各类滑雪娱乐休闲赛事 59 场，增长比 90.32％。事实上，滑雪赛事受到滑雪场地分布的限制，2018～2019 年的 251 场滑雪赛事主要集中在华北、华东、华东、华中、西南、西北等地区。其中，东北、华北、西北地区占据绝大部分，华北地区以 113 场位居全国首位。

---

　　① 张瑞林，徐培明，李凌，等．"美好生活向往"价值取向量度下冰雪休闲服务业的转型研究 [J]．沈阳体育学院学报，2020，39（4）：87－94．
　　② 伍斌，魏庆华．2019. 中国滑雪产业白皮书（2018 年度报告）[EB/OL]．[2019－01－17]．https：//www.chnzbx.com/index.php？a＝nrinfo&id＝3243.

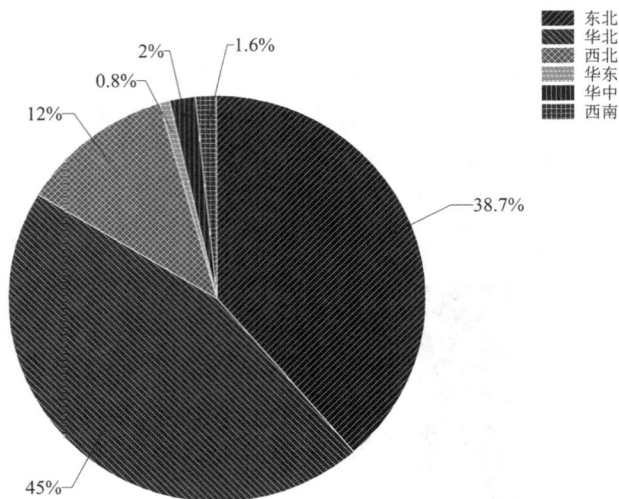

图 6 - 6　2018～2019 年我国各大地区滑雪赛事分布比例

从滑冰赛事数量来看，图 6 - 7 为 2018 年我国国际性、全国性专业冰上运动赛事一览表，其中冰壶为 9 场，冰球为 8 场，短道速滑为 14 场，速度滑冰为 10 场，花样滑冰为 4 场，雪车、雪橇、钢架雪车均为 1 场，全部共计 48 场。此外，还有近 200 场区域性冰上运动赛事正在蓬勃发展中。

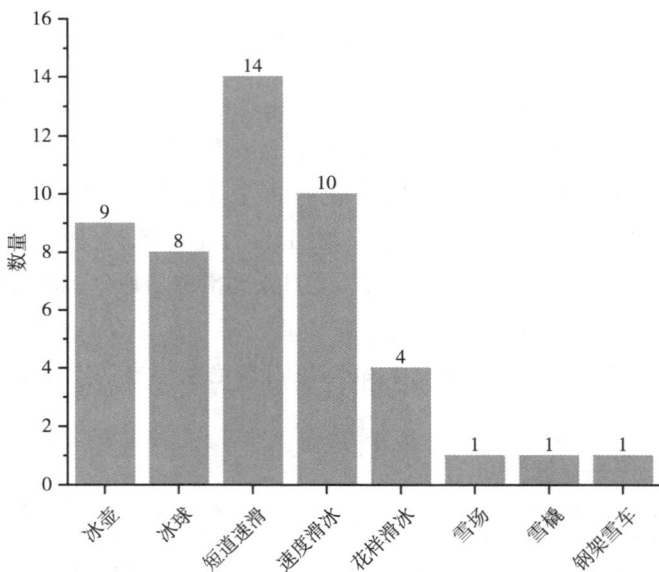

图 6 - 7　2018 年我国国际性、全国性专业冰上运动赛事一览表

三、冰雪运动培训空间

2022 年北京冬奥会的举办将会掀起全国的冰雪"热"，吸引广大群众参与到冰雪运动中。在如此利好的背景下，将会有越来越多体育从业者加入此行业，这也进一步促使社会对教练员的需求持续增加，冰雪运动培训也将会成为未来发展火热的行业。冰雪运动培训有助于拓展和留存冰雪运动用户，提升人群转化率，为冰雪行业带来增值收入，助力冰雪行业转型升级。

在由易观联合腾讯体育于 2017 年 12 月发起的《冰雪行业用户画像》市场调研中，接受冰雪运动训练人群的年龄分布情况如下：6～12 岁占比 9％、13～18 岁占比 29％、19～25 岁占比 46％、25 岁以上占比 16％。在目前已经接受过冰雪运动训练的人群中，18 岁及以下的青少年人群占比 38％，市场份额占比较小，仍有较大的发展空间。根据《2018 年中国冰雪产业白皮书》所统计的国内第三方滑雪培训机构数据可知，目前我国的滑雪培训市场主要以国内外培训体系相结合，共同实现繁荣发展的局面。表 6－4 为国内主要第三方的滑雪培训机构，分别为安泰国际滑雪学校、魔法滑雪学院、亚冠雪上运动服务有限公司、高山兔、娅豪滑雪等，其中娅豪滑雪的滑雪指导员数量最多，高达 3000 人以上。

表 6－4 国内第三方滑雪培训机构

第三方滑雪教学培训机构	学校数量	滑雪指导员数量
安泰国际滑雪学校	4	100
魔法滑雪学院	10	300
亚冠雪上运动服务有限公司	50	1000
高山兔	4	23
娅豪滑雪	38	3000
美艺滑雪	5	400
新秀滑雪	3	15
圣祥滑雪	18	1230
郝世花滑雪学校	3	100

四、冰雪场地设施空间

（一）冰雪场地

滑雪场和冰场作为冰雪产业的载体，一方面也是滑雪旅游的经济实体，另一方面为满足广大冰雪运动爱好者生活需求提供了消费场景，成为企业和消费者进行信息和经济交换的中心。如图 6-8 所示，我国滑雪场地数量从 1996～2019 年呈现阶梯式增长，2019 年最高达到 770 家，而在 2020 年国内滑雪实际上增加了 8 家，但在疫情防控常态化的治理策略下，暂未对外营业的滑雪场有 63 家[5]。2008～2017 年我国室内冰场从 47 家到 230 家。通过滑雪场和室内冰场数量的增长趋势可以看出，目前我国冰雪运动产品供给不断提高，冰雪产业迅猛发展，未来呈现一片美好的景象。

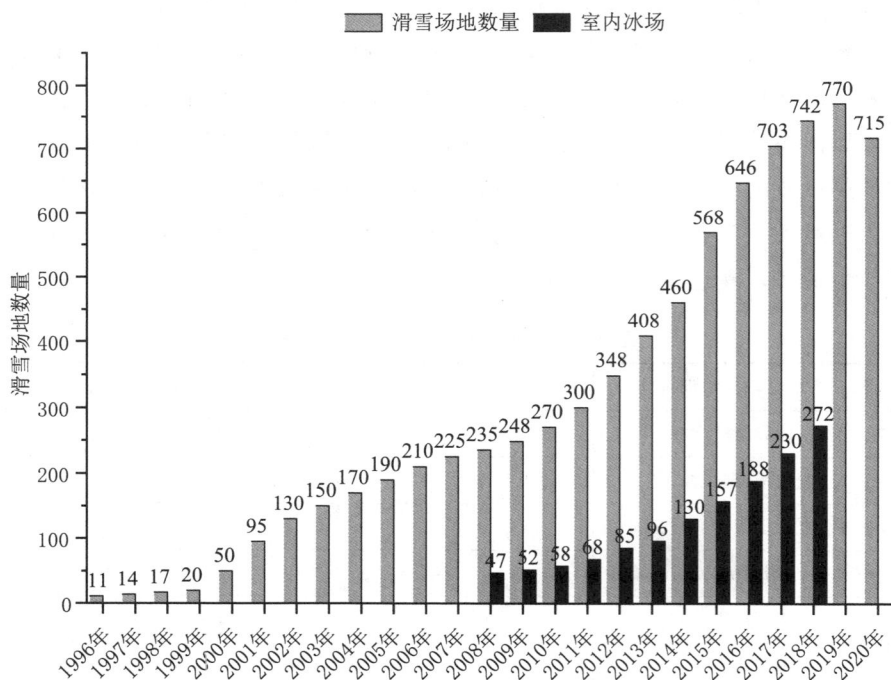

图 6-8　1996～2020 年国内滑雪场的数量统计（按自然年度 1.1～12.31）

（二）场地设施

滑雪场设施主要分为上行设施与造雪设施。人工造雪设施是保证雪量和雪道质量的重要关键，包括造雪机和压雪车，造雪机制造雪，压雪车平整雪道[①]。上行设施是高山滑雪场滑雪人员的必要运送装置，主要分为拖牵类上行设施、架空索道、魔毯。拖牵类上行设施一般用于中级雪道，架空索道一般用于高级雪道，魔毯一般用于初级雪道。由图 6-9 可以看出，2015～2020 年国内有架空索道的滑雪场数量呈现不断增加的趋势，架空索道数量也随之增加，有架空索道的滑雪场数量和架空索道数量于 2020 年达到最高，分别为 159 家和 275 条[5]。与架空索道相比，有脱挂式索道的滑雪场数量较少，目前总数在 70 家以下，但整体数量仍是不断增加的态势。由此说明冰雪运动未来一切向好。2007～2020 年国内运营魔毯数量整体呈现上升趋势，在 2017 年达到 1000 条以上，并于 2020 年达到 1466 条，运营魔毯总长度累计 217 公里。

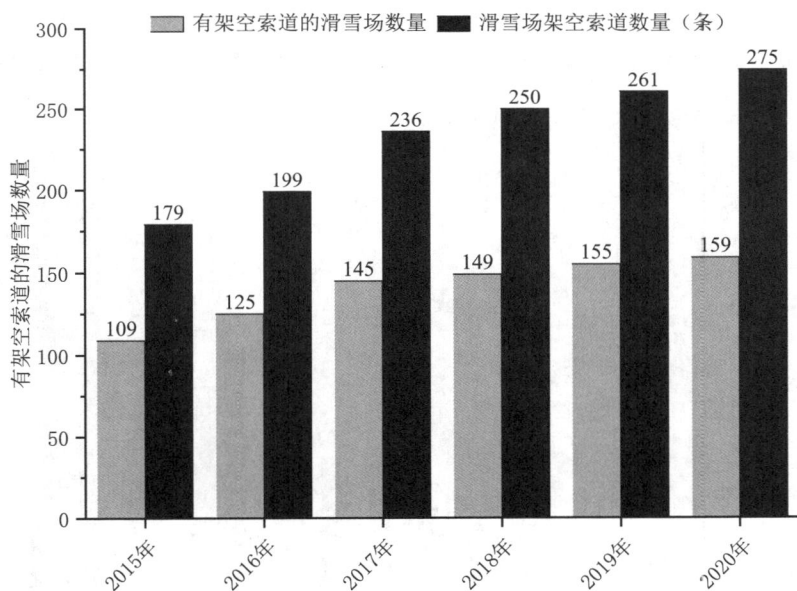

图 6-9 2015～2020 年有架空索道的滑雪场和滑雪场架空索道数量

---

① 王先亮，王晓芳，李保安. 2022 年冬奥会背景下我国滑雪产业供给侧改革与需求侧升级 [J]. 沈阳体育学院学报，2018，37（2）：1－7＋42.

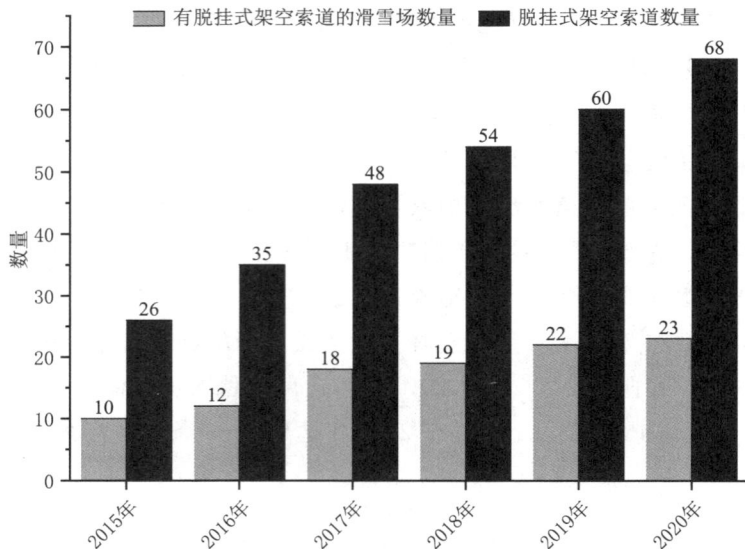

图 6 - 10　2015～2020 年有脱挂式架空索道的滑雪场数量和脱挂式架空索道数量

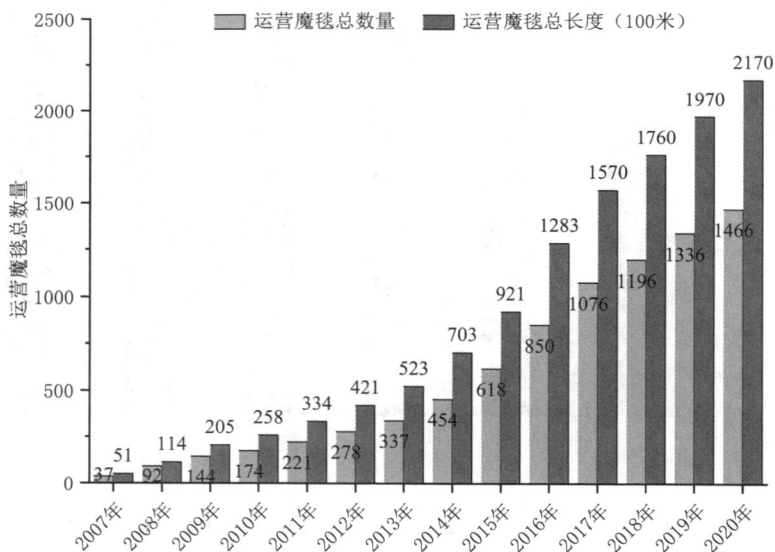

图 6 - 11　2007～2020 年滑雪场运营魔毯总数量及总长度

　　由图 6 - 12 得知，2011～2020 年的压雪车需求量不断增加。从新增压雪车的类型来看，近十年国内使用的压雪车仍以进口压雪车为主，在 2014年之后逐渐开始使用国产压雪车，但是数量相对较少。2015～2020 年国内新增的造雪机数量比较多，2017 年达到新增 1420 台，位居近六年之最，上述情况说明了国内对造雪机的需求也逐渐增加，但使用类型与压雪车的情况相似，仍以进口为主。

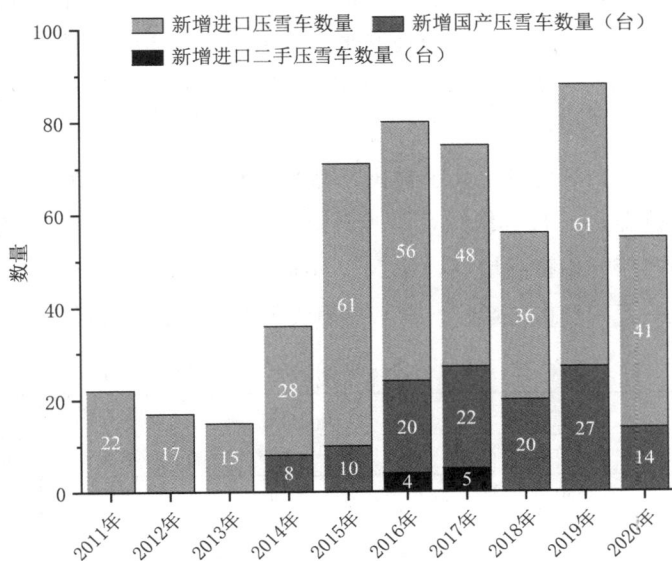

图 6‑12　2011～2020 年国内新增压雪车数量

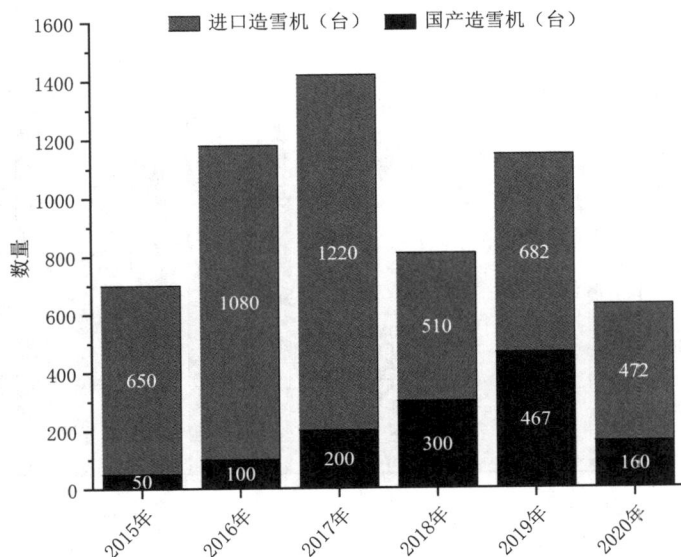

图 6‑13　2011～2020 年国内新增造雪机数量

五、冰雪装备制造空间

冰雪装备制造是冰雪产业必不可少的重要构成部分。伴随着冰雪运动的普及度逐渐提升，市场对冰雪装备的需求不断扩大，冰雪装备市场发展迅猛，规模大幅度增长。从滑雪板租赁情况来看，由 2014～2018 年国内新增双板数量统计可知，进口、国产以及二手租赁滑雪板双板都处于不断增加的趋势，其中 2014～2017 年增加幅度较大，2018 年稍有回落。脱落器作为滑雪板的重要组成部分，其市场份额也几乎被国外品牌占据。图 6－14 为 2009～2020 年国内双板脱落器进口数据统计，不难看出，2009～2012 年呈下滑趋势，但随后进口数量连年开始持续增加，在 2017 年最高来到 137450kg，是 2009 年的两倍之多。虽然受到疫情的影响，滑雪场租赁雪板市场仍保持增长的势头。

表 6－5 2014～2018 年国内新增双板数量统计

分类	2014 年	2015 年	2016 年	2017 年	2018 年
进口租赁双板	30936	43200	47815	52723	38000
国产租赁双板	56000	63000	66150	69450	48615
二手租赁双板	11500	16500	17325	18190	—
合计	98436	122700	131290	140363	86615

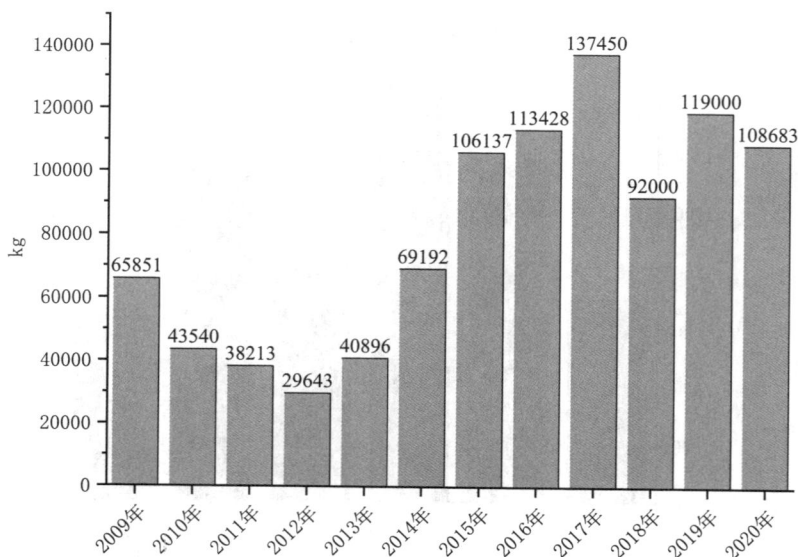

图 6－14 2009～2020 年国内双板脱落器的进口数据统计（kg）

第三节　冰雪产业的内部优势与发展困境

一、冰雪旅游

冰雪旅游是具有生态性、经济性、文化性、融合性、保护性和系统特征的旅游行业新形态[①]。随着 2022 年北京冬奥会的临近，从中央到地方人民政府对冰雪旅游产业投入了大量的人力、物力以及资金，以此来大力推动冰雪旅游景区、冰雪度假区的建设[②]，冰雪旅游消费在国内持续升温，已经成为推动"三亿人上冰雪"的示范产业。自新时代以来，人民群众的需求多元化在旅游行业中越来越凸显，冰雪旅游在国内旅游市场领域的重要性提升，拥有了较好的发展机会。然而，冰雪旅游在快速发展过程中所凸显的问题也越发明显，对冰雪旅游可持续发展的影响也逐渐深刻。冰雪旅游产业的火热发展，使得社会对其投资力度加大，旅游目的数量随即增加，随后产生了冰雪旅游目的地之间的同质化和恶性竞争等问题。而且在建设冰雪旅游过程中缺乏独特的文创作品、缺失基本配套设施、景区布局不合理、缺乏人财物等，导致当地独具特色的优势无法有效展示和发挥，不利于当地冰雪旅游生态的稳定持续发展。此外，冰雪旅游所具备的生态性内涵主要体现在"绿色、低碳、循环"理念贯穿于整个冰雪旅游的全过程。因此，在建设和开展冰雪旅游过程中，要合理科学利用冰雪生态资源，不能对其原生态特征进行破坏和污染，这是冰雪旅游乃至冰雪经济高质量发展的重要环节，任重而道远。

二、冰雪赛事

冬季奥林匹克运动会作为冰雪文化的缩影，是一场冰雪盛宴，目前已经成为当今世界规模和影响最大的冰雪国际体育赛事之一[③]。2015 年北京冬奥

[①]　吴玲敏，任保国，和立新，等. 北京冬奥会推动京津冀冰雪旅游发展效应及协同推进策略研究 [J]. 北京体育大学学报，2019，42（1）：50－59.

[②]　李在军，崔亚芹. 中国冰雪旅游产业融合发展的机制与推进路径研究 [J]. 首都体育学院学报，2021，33（3）：299－307.

[③]　张卫星，王颖，孔垂辉. 筹办冬奥会促进北京国际体育中心城市建设效应及发展策略研究 [J]. 北京体育大学学报，2018，41（5）：23－31.

会成功申办所带来的连锁效应显著，各地大大小小的冰雪赛事纷沓而至，在全国掀起了冰雪运动热潮。从目前冰雪赛事发展现状来看，大众娱乐比赛数量逐年递增、参与冰雪赛事人群多样化，冰雪赛事的影响力正在逐步扩大，整体呈现多元化发展趋势。从区域视角来看，体育基础在我国不同区域呈现出不同的基础形态，冰雪赛事在一定程度上能拉动东北地区的体育产业发展。就冰雪赛事而言，承办大型冰雪体育是促进当地经济发展，提高知名度的途径之一，能通过"冷"冰雪带动"热"经济。冰雪赛事虽然在国内开展火热，各地争相举办赛事，但容易出现比赛场地众多而精品赛事数量少、频繁建设场地设施所导致资源浪费等问题。体育赛事作为体育本体产业的核心[①]，换言之，冰雪赛事作为冰雪产业的核心要素之一，要基于观众的多元化需求设计，持续培养观众的冰雪体育兴趣，从而提高冰雪体育的消费人口，而发展冰雪产业的有力抓手就是举办冰雪体育活动。

三、冰雪运动培训

伴随着冰雪赛事的蓬勃发展，与其对应的冰雪运动培训也正在火热开展中。冰雪运动培训是发展冰雪运动人口、开展冰雪运动赛事的基础。紧握冰雪产业中消费者这一环节，我国冰雪产业发展的重要途径之一就是冰雪消费人口的培养。冬奥会势必会激发全国的冰雪运动热潮，从而推动人民大众积极加入冰雪运动中。在未来大环境下，社会对冰雪运动教练员和社会指导员的需求将会大幅度增加，冰雪运动培训将会成为冰雪体育产业乃至于体育产业的热门产业[②]。截至目前，关于冰雪运动培训的相关数据较少，对其发展趋势的预测难以从数据层面实证，但通过近年来冰雪消费群体的扩大以及场地设施的完善，冰雪培训逐渐从社会大众延伸至校园运动培训，可以反映出群众的冰雪意识正在增强。而在此发展势头向好的黄金风口下，我国如何构建出一套符合国情，带有中国特色的冰雪运动培训服务体系，进一步优化和提高就业环境和质量，将是冰雪产业发展的应然之举。

---

① 何文义，郭彬，张锐. 新时代我国冰雪产业本质及发展路径研究 [J]. 北京体育大学学报，2020，43（1）：29—38.

② 谢永民. 体育强国视域下举办 2022 年北京—张家口冬奥会的现实路径探索 [J]. 广州体育学院学报，2018，38（2）：16—19.

四、冰雪场地设施

国家体育总局、发展改革委等七个部门于 2016 年联合印发了《全国冰雪场地设施建设规划（2016—2022 年）》，重点强调加快规划建设冰雪场地设施是办好 2022 年北京冬奥会、提高我国冰雪竞技水平的重要基础，是普及冰雪运动、发展冰雪产业、实现"三亿人参与冰雪运动"的基本保障，并且在冰雪运动"南展西扩东进"的战略背景下，再次对我国冰雪运动发展提出了新要求。自然条件和冰雪场地的存量不足，一定程度上影响了冰雪运动的普及，同时也成为战略推进的影响因素之一。而伴随社会经济持续快速发展以及国家的积极引导，冰雪运动场地数量正在逐年上升，为实现"三亿人上冰雪"的美好愿景提供了重要基础条件。冰雪运动犹如鸟之双翼，带动了冰雪场地设施、冰雪装备制造等相关产业的快速发展。受到"京张"联合申办冬奥会的促进作用，两地的冰雪场地设施得到了跨越式的发展，依靠"冰雪"元素再次推动了城市新形象建设。从宏观层面来看，冰雪运动的开展，以及因地适宜地建设冰雪运动场地设施，能够为城市带来更多发展机遇，以便更好地与外界交互。

五、冰雪装备制造

冰雪装备制造产业作为冰雪产业发展的重要支撑，其重要性不言而喻。美国、西欧、意大利、日本、韩国等是冰雪装备的主要生产国家和地区，形成了知名的国际品牌口碑，引领冰雪装备制造的发展，处于主导地位。以滑雪板为例，阿托米克、所罗门、沃克、凯图、金鸡等品牌占据全球 80% 以上的高端滑雪板市场份额。国内中大型雪场提供的租赁雪板绝大多数被国外品牌所垄断，虽然有不少滑雪场开始逐渐使用国产品牌，但还是无法撼动冰雪装备进口产品的垄断地位。而骆驼、乐斯菲斯、狼爪、哥伦比亚等滑雪服市场销量良好，其中日本和韩国品牌定位年轻时尚人群，成为众多滑雪爱好者的首选。虽然国内冰雪市场主要由国外品牌占据，但随着国家对冰雪装备制造业的重视以及出台相关政策，各大冰雪产业园区的不断建设，扶持和培育一批冰雪器材装备产业示范基地、单位和项目，同时越来越多优秀的国内企业将目光聚焦于此，国产品牌增长空间巨大。

探讨冰雪产业的发展问题需要从全产业链视角来分析，包含冰雪旅游、赛事、运动培训、装备制造等产业都属于冰雪产业的部分，不能将其割裂分开。冰雪运动和旅游项目作为冰雪产业的核心要素，各个相关产业围绕其进行运作，而梳理和协调各产业链的各环节将是重要一环。如何共同打造冰雪产业的一体化发展模式，形成合力共同发展是实现冰雪产业高质量发展的必然选择。

第七章　资源与再造：冰雪生态空间分析

第一节　生态空间的基本结构

生态空间这一概念综合了地理学、生物学等多学科的知识。我们知道任何生物想要维系自身的生存和履行最基本的繁衍都需要一定的环境条件，所以这个物种为维持自己的稳定状态所需要占据的环境总和便是生态空间[①]。生态空间有广义和狭义之分，狭义只是单指生态用地所具有的空间范围，而本书采用的是广义的生态空间的概念，在广义的生态空间中不单单包括动植物栖息所需要的基本自然空间，还包括了在这一空间中的社会属性。经过分析总结，本书把冰雪生态空间的基本结构有机地划分成自然资源和人文资源两个维度。自然资源可以划分为冰雪资源、土壤资源、森林资源、空气资源和淡水资源五个部分。这些自然资源是使冰雪产业良性发展的基本条件，自然资源丰富与否取决于气候和地域特征，因此依托冰雪资源发展冰雪产业就有了一定的地域局限性，此时深入分析地域冰雪资源，明确当前自然资源的分布情况和占有量显得极为重要，有利于资源的开发和优化配置，促进我国冰雪产业向好发展。

第二节　生态空间的动态分析和发展趋势

生态空间具有广义和狭义之分，广义的生态空间包括了自然生态空间，还包括了具有社会属性的生产空间和生活空间[②]。适宜的生态环境是冰雪生

---

① 李平星.生态空间可占用性理论框架与应用实践 [M].北京：科学出版社，2014.
② 王如松，李锋，韩宝龙，等.城市复合生态及生态空间管理 [J].生态学报，2014，34
(1)：1—11.

态空间发展的基本属性，保护冰雪自然生态资源，发展冰雪相关产业，可以说是对"两山"重要论述的完美诠释。此外，人文资源又是生态体验资源的本底之一。从整体视角来看，生态空间不仅是生产空间和生活空间的自然本底，还是自然生态和人文生态的融合体①。冰雪生态空间是以冰雪经济作为一个完整的生态整体，或是一个系统研究单元，冰雪经济内部的不同空间通过相互影响、相互作用而形成的一个空间范围。

一、自然资源

（一）冰雪资源

自然资源是冰雪产业赖以生存的物质基础，寒冷的气候和丰富的水资源更是其发展的基础条件。在全球范围内，冰雪资源主要集中在纬度 40 度以上的区域，低于 40 度的地区气候温度较高，冰雪容易融化，而超过纬度 60 度则属于高寒地区。因此，在纬度 40～50 度之间的地区最为适合基于自然资源条件开发冰雪项目。我国的冰雪资源主要分布在西部高山冰川积累区以及东北、内蒙古东部与北部、新疆北部与西部以及青藏高原等地区。而如华东地区的福建和台湾，西南地区的云南，华南地区的广东、广西以及海南等地区属于无积雪地区。从整体冰雪资源来看，国内滑雪场主要布局在以下五个冰雪产业带上：第一是长白山冰雪经济带；第二是大兴安岭至阴山冰雪产业带；第三是燕山至太行山冰雪产业带；第四是秦岭至伏牛山冰雪产业带；第五是邛崃山至岷山冰雪产业带。根据相关数据组成国内冰雪资源一览表，如表 7-1 所示。

表 7-1 国内冰雪资源一览表

序号	山脉名称	一般海拔	存雪期	年降水量（毫米）
1	长白山	1000 米以上	4 个月左右	600～800
2	大兴安岭	1500 米	5 个月以上	400～600
3	阴山	1500～2300 米以上	—	—
4	燕山	600～1500 米	—	—
5	太行山	1500～2000 米	3～4 个月	400～600

---

① 陶慧，张梦真. 乡村遗产旅游地"三生"空间的主体价值重塑——以广府古城为例 [J]. 旅游学刊，2021，36（5）：81—92.

续表

序号	山脉名称	一般海拔	存雪期	年降水量（毫米）
6	秦岭	2000～3000 米	3 个月	600～800
7	伏牛山	2200 米	—	—
8	邛崃山	1000～1800 米	3 个月以上	600～800
9	岷山	4000 米以上	—	—

基于冰雪资源的分布特征，滑雪场已经分布在全国各地，根据七大地理区域，滑雪场的空间布局具体如下表。按照占比大小依次是华北地区、东北地区、华东地区、华中地区、西北地区、西南地区、华南地区。滑雪场数量排名前十的省区市依次是黑龙江、新疆、河北、山东、山西、河南、吉林、内蒙古、辽宁、陕西，主要集中在东北、西北、华北等冰雪资源丰富的地区。

表 7－2　2020 年国内滑雪场数量分布

区域	省份	数量	区域	省份	数量
华北地区	河北	65	华中地区	河南	43
	山西	49		湖北	19
	内蒙古	39		湖南	9
	北京	20	华南地区	广西	3
	天津	11		广东	2
东北地区	黑龙江	94	西南地区	重庆	14
	吉林	40		四川	13
	辽宁	37		贵州	10
华东地区	山东	63		云南	4
	江苏	18	西北地区	新疆	65
	浙江	19		陕西	29
	安徽	3		甘肃	22
	江西	2		宁夏	13
	福建	1		青海	8

（二）土壤资源

根据《耕地质量等级》的等级标准，耕地质量依次排序一至十等。由于 2018 年和 2020 年的数据截止公报发布时仍处于审核中，因此将继续分别沿用 2017 年和 2019 年的数据。通过下表 7－3 可以看出，平均等级从 2016 年统计的 5.11 等提升至 2020 年的 4.76 等，现处于中等阶段，这说明经过整治后，耕地情况得到一定的改善，全国耕地质量正在逐渐提升。

表 7 - 3　2016～2020 年全国耕地质量等级情况

年份	平均等级	一至三等	四至六等	七至十等
2016 年	5.11	27.10%	45.10%	27.80%
2017 年	5.09	27.40%	45%	27.60%
2018 年	5.09	27.40%	45%	27.60%
2019 年	4.76	31.24%	46.81%	21.95%
2020 年	4.76	31.24%	46.81%	21.95%

2015～2018 年仍是沿用第一次全国水利保持情况普查成果，数据显示中国现有土壤侵蚀总面积 294.9 万平方千米，水力侵蚀 129.3 万平方千米，风力侵蚀 165.6 万平方千米。2019 年和 2020 年全国水土流失面积均呈现小幅度下降，2015～2020 年侵蚀总面积下降了 8.1%，水力侵蚀面积下降了 12.2%，风力侵蚀面积则下降了 4.8%。

表 7 - 4　20215～2020 年全国水土流失面积情况

年份	侵蚀总面积（万平方千米）	水力侵蚀面积（万平方千米）	风力侵蚀面积（万平方千米）
2015 年	294.9	129.3	165.6
2016 年	294.9	129.3	165.6
2017 年	294.9	129.3	165.6
2018 年	294.9	129.3	165.6
2019 年	273.69	115.09	158.6
2020 年	271.08	113.47	157.61

（三）森林资源

森林是陆地生态系统的主体和重要资源，在保障生物多样性、缓解温室效应、维护生态环境、应对气候变化等方面发挥着重要作用，是人类生存发展的重要生态保障，同时也是国民经济、社会发展的基础。根据第八次（2009～2013）和第九次（2014～2018）全国森林资源清查数据可知，林业用地面积、森林面积、人工林面积、森林覆盖率、活立木总蓄积量、森林蓄积量等 6 项指标均有不同程度的提高。森林面积从 20768.9 万公顷扩大到

22044.62 万公顷，涨幅达 6.1%，而森林覆盖率也相应提高到 23%。第九次数据相比第八次，森林蓄积量涨幅 16%。对比两次清查数据发现，各项指标有所提高的原因在于国家对营林的投资加大，尤其是退耕还林工程、防护林工程的持续推进。而事实上，森林面积的大幅增加，森林质量的不断增加，有效减轻了水土流失、河道淤泥和土壤侵蚀情况。

表 7-5 第八次和第九次全国森林资源清查数据一览表

指标	第九次	第八次
林业用地面积（万公顷）	32591.12	31259
森林面积（万公顷）	22044.62	20768.73
人工林面积（万公顷）	8003.1	6933.38
森林覆盖率（%）	23	21.6
活立木总蓄积量（亿立方米）	190.07	164.33
森林蓄积量（亿立方米）	175.6	151.37

（四）空气资源

通过整理 2015～2020 年中国生态环境状况公报的相关数据，得到表 7-6 关于 2015～2020 年的城市环境空气质量达标情况。下表的城市数量已包含了直辖市、地级市、地区、自治州和盟，由于莱芜市并入济南市，故 2019 年城市数量由 338 个变为 337 个。环境空气质量的评价指标分别是 $PM_{2.5}$、PM_{10}、SO_2、NO_2、O_3、CO。2015～2020 年的城市达标数量占比逐渐提高，从 2015 年的 21.6% 到 2020 年的 46.6%，提高了两倍之多。

表 7-6 2015～2020 年城市环境空气质量达标情况

年份	达标情况	超标情况	城市数量
2015 年	21.6%	78.4%	338
2016 年	24.9%	75.1%	338
2017 年	29.3%	70.7%	338
2018 年	35.8%	64.2%	338
2019 年	46.6%	53.4%	337
2020 年	59.9%	40.1%	337

（五）淡水资源

地表水（河流、湖泊、水库）的淡水资源是冰雪旅游及其相关产业接待服务设施和人工造雪的用水保障。表 7-7～表 7-9 分别是地表水、流域水、湖泊（水库）水的 2015～2020 年总体水质状况。不难看出，经过全面保护和多措并举的治理，总体水质状况明显改观。从全国地表水质状况来看，短短五年，Ⅰ类水质断面数量占比从 2.8％到 7.3％，虽然在 2017 和 2018 年数据合并了Ⅰ、Ⅱ、Ⅲ类，但是这三类整体占比由 2015 年的 64.5％提升至 2020 年的 83.5％。同时，劣Ⅴ类的数量占比也从 2015 年的 8.8％降至 2020 年的 0.6％。从流域水来看，Ⅰ、Ⅱ类均呈现不断增加的趋势，Ⅲ类则波动起伏并略有下降，但Ⅰ、Ⅱ、Ⅲ类供给占比从 2015 年的 72.1％提高至 2020 年的 87.4％，而劣Ⅴ类的数量则降至 2020 年 0.2％。从湖泊（水库）水来看，2015～2018 年的Ⅰ和Ⅲ类数量出现小幅度下滑，Ⅱ类则呈现增长趋势，Ⅰ、Ⅱ、Ⅲ类共计占比有明显波动，但整体呈缓慢上升趋势。

表 7－7　2015～2020 年全国地表水总体水质状况

年份	Ⅰ类	Ⅱ类	Ⅲ类	Ⅳ类	Ⅴ类	劣Ⅴ类	断面数量
2015 年	2.8％(27)	31.4％(305)	30.3％(295)	21.1％(205)	5.6％(54)	8.8％(86)	972
2016 年	2.4％(47)	37.5％(728)	27.9％(541)	16.8％(326)	6.9％(134)	8.6％(167)	1940
2017 年	67.9％(1317)			23.8％(462)		8.3％(161)	1940
2018 年	71.0％(1374)			22.3％(432)		6.7％(130)	1935
2019 年	3.9％(75)	46.1％(890)	24.9％(481)	17.5％(338)	4.2％(81)	3.4％(66)	1931
2020 年	7.3％(141)	47.0％(910)	29.2％(566)	13.6％(263)	2.4％(46)	0.6％(12)	1937

表 7－8　2015～2020 年全国流域总体水质状况

年份	Ⅰ类	Ⅱ类	Ⅲ类	Ⅳ类	Ⅴ类	劣Ⅴ类	断面数量
2015 年	2.7％(19)	38.1％(267)	31.3％(219)	14.3％(100)	4.7％(33)	8.9％(62)	700
2016 年	2.1％(34)	41.8％(676)	27.3％(441)	13.4％(217)	6.3％(102)	9.1％(147)	1617
2017 年	2.2％(36)	36.7％(593)	32.9％(532)	14.6％(236)	5.2％(84)	8.4％(136)	1617
2018 年	5.0％(81)	43.0％(694)	26.3％(424)	14.4％(232)	4.5％(73)	6.9％(111)	1613
2019 年	4.2％(68)	51.2％(824)	23.7％(382)	14.7％(237)	3.3％(53)	3.0％(48)	1610
2020 年	7.8％(126)	51.8％(836)	27.8％(449)	10.8％(174)	1.5％(24)	0.2％(3)	1614

表 7－9　2015～2020 年全国湖泊（水库）总体水质状况

年份	Ⅰ类	Ⅱ类	Ⅲ类	Ⅳ类	Ⅴ类	劣Ⅴ类	湖泊(水库)数量
2015 年	8.1％(5)	21.0％(13)	40.3％(25)	16.1％(10)	6.5％(4)	8.1％(5)	62
2016 年	7.1％(8)	25.0％(28)	33.9％(38)	20.5％(23)	5.4％(6)	8.0％(9)	112

年份	Ⅰ类	Ⅱ类	Ⅲ类	Ⅳ类	Ⅴ类	劣Ⅴ类	湖泊(水库)数量
2017年	5.4%(6)	24.1%(27)	33.0%(37)	19.6%(22)	7.1%(8)	10.7%(12)	112
2018年	6.3%(7)	30.6%(34)	29.7%(33)	17.1%(19)	8.1%(9)	8.1%(9)	111
2019年	35.5%(39)		33.6%(37)	19.1%(21)	4.5%(5)	7.3%(8)	110
2020年	76.8%(86)			17.9%(20)		5.4%(6)	112

二、人文资源

(一) 历史底蕴

中国的冰雪有着深厚的历史底蕴。2015年，"中国滑雪之父"单兆鉴和他的团队以岩画证史，使"中国阿勒泰是人类滑雪最早起源地"研究获得成功，这代表着中国冰雪运动史的最早记载；在古代还有《冰嬉赋》《冰嬉图》等展现冰雪运动的文学和艺术作品以及"竹马""冰床"等冰雪游戏流传下来；至2022年，第24届冬奥会将在北京举办，又代表着我国冰雪运动史的最新进展。因此，中国的冰雪运动从古到今呈现了一幅恢宏壮阔的历史画卷。19世纪末，现代冰雪运动传入中国，成为北方人民喜爱的运动项目，至新中国成立后，现代冰雪运动不断融合发展，经历了不同的发展阶段，呈现出不同的历史特征，参考相关文献[1]，可以把新中国成立后的冰雪体育历史发展脉络划分为表7-10中的几个阶段：

表7-10 新中国冰雪体育发展阶段划分

时间	特征	主要成就
1949—1965年	新中国成立，万物复苏，冰雪运动进入生根发芽的起步阶段。	1949年，中华全国体育总会等委会印发了"开展冬季体育运动"的决定。 1951年，吉林省举办了第一届全国性滑雪表演大会。 1956年，全国冬季运动协会成立，中国加入国际滑冰联盟和国际冰球联合会。 16年间，全国各地举办了大量冰雪赛事和群众体育活动，新中国冰雪运动的发展迈出了坚实的一步。

---

① 陈祥慧，杨小明，张保华，等. 我国冰雪运动的历史演进及发展趋向 [J]. 体育学刊，2021，28 (4)：28—34.

续表

时间	特征	主要成就
1966—1976 年	受外界影响，国内冰雪运动进入曲折发展阶段。	1968 年，首座人工制冷冰场在北京建成。 1972 年，国家冰球队首次参加国际比赛。 1975 年，赵伟昌在世锦赛获得 500m 速度滑冰第 2 名。
1977—2001 年	"北冰南展"战略提出，冰雪运动进入蓓蕾初绽的复苏提高阶段。	20 世纪 80 年代，"北冰南展"战略提出。 1980 年，中国首次参加冬奥会。 1992 年，叶乔波获 16 届冬奥会女子 500、1000m 速滑两块银牌，李琰获女子 500m 短道速滑银牌，实现了冬奥奖牌"零"的突破。 众多赛事的参与和承办在这一时期有力地推动了冰雪运动在社会上的发展。
2002—2014 年	冬奥金牌零的突破，冰雪竞技进入崭露头角屡创佳绩阶段。	2002 年，19 届冬奥会上杨扬获短道速滑 500、1000m 两枚金牌，实现冬奥金牌"零"的突破。 2006 年，韩晓鹏在第 20 届冬奥会上获男子自由式滑雪空中技巧金牌，是中国首枚雪上项目金牌。 在这一阶段里，培养了大批冰雪优秀人才，创造了众多优异成绩，为申奥成功储备了经验。
2015—2021 年	获第 24 届冬奥会举办权，中国冰雪运动进入遍地开发的全面发展阶段。	2015 年，北京力压哈萨克斯坦阿拉木图获得第 24 届冬奥会的举办权。 在这一阶段中提出了"三亿人上冰雪"的宏大目标，国家和各地区发布众多政策大力支持冰雪运动发展。

可以发现，从古至今，我国的冰雪运动都在不断吸收和发展，依托深厚的历史底蕴，新中国成立以后冰雪运动的发展开始从弱至强，从起步到多点开花，从竞技运动到社会体育。依托深厚的历史底蕴，时至今日已经基本确立了以京津冀为龙头，以东北地区为基础，充分以新疆、内蒙古等地为重要支撑的宏大格局，带动南方地区和西部地区协同发展。

（二）冰雪景观

冰雪景观是自然形成的冰雪景色和人工创造的冰雪景物，包括高水冰川、江湖冰封、滑冰场、滑雪场、雾凇、雨凇、冰雪雕刻等。依托我国辽阔的国土面积和丰富的资源禀赋，众多高纬度高海拔地区在寒冷的冬季便会形成独特的冰雪景观。冰雪景观有自然景观和人造景观之分，并且不同地区的冰雪景观也是一个地域中冰雪文化的充分体现，充满着独特的文化魅力。依

据华夏文化资源云平台文化资源库①，梳理当前国内闻名的冰雪景观如表
7-11所示：

表 7-11　国内著名冰雪景观及基本信息

景观名称	地理位置	景观信息	景观特色
哈尔滨冰雪大世界	黑龙江省哈尔滨市	由黑龙江省哈尔滨市政府主办的大型冰雪艺术精品工程。	始于1999年，哈尔滨凭借高纬度优势，充分展示了地域冰雪文化和冰雪旅游魅力。冰雪大世界气势恢宏，优美绝伦，将观赏性、趣味性、参与性、娱乐性完美融于一园。
双峰林场	黑龙江省牡丹江市海林市	占地面积500公顷，海拔在1000米以上。	公路交通方便；降水丰沛，积雪期长达7个月，且雪质好，黏度高，雪量堪称中国之最，被称为中国雪乡。
松花江雾凇岛	吉林省吉林市龙潭区	自然环境得天独厚，中国四大自然奇观之一。	雾凇树形奇特，晶体厚度大、出现次数多、形成范围广、持续时间长，有"雪树银花"的美誉。
长白山冰雪天池	吉林省长白山自然保护区	5A级景区，依托休眠火山而形成的自然景观。	长白山海拔居东北地区之首，每年雪期超过6个月，火山口积水成湖，冬冻冰面皓白，冰雪景观得天独厚。
新疆喀纳斯	新疆维吾尔自治区布尔津县	5A级风景区，中海拔地区，第四纪冰川遗迹保存完好。	地处欧亚大陆腹地，纬度高，地形复杂，气候独特，空气湿度较大，保留了诸多原生态风貌。大雪将风景统一为单纯的白色，与村落、高山和树林相得益彰，被人们形象地称为"水墨画"。
扎龙鹤舞雪原	黑龙江省齐齐哈尔市	世界上最大的丹顶鹤繁殖地，世界最大的芦苇湿地。	最大的水禽、鸟类保护区，聚集了全世界五分之一的丹顶鹤，冬季有雪地丹顶鹤群体放飞表演，雪地观鹤成为享誉中外冰雪旅游品牌，齐齐哈尔也被誉为鹤乡。
黄河壶口瀑布	山西吉县与陕西宜川县共有	国家级风景名胜区，4A级旅游景区。	中国的第二大瀑布，四季景色各异。冬季会结出罕见的巨大冰瀑，形成"危岩挂冰峰"，春季黄河解冻冰凌崩落，形成"冰瀑银川"，声若山崩地裂，异常壮观。

---

①　华夏文化资源云平台，文化资源库［DB/OL］.［2021-11-14］. http：//www.gansucrcp. com.cn/column/bxjg.html.

续表

景观名称	地理位置	景观信息	景观特色
北戴河冰海日出	河北省秦皇岛市	驰名中外的观鸟圣地、海滨景区。	冬季的北戴河，数千英里的海岸线凝结成冰，海冰延伸到很远并呈现出美丽的花纹，早晨一轮红日从海中雪白的冰缝中缓缓升起。这个场景只能用"震惊"这个词来描述。在冰冻的海面上，太阳缓缓升起，与海冰、渔船共同呈现出绚丽的景象，壮观震撼。
敖鲁古雅使鹿部落	内蒙古根河市	以原生态民俗展示为主的综合性旅游生态景区。	坐落于中国最冷的城市，森林覆盖率达 91.7%。景区依托独特的冰雪资源和民俗风情推出"旅游＋体育""旅游＋文化"等模式，包括驯鹿拉雪橇、雪地摩托、雪滑梯等冰雪项目，使人们深刻地感受到敖鲁古雅鄂温克人独特的使鹿文化和生产生活。

冰雪景观是大自然的馈赠。依托于独特的地理和气候条件，高纬度的城市和高海拔地区十分适合发展冰雪景观，且会将这些冰雪景观发展为当地独特的标签，各类冰雪景观也开始体现出不同的主题，呈现地域独特的艺术之美。而冰雪景观的发展推动着地区的发展，能够帮助冰雪产业真正迎来"白雪换白银"。

（三）赛事氛围

良好的冰雪赛事氛围同样是冰雪人文资源的重要组成部分。当前，依托众多的利好政策，许多地区的冰雪赛事已经开展得如火如荼，沉淀了良好的赛事氛围。除直接参与比赛或现场观赛外，冰雪爱好者还可以通过赛事转播、体育新闻、体育广播或报刊书籍等方式间接参与，使得赛事影响力进一步扩大，赛事氛围得到进一步渲染。通过梳理和总结，可以将国内开展的冰雪赛事划分为以下 3 项：

国际冰雪赛事。国际冰雪赛事包括各类单项世界杯、世锦赛、单项积分赛或巡回赛、商业赛以及其他不同层次的邀请赛和友谊赛等。在 2016～2019 年间，仅京津冀地区就成功举办各类国际型冰雪赛事 58 项，囊括了冰壶、冰球、花滑、高山滑雪等众多项目。这些国际高端赛事的举办对当地的冰雪运动乃至全国的冰雪运动开展都起着重要的模范作用。

国内竞技类冰雪赛事。国内竞技类冰雪赛事主要包括各类青少年比赛、单项全国锦标赛、冠军赛和巡回赛。2016～2019 年间，仅京津冀地区举办的国内竞技类冰雪赛事就超过百项，且涉及了花样滑冰、冰球、自由式滑雪等多个冬奥项目。并且随着北京冬奥会的临近，各地也开始逐渐举办综合性的冬季运动会，例如在 2018 年北京便举办了第一届冬季运动会，2019 年、2020 年间河北省连续举办两届冰雪运动会，吸引了数千名运动员参赛，众多观众参与，加快竞技后备有力地加强了冰雪人才培养和冰雪项目普及。

国内大众冰雪赛事。丰富多彩的大众冰雪赛事成为推动冰雪运动普及，沉淀地区赛事氛围的重要推动力。近年来，国家和地方都举办过众多大众冰雪品牌活动。较为知名的大众冰雪赛事有"中国冰雪大会""全国大众冰雪季""长春瓦萨滑雪节"等。且在赛事项目上为迎合市民参与的积极性，设置了包括"雪合战大赛""陆地冰球""汽车冰雪短道拉力赛"等多种趣味性项目。大众冰雪赛事的举办极大程度上扩大了我国的冰雪运动人口。

冰雪赛事的办赛多依托于各级各地政府和体育部门、教育部门、辅以民间组织的协调配合。从总体来看，当前我国各级别的体育赛事还处于起步培育阶段，但地域赛事氛围已经逐渐浓厚，各地的体育社会组织、企业也开始关注赛事并进行资金和人力的投入，尤其大众冰雪赛事已经得到了很好的普及，进一步加强了赛事氛围的沉淀。

（四）政策生态

自党的十八大以来，国家开始高度重视体育事业的发展，加之北京冬奥会的赛事影响，中央和地方开始纷纷推行冰雪运动相关的政策，以保证冰雪运动在大众体育、竞技体育和冰雪产业等方面全面发展。冰雪政策指引着我国冰雪运动方方面面的发展，是国家参与冰雪管理的一种不可或缺的方式。

在北京冬奥会的筹备期间，冰雪运动的发展受到了国家和地方政府的高度重视，各级政府对冰雪运动的发展提出了众多的扶持政策。例如作为冬奥会重要举办地的河北曾发布过《河北省冰雪产业发展规划（2018—2025年）》，其中提及冰雪场地设施建设工程与重点发展冰雪装备制造业，还有《关于进一步扩大旅游文化体育健康养老教育培训等领域消费的实施意见》的发布，对张家口市冰雪旅游业发展进行了规划，并提出通过宣传和引导社会群体加入冰雪运动当中来，承接各类滑雪赛事以提升当地的冰雪运动水平。可以发现，良好的政策生态环境有利于针对性加强区域的冰雪经济，加速冰雪资源的开发和利用，规范冰雪体育市场，能够使得冰雪产业发展更加迅速。

然而，由于我国冰雪产业的发展起步较晚，相关的冰雪政策还存在一定程度欠缺，政策生态并非健全。国内目前还是以政府为导向的冰雪产业发展机制，在传统供给侧改革引领下发布的冰雪政策与当地的市场需求和居民期待还有着一定的差距，政府虽然可以为冰雪经济的发展注入强力力量，但政府的过度参与也会阻碍着民间资金的流入，使得许多政策呈现出无力的状态。

第三节　冰雪产业的外部价值与生态风险

一、自然资源

对自然资源的保护和可持续性利用是整个冰雪产业和冰雪运动发展的首要前提[①]。国内学者们在对冰雪产业价值性研究中容易存在单向思维的误区，往往站在冰雪运动能够有益于人的健康水平改善、丰富日常文化娱乐生活、促进运动能力和提高体质的视角出发，而忽略了冰雪产业的开发与利用，能够使得人们形成对冰雪资源的保护和社会对自然环境的正确认知与崇尚[②][③][④]。虽然我国北方地区冰雪产业生态环境保护的国际背景较好，但纵观全国来看，全国冰雪产业在生态环境保护方面仍存在许多不足，如盲目、随意开发自然资源等问题。历史的发展经验告诉我们，生产力的快速发展，社会经济水平的迅猛提升，很多情况下都是牺牲生态换取短期经济利益的。以此为鉴，冰雪产业在谋求发展的同时，需要注重保护土壤、森林、水、大气等生态环境，制定和完善支撑冰雪产业经济可持续发展的行业标准。

---

① 宋皓. 习近平总书记关于冬奥工作重要论述中的新发展理念 [J]. 北京体育大学学报，2020, 43 (2)：1-9.

② 孙威，刘明亮. 我国冰雪消费及相关产业发展的对策研究 [J]. 北京体育大学学报，2009, 32 (11)：11-14.

③ 冯文丽. 大力推进京津冀冰雪产业发展 [J]. 经济与管理，2017, 31 (2)：11-13.

④ 黎映宸. 黑龙江省冰雪产业集聚发展研究 [J]. 冰雪运动，2015 (2)：80~83+96.

二、人文资源

本书将冰雪人文资源有机的划分为历史底蕴、冰雪景观、赛事氛围和政策生态四个部分，冰雪产业便是根植于地域自然资源中，依托上述的人文资源逐渐发展起来的。通过多方资源的互利互补，能够进一步拓展冰雪市场、推动旅游业、制造业以及服务业的快速发展，同时对地域的经济和文化发展产生较大的影响。综合来看，冰雪产业人文资源所产生的外部价值主要包括以下三个方面。

首先是文化层面。冰雪人文资源中深厚的历史底蕴有利于弘扬民族传统文化、加强资源的保护与发展、提高资源利用效率以及带来良好的人文教育作用。在全球化的背景下开展冬奥会等国际性赛事能够有效加强国家之间的交流和合作，冰雪产业在其中发挥着一定的桥梁作用，是连接各民族优秀文化的纽带。人文资源的开发也进一步加强了人们的保护意识，各地的冰雪自然景观，敖鲁古雅鄂温克人、赫哲族等独特的冰雪文化也得到了一定的保护和宣传。最后，冰雪不仅仅是一种文化现象，还承担着文化载体的作用，冰雪文化为地域文化的传播和发展起到了重要的作用，能够使人们在参与冰雪活动中感受到冰雪之美、体育之美和生态之美。

其次是社会层面。就其外部条件来看，参与冰雪运动的同时能够游览各类冰雪景观、风景名胜，一望无垠的白雪和晶莹剔透的坚冰能够使冰雪活动参与者在这种情况下舒缓心情、释放压力从而保持身心健康。另一方面，冰雪产业的快速发展、冰雪赛事的频繁举办和冰雪活动的日益普及，吸引了越来越多的人参与其中，在全球化的背景下，以冬季奥运会为契机，能够促进各国互相学习、互相尊重，建立国际友谊。因此冰雪产业的开发在社会层面发挥着其独特的价值。

最后则是经济价值。冰雪产业的发展能够提供大量就业岗位，改善投资环境；在全球化的发展进程下还能够推动对外贸易合作与交流，为国家创汇。冰雪产业作为一个综合性产业，囊括了服务业、制造业、旅游业、竞赛表演业以及教培业等多个方面，因而冰雪产业在发展的过程中会不断吸收人才和劳动力，为社会带来更多的就业机会，极大改善当地的就业情况。另外，发展冰雪产业能够为我们的国家带来更多的外汇收入。在一些高纬度地区的发达国家或地区中，冰雪体育产业产生的外汇收入十分可观，且在冰雪产业所提供的产品中充分蕴含了文化因素、教育因素以及休闲娱乐因素、使冰雪产品本身就带有了高附加值，因此发展冰雪产业有助于保持国际收支平衡，推进对外贸易和文化传播。

最后，冰雪人文资源作为冰雪文化积淀的根脉所在，在当前产业化运作速度加快、文化消费开始占领主流市场的大环境下，应当避免各地的冰雪旅游产业趋于同质化、泛娱乐化发展，注重展现地域独特的冰雪人文底蕴。基于当前产业演变趋向，对于冰雪人文资源的开发和利用需要立足于自然资源保护、社会效能释放和经济效益获取的多维诉求，重视生态风险，以此实现冰雪自然资源保护、开发和冰雪人文资源传续协同共进。

第八章 冰雪经济的"三生空间"
融合机理分析

  冰雪经济高质量发展是动态发展、充满活力的，冰雪经济的"生活—生产—生态"空间协同即是在冰雪经济发展过程中实现三生融合发展，这就需要各主体在治理协同中实现以冰雪产业为核心，以冰雪生活为主线和注重冰雪生态保护。由图8-1可知，我国冰雪经济"三生空间"内的冰雪生产空间、冰雪生活空间以及冰雪生态空间虽然彼此相对独立，但是通过空间协同的作用，在整体结构和系统功能等方面又相互联系。

  在冰雪经济"三生融合"发展的系统中，冰雪生产空间囊括了冰雪旅游空间、冰雪赛事空间、冰雪运动培训空间、冰雪场地设施空间以及冰雪装备制造空间的产业带，并通过集约高效的生产为三生融合发展提供了经济保障。一方面，科技文化的创新为生产空间提高生产效率提供了技术支持，各空间的开放为生产空间提供了共享的生产资源。另一方面，冰雪生产空间通过产业的发展满足了人类社会活动的经济需求，并通过提高生产环保标准，减少了对自然生态环境资源的破坏。冰雪生活空间以人文为纽带，集合了人口结构空间、居民消费空间以及休闲旅游空间，成为三生融合发展的重要联结。其中，三生系统中各空间开放为冰雪生活空间提供了丰富的物流、能量流以及信息流，科技文化的创新极大地提高了冰雪生活空间的质量，为打造宜居适度的冰雪生活空间奠定了基础。生活空间内部相互关联的人文空间又满足了人类社会活动的社会需求，并通过教育、宣传等活动提高人们的环保意识，合理利用自然环境资源。冰雪生态空间集合了自然资源与人文资源，为三生融合发展提供了良好的环境质量。一方面，科技文化创新为生态保护措施提供了科技支持，各空间的资源开放为生态资源的维护提供了共享的基础设施等社会资源。另一方面，自然生态环境的发展满足了人类社会活动的生态需求，提高了人们生活环境的质量，而且通过环境保护与资源利用孕育出山清水秀的生态环境，极大地推动了冰雪经济三生空间融合的高质量发展。

可见，在推动冰雪经济高质量发展过程中，通过强化冰雪生态空间、生产空间、生活空间的内外部联系，搭建三者合作交流的桥梁，调节三方面之间的作用关系，构建具有自循环功能的冰雪经济"三生"空间系统体系，促进三者空间功能的交叉渗透、整体结构的匀称有序、空间融合的互动交汇，能够促进冰雪经济高质量发展的整体协同治理，提高各项效益。

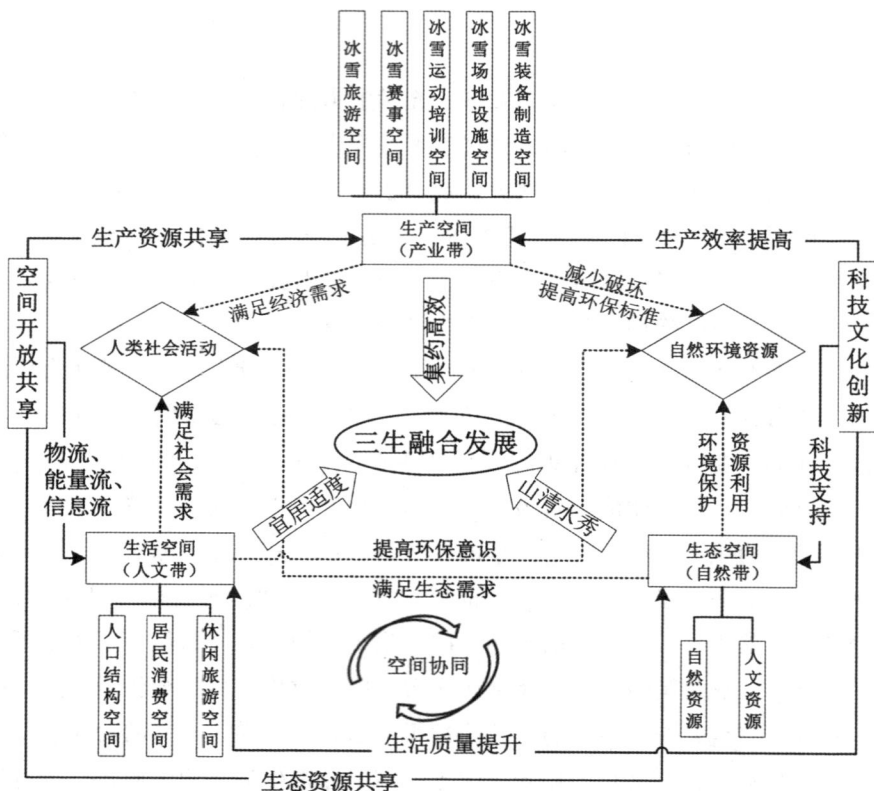

图 8-1 冰雪经济的"三生空间"融合机理分析图

第一节 美好生活与产业融合的冰雪经济

冰雪经济高质量发展过程中，冰雪生活空间与生产空间存在着动态适应与交互融合的关系。一方面，冰雪生活空间并不是单纯的被动适应冰雪生产空间的变化，作为冰雪产业的空间载体，良好的冰雪生活空间能够吸引优秀的人才创业、居住以及社会资本的投资，为我国冰雪生产空间的有效集聚奠定坚实的基础。其中，冰雪产业分工、冰雪产业成长、冰雪产业集聚伴随着生活空间结构的集聚与扩散，最终形成与冰雪产业发展相适应的、较为稳定的冰雪生活空间载体，推动冰雪产业的升级发展。反之，不合理的冰雪生活空间不易演变成宜居与宜产的空间载体，也难以孵化出冰雪产业提升与发展的新平台。另一方面，冰雪产业是经济发展的动力系统，对居民生活质量的高低有着重要影响，其产业的发展是一个动态演变的过程，不同生产要素的加入，如旅游、制造、文化、赛事、人才、科技等，都会在一定程度上对当地的生活空间产生不同影响。可见，促进冰雪生活空间与冰雪生产空间的交互融合、协调发展，以居民对美好生活的向往为新需求，创新冰雪产业的供给形态，能够进一步促成我国冰雪经济的高质量发展。

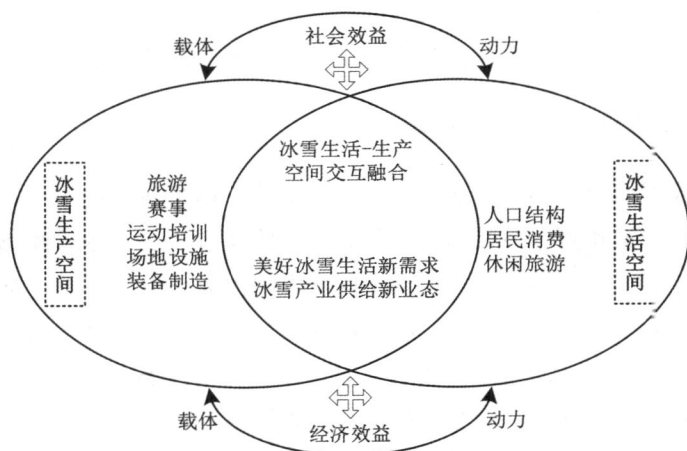

图 8－2　冰雪生活空间与生产空间融合的逻辑关系图

一、美好冰雪生活新需求

我国冰雪特色小镇内部公共空间的显著特征就是"生活空间—生产空间"一体化，其核心功能是旅游接待服务。随着冰雪经济的发展，当地居民形成对美好生活的新需求，并在原有的冰雪生活空间基础上，利用本土的冰雪特色优势，自发地将生活公共空间转化为"生活—冰雪旅游产业"相融合的复合型公共空间，打造冰雪特色产业，吸引众多游客与资金投资，为当地冰雪旅游产业创造长期、持久的社会与经济效益，进而促成我国冰雪经济的高质量发展。

以我国黑龙汇的雪乡旅游风景区为例，雪乡位于长白山脉、张广才岭与老爷岭的交汇处，每年雪期长达 7 个月。在过去，当地居民主要以伐木为生，随着天然林保护工程的实施，以及全国各地越来越多的游客前来游玩，很多居民通过改造自家的房屋参与旅游产业的经营，甚至自发形成冰雪特色景区一条街，部分当地居民也借机出售自家的农产品。雪乡居民的生活空间正在由单纯的旅游住宿，逐步向投宿、餐饮、购物、文娱等综合性旅游服务方向转变。以往的冰雪对当地的居民而言是"灾难"的存在，因为冰雪使得伐木工人们上下山行走不方便，无法提高生活品质。而如今，随着当地居民的生活方式由过去的采伐山林到保护生态的转变，冰雪对居民而言成了"黄金"，形成了较为成熟的冰雪旅游产业，能够满足当地居民们对美好生活的新需求。冰雪资源对当地居民的意义也悄然发生改变，雪乡居民生活方式的转变使得居民们从畏惧雪到以雪为乐，从视雪为负担到视雪为黄金，冰天雪地的生活空间真的在冰雪产业的牵引下，变成了当地居民的金山银山。

二、冰雪产业供给新形态

随着我国的全民健身运动上升为国家战略，冰雪体育产业日益成为我国冰雪经济新的增长点，而以赛事为核心的冰雪体育产业对冰雪经济高质量发展的推动作用日益显著。依托生活空间所具备的冰雪自然资源、基础交通设施等资源而发展起来的具有地域特色的冰雪体育产业，通过挖掘、引进社会体育资源，大力举办冰雪体育赛事，促进冰雪体育的群众参与、冰雪消费，加强冰雪与旅游、体育、文化、健康、教育等交互融合。

我国 2022 年冬奥会雪上项目的主赛场——崇礼冰雪小镇，正是利用当地丰富的冰雪自然资源以及人文特色，举办众多冰雪体育赛事与活动，力求打造一个旅游、制造、服务一体化的冰雪产业链。在我国冰雪经济进入高质量发展阶段，冰雪产业发展中存在的许多问题已经不是发展规模与发展速度的问题了，更多的是涉及冰雪产业发展质量与发展效益的问题。体育赛事作为冰雪体育小镇的主导，对其产业供给形态的发展有较强的引领作用，通过与当地的旅游、休闲、赛事、文娱、健康、教育等相关产业融合发展，形成冰雪产业的新形态，对优化冰雪体育小镇产业结构、丰富冰雪体育产业体系以及提升冰雪产业能级有独特的作用。冰雪体育产业新空间的高质量发展以及冰雪体育产业内容的创新与运营的升级，都会为我国冰雪经济高质量发展走出一条具有本土特色的新道路。

第二节 高效生产与生态融合的冰雪经济

"冰天雪地也是金山银山"，天气严寒的冰雪地区，也可以通过合理利用生态环境为人类的生活谋福祉，将冷资源转化为热经济，为促进冰雪产业的发展提供重要引擎。我国的冰雪地区受地理环境与气候条件的影响，每年会有较长的雪期，通过借助冰雪地区得天独厚的雾凇、冰雪、温泉等特色冰雪资源，开展雪塑、冬泳、滑雪、冰雕、滑冰、冬捕等冰雪项目和活动，促进生态的产业化，十分有利于冰雪产业的发展。但是在冰雪产业发展过程中，尤其需要注意对冰雪生态环境的影响，降低冰雪产业建设对山地侵蚀、水质污染的危害，防止冰雪设施或其他基础设施、器材的建设对当地的冰雪生态环境造成破坏，完善冰雪生态环境保护机制，发挥行政职能的监督作用并开展长久持续性的环境检测，推动冰雪生产的生态化发展，为维护冰雪生态环境提供保障。促进冰雪生产空间与冰雪生活空间的融合发展，注重自然生态保护与冰雪产业统筹规划发展，实施多部门协同与多主体参与的政策措施，能够为我国构建"生活、生产、生态"三生空间融合发展的冰雪空间格局优化与经济高质量发展提供重要的经济保障与良好的生态环境。

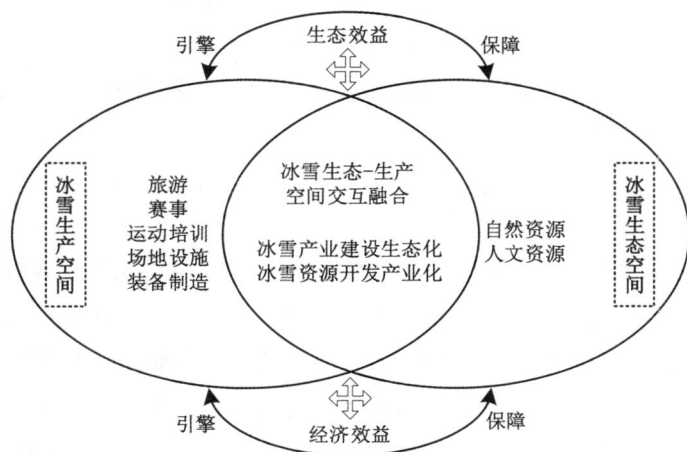

图 8-3 冰雪生态空间与生产空间融合的逻辑关系图

一、冰雪产业建设生态化

冰雪经济高质量发展不仅是我国经济高质量发展的重要组成部分，也是实现"冰天雪地"转变为"金山银山"的重要阶段。在冬奥会效应带动下形成的"冰雪热"，使得众多冰雪产业的发展迎来了黄金期，随之而来的是冰雪生态环境保护的问题。要想实现冰雪经济高质量发展，推动产业实现更高质量、更高效益、更优结构，就需要将生态理念贯穿于冰雪产业发展的全过程中，加强冰雪生态建设，树立自然生态优先的意识。在冰雪产业建设前进行生态规划，在冰雪产业建设发展时注重生态保护，在各项冰雪产业建设完成后需要对受到破坏的冰雪生态环境进行修复，减少人为造成的生态污染与环境破坏。

在宏观层面进行冰雪产业规划设计时，应以尊重自然生态为前提，基于冰雪资源环境承载力，以当地居民的群体利益与公民福祉为出发点进行冰雪产业的合理布局与发展规划。通过综合分析冰雪地区的地形条件、生态红线以及冰雪资源，根据当地常住人口数、每日客流量的规模，有效保证冰雪地区开发建设规模的合理性，在保障生态环境的条件下谋求当地冰雪经济的发展。在冰雪产业进入建设阶段时，可以采取布局紧凑的组队式规划建设，减少对冰雪山区土地，尤其是绿林植被覆盖区的侵占，尽可能保留原始生态绿地，加强对生态涵养、土地资源集约利用，最大程度发挥生态功能。在开发建设到达最后阶段时，需要进行绿林种植与生态修复措施以确保冰雪生态景观的连续性与完整性。将生态建设贯穿于冰雪产业建设的全过程，有利于推进生态环境友好型的冰雪产业发展，为冰雪经济谋求长远、高质量的发展，促进人与自然和谐相处。

二、冰雪资源开发产业化

我国的冰雪经济发展相较西方冰雪发达国家较晚，如何在我国洁白的冰雪大地掀起火红的经济热潮、不断壮大冰雪产业的队伍，需要通过学习和借鉴国外冰雪经济发达国家的成功经验，结合我国实际情况，科学合理地定位我国冰雪产业的服务位置，对冰雪地区的冰雪自然资源进行科学评估与合理利用，避免造成资源利用不足产生的资源浪费问题，打造中国特色的冰雪品牌，促进冰雪资源的产业化。

我国在华北、东北以及西北地区拥有自然条件优厚的冰雪资源，可以投入到冰雪运动产业的发展、营建中，这也是对"白雪换白银"战略的践行。以冰雪资源为自然纽带，连接起当地各行各业的产业，催生出冰雪新业态、冰雪新产品。可见，未来冰雪产业将成为满足我国人民日益增长美好生活需要的重要经济载体，并带动旅游、教育、培训、体育及相关产业的产值高速增长，促进冰雪经济高质量发展。这首先需要打破雪场、冰场，以及本地酒店、滑雪学校各自为政的局面，加强冰雪小镇本地冰雪产业的紧密联系与互相补充，促进冰雪场地与本地基础设施建设、广告传播商、高等院校等的合作，加快冰雪资源产业化的转换。通过对优秀的自然条件与合理的冰雪资源开发，加强当地产业间的合作促进冰雪经济的共赢发展。在夏季，可以利用冰雪高山的地理优势与绿植资源，开发露营登山、观光旅游、山地越野、运动培训、高山跳伞、滑草以及马拉松等专业竞技比赛与家庭休闲娱乐活动，提高冰雪自然资源的有效利用率，打破冰雪经济单季热潮的局限。

第三节　生活与生态融合的冰雪经济新业态

冰雪生活空间的发展受到传统文化、行为活动、经济发展以及自然生态等诸多因素的影响。其中，冰雪生态环境常常会对冰雪生活空间的格局产生直接影响，沟壑纵横的冰川地区并不适合人们生活空间的构建，只有地势较为平坦、冰雪生态圈较为稳定的地区能够孕育出历史文明。一方面，人为的推动冰雪生活与生态融合，依据冰雪自然生态的基底，充分利用生态环境的开放空间，塑造冰雪休闲公园，构筑冰雪体育小镇，同时还在其周围布置市民中心、文化馆以及图书馆等人文公共配套设施，能够为冰雪生态环境注入活力，将其公共属性发挥到最大，获得最高的社会效益，以满足广大人民群众的生活需求，保证冰雪公共资源的公平性。另一方面，天然形成的冰雪、绿林、山地、河流都有着自然生态的网络化特性，这些网络交叉的节点相互连通，构成了居民生活空间的生态基底。与此同时，这些原始的生态网状结构在与城镇居民交融发展的过程中不断演化发展，与居民的生活空间关联日益紧密。协调好冰雪生活空间与冰雪生态空间的关系，促进冰雪生活与生态空间的融合发展，有利于推动其整体价值的提升，促进冰雪经济高质量发展。

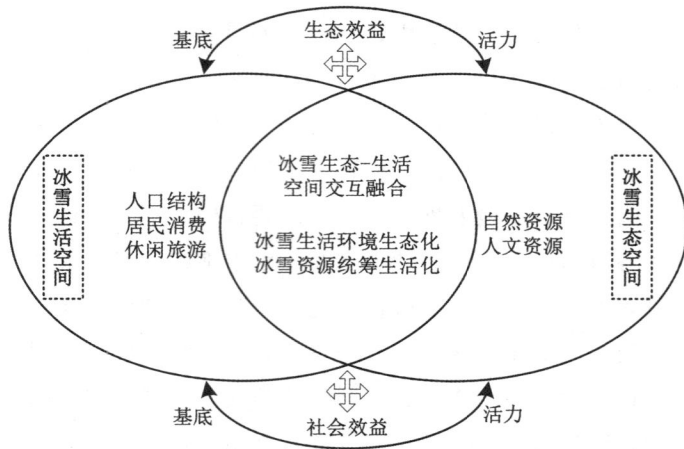

图 8 - 4　冰雪生态空间与生活空间融合的逻辑关系图

一、冰雪生活环境生态化

良好的生态环境能够促进居民生活空间质量的提升，秉承"人与自然和谐相处"的理念，建设冰雪经济高质量发展引领下产城融合的全新生态环境，促进冰雪生活的生态化。冰雪生态空间是城镇生活空间的底色，也是城镇居民生产发展的根本基础，应该在充分维护并延续生态发展的同时，充分发挥其生态、经济、社会价值。反之，若单方面追求经济利益，使得冰雪生态环境受到污染破坏，会使平衡的生态循环系统受到城镇化进程加快的侵蚀，成为严重的污染空间。当地居民的生活空间会堆积越来越多垃圾杂物，造成河渠堵塞、道路拥堵以及排水等基础设施差等情况，这样会严重影响居民的日常生活空间。

冰雪生活空间的发展首先应该尊重自然生态环境的整体布局，配合生态系统的连通性，以冰雪生态环境为基底进行生活空间的发展，使得城镇生活生态化，避免让人类的社会活动对生态环境形成不良影响。一方面，居民在日常生活中维护好生态环境的和谐性，有利于保护生物多样性，在日常生活过程中配合自然生态格局，通过冰雪生态环境的连通串接起来的居民生活空间，将零碎的冰雪资源连接成为一个连续的生态整体，并保持与发展其生态的完整性与连续性。另一方面，在提升自然生态的景观品质的同时可以适当地发展绿色旅游活动，拉动冰雪绿色消费，提高当地经济的发展水平与居民生活质量。

二、冰雪资源统筹生活化

冰雪生态环境的整体布局对居民生活空间与生态环境均衡发展有重要意义，丰富的冰雪资源为居民的生活发展提供了生态良好、生机勃发的发展空间。不同地区的冰雪环境具有不同的地质风貌，冰雪地区的居民生活空间会因不同丛林山势、河流走向、纵横沟壑而形成单一到多样的不同形式。因此，较为复杂的地形模式，往往会对居民的生活空间的发展造成阻碍。地处白雪皑皑的冰雪地区之中的居民们，如何合理利用大自然的馈赠，开发一系列冰雪活动，使其生活空间具备绿色生态、美丽宜居的鲜明特色，促进生活空间的规划发展，正是推动冰雪经济高质量发展的关键。

美好宜居的自然生态环境是广大人民群众对城镇生活的向往与期待，我国的冰雪特色小镇正是合理利用了冰雪自然环境，通过将冰雪生态环境生活化，加强"新城镇化"的建设，促进冰雪地区基础设施建设与公共服务的发展，缓解大城市里人口、环境以及交通的压力，优化了人们的生活空间，提升了生活品质，推动城市文明向更广泛的地区扩展，实现生活与生态的协调发展。总体来看，我国冰雪特色小镇的自然景观资源较为丰富，冰雪资源丰富、土质肥沃，孕育了较为丰富的冰雪生态系统。通过加强人为统筹，促进城镇生活空间与周边的冰雪资源之间良好的协调与空间组织，将周围的冰雪景观有效地纳入城镇发展中，引导资金、人才、信息以及管理等要素向冰雪特色小镇流动，可以有效促进冰雪生态的生活化，为促成宜产、宜居、宜游的冰雪生活空间提供重要基底。

路 径 篇

习近平总书记曾强调，要做好"十四五"开局之年经济社会发展工作，迈好"十四五"时期我国发展第一步至关重要。在新发展阶段，要完整、准确、全面贯彻新发展理念，既要以新发展理念指导引领全面深化改革，又要通过深化改革为完整、准确、全面贯彻新发展理念提供体制机制保障。冰雪经济作为新的增长极，在新时代承担着满足人民群众不断增长的对美好生活的需要和促进经济高质量发展的双重作用，但目前来看，以冰雪运动和冰雪旅游为引领的冰雪经济尚未实现高质量发展，因此本章以冰雪装备制造业、冰雪运动与赛事、冰雪教育培训和冰雪文化旅游为重点，详细分析了不同业态下，冰雪产业实现高质量发展的有效路径。从宏观角度以"三生融合"作为冰雪经济高质量发展的目标，提出了确保生产空间集约高效、生活空间宜居适度、生态空间山清水秀的发展路径，以期为冰雪经济"三生融合"一体化发展进言献策。

第九章　冰雪装备制造业高质量发展路径

作为制造业的核心，装备制造业对于推动工业的发展具有基础性作用，而工业作为国民经济中最重要的物质生产部门，对于国民经济的发展具有不容忽视的作用。可以认为，冰雪装备制造业的高质量发展是推动冰雪经济高质量发展的重要一步。装备制造业是国之重器，是制造业的脊梁，更是实体经济的重要组成部分，必须把握优势，乘势而为，做强做优做大。然而，随着发展的逐步深入，我国装备制造业的整体大环境既面临着高新技术发展带来的机遇，也面临着发达国家"再工业化"以及其他发展中国家参与国际分工的"双向夹击"[①]。尽管我国的冰雪运动相关产业起步较晚，冰雪经济对经济发展的贡献有限，但作为我国装备制造业的重要组成部分，冰雪装备制造业同样处于机遇与挑战并存的境地。同时，《冰雪装备器材产业发展行动计划（2019—2022年）》中指出："开发一批物美质优的大众冰雪装备器材和北京冬奥会亟需装备，大幅提升供给能力，建立较为完善的综合标准化体系，培育一批具有国际竞争力的企业和知名品牌，创建若干特色产业园区，初步形成具备高质量发展基础的冰雪装备器材产业体系。"因此，在现阶段推动冰雪装备制造业的高质量发展，探索出高质量发展路径，对于冰雪经济的未来发展就显得格外重要。

第一节　创新驱动实现竞争能力提升

作为推动冰雪经济发展的基础业态，冰雪装备制造业对于冰雪经济的高

---

① 陈瑾，何宁. 高质量发展下中国制造业升级路径与对策——以装备制造业为例 [J]. 企业经济，2018，37（10）：44－52.

质量发展具有至关重要的作用。十九大报告中重点提出要对科技体制进行深层次改革，创建企业、市场、学校等产学研三位一体的技术创新体系。推动冰雪装备制造业的高质量发展，就要推动创新主体协同、基础研究优先、技术创新升级、成果转化强化、创新扩散引导。

一、创新主体协同

在冰雪装备制造业高质量发展的过程中，科技创新主体将不再是传统的分散个体，各创新主体以国家的发展为目标，以国家意志为发展前提，从分散的创新个体转变为联合的创新主体，各主体协同创新、共同发展，进而实现冰雪装备制造业的高质量发展。创新主体主要包括创新产出主体、服务主体以及协调主体，三类主体之间相互协同，共同发展，实现冰雪装备制造业的资源整合、优势互补。首先，冰雪装备制造业创新产出主体主要包括高等院校以及企业。高等院校是人才培养、知识创新和社会服务的重要阵地，是国家创新体系的重要组成部分。高校要提高对冰雪装备制造业相关创新人才的培养质量，推动科技与教育的融合，在高校中培养相关的科研人员，同时将科研与教育融合，将冰雪装备制造业的相关科技成果转化为高校的教学资源，使得冰雪装备制造业的相关人才能够源源不断涌现，将冰雪装备制造人才的培养转变成为相关高校工作的核心。作为市场的主体，企业与市场之间的衔接最为紧密，对于相关的市场动态以及消费者需求最为敏锐，因此相关的冰雪装备制造业企业处于创新的核心地位，在冰雪装备制造业创新发展过程中，应当注重提高相关冰雪装备制造企业的核心地位，提高企业的自主创新能力，实现冰雪装备制造转向"冰雪装备智造"。其次，冰雪装备制造业创新服务主体是科技智库以及相关的中介服务主体，在冰雪装备制造业的发展过程中，科技智库通过对国内外冰雪装备制造业的最新科技动态的研究为冰雪装备制造业的发展提供相关的建议，通过科技智库对相关信息的整合，有效释放人才、资源等要素的活力。中介服务主体主要包括科技大市场、国家高新区等平台，通过中介服务主体能够实现冰雪装备制造业的成果转化、技术扩散等，促进冰雪装备制造业的良性发展。最后，冰雪装备制造业科技创新的协调主体是政府，尽管政府不直接参与创新，但政府的枢纽作用却对冰雪装备制造的创新至关重要，政府主要制定与规划相关的创新政策，起到调控、引导和集聚的作用。除此之外，政府是创新主体之间相互连结的枢纽，其对于市场的调控也是冰雪装备制造业高质量发展不可或缺的部分。通过相关主体的协同发展构成冰雪装备制造业的网络运行体系，使得相关主体之间的连结紧密，进而推动冰雪装备制造业的高质量发展。

二、技术创新升级

我国冰雪运动起步相对较晚，相关产业以及经济发展也处于初级阶段，但在北京冬奥会的带领以及相关政策的指导之下，冰雪经济在发展初期就迎来了机遇期，冰雪人口不断增长、产业规模不断扩大。在整个冰雪发展体系中，冰雪装备制造业发挥着重要的支撑作用。但现实发展过程中国外冰雪品牌占据价值链高端、我国冰雪设备由国外厂商提供、国产设备研究队伍少、研发工作缺乏重视、生产企业缺乏长久生产能力的现状使得冰雪装备制造业技术创新升级成为发展的瓶颈。在技术创新过程中要加大对科学研究的投入、对国外先进技术的辩证性引用、加强基础研究与技术创新的融合、加强知识产权保护。首先，在冰雪装备制造业的创新过程中要加大对科学研究的投入，主要包括加强公共财政的支持力度，调整财政支出结构，使得国家财政资金更多地向科技研发领域倾斜，加大对冰雪装备制造业的支持力度；除财政资金外，鼓励社会力量支持冰雪装备制造业的创新发展，通过建立基金会、完善捐赠机制等措施鼓励社会力量的投入，通过对社会力量的运用加强冰雪装备制造业的发展；对相关高校、科研院所等的创新机构适当简政放权，允许其科研经费运用于科学研究以及自身发展上，推动科研经费利用的最大化。其次，辩证性的引用国外冰雪装备创新技术，建立国际化的创新合作机制，通过与国外发达国家冰雪装备制造业的合作，借鉴其经验及技术，充分利用国外的创新资源，鼓励国内高校以及科研院所与国际相关知名科研院所合作，充分利用当下的国际发展环境，努力扩大冰雪装备制造业科技创新的中国声音，同时建立相关监督机制，对国外先进冰雪装备制造技术进行有选择地购买与运用，在对相关技术引进的过程中充分考虑我国实际，将相关的创新技术运用到我国的冰雪装备制造领域。最后，在冰雪装备制造领域加强对知识产权的保护，只有利用法律手段解决保护好知识产权，才能让相关人员没有后顾之忧，才能创造一个绿色发展、和谐共生的冰雪装备制造创新环境，进而调动创新人员的积极性，提高创新效率，增加创新产品。加强冰雪装备制造业基础研究与技术创新的结合,推动基础研究机构与技术研究机构的合作,实现双方的优势互补、资源共享,基础研究为技术创新提供基础,技术创新实现基础研究的拓展。

三、成果转化强化

成果转化不及时,转化效率低以及转化政策落后成为制约冰雪装备制造业创新成果应用的关键问题。首先,针对现存问题加强对冰雪装备制造成果的转化,将冰雪装备制造成果应用于实际当中,面向国内冰雪发展需求,推动科技成果转化,实现相关技术的转移共享,形成一整套功能完善、运行高效、市场化程度高的科技成果转化机制,形成冰雪装备制造业高质量发展的新引擎迫在眉睫。其次,加强成果转化的政策落实与制定。当前我国已经初步具备创新成果转化的相关政策法规,在冰雪装备制造的过程中应当加大执行力度,使得政策落到实处,成果转化及时。除此之外,国家应当加强对创新成果转化的鼓励,赋予科研机构和创新个人更多的自主权,降低成果转化的税收水平,鼓励个人将创新成果转化成为实际产品,进而推动冰雪装备制造业的丰富成果。地方政府也应当根据国家政策制定相应的政策以推动地方成果转化,更好的执行相关政策。再次,在科技成果转化过程中,中介机构的作用重大,要充分利用各类成果转化平台,鼓励相关成果转化平台提供公益服务,进而激发成果转化活力。除此之外,培育大量的市场化、专业化的成果转化技术平台,鼓励相关人员参与到技术转化的流程中来,进而搭建起成果转化的桥梁。最后,鼓励相关企业提供差异化产品,当市场中提供的冰雪装备产品均具备较高同质化时,企业开发差异化产品的动力不足;当企业规模太小时,企业的开发创新以及成果转化能力较弱。因此,应当构建公平竞争的市场环境,赋予市场更多的活力,使得市场的发展更能激发创新积极性,使得企业能够加强对冰雪装备制造产品的运用与销售,进一步减少政府干预和垄断,建立统一、开放的市场秩序;发展过程中企业应当根据实际需求选择进入市场,增强企业的自主性,并由市场决定企业的成败;在发展过程中进行适度的行政干预,避免过度竞争,进而推动冰雪装备产品的深化发展,充分发挥市场在发展过程中的主导作用,进一步实现技术、人才和信息在市场中的流通,实现科技成果的创造性转化。

第二节　知识共享实现产业效率提升

知识共享对于冰雪装备制造业的发展至关重要，通过对知识的共享实现整个装备制造业知识的流通，通过前述的创新以及产业链的构建，冰雪装备制造业的发展已经具备相当的规模，但是发展的另一大路径即知识的共享对冰雪装备制造企业同样重要，通过知识的共享能够促进冰雪装备制造企业的联系更加紧密，实现整个产业之间知识的快速流通，进而促进冰雪装备制造业的可持续发展。通过知识的共享能够打破技术壁垒，为相关企业解决技术瓶颈提供支持，进而实现产业整体效率的提升。

一、知识与技能积累

知识共享的基础是知识本身，只有当冰雪装备制造业的知识具有相当的基础时，知识共享才有可能实现，而知识的多少直接决定了冰雪装备制造业知识共享的强度、程度和效果。冰雪装备制造业的技术能力是其得以发展的关键，技术能力的提升直接决定着冰雪装备制造业的未来发展，没有技术能力以及对知识的接受和学习能力，冰雪装备制造业的知识共享就难以进行。技术能力和知识积累共同组成了冰雪装备制造业发展的前提条件和保障，为冰雪装备制造业产业效率的提升提供基础。首先，加快建立行业内信息网络流通的基础设施建设。通过构建知识交流平台、知识共享平台，如数据库、知识搜索网站、独立的知识储备库等来进行冰雪装备制造业知识共享平台的构建。通过这些平台，各类冰雪装备制造企业均可以获得需要的知识，技术方面遇到的难题也可以在平台随时沟通，实现有问题大家解决的共享、共创局面。建立相关的技术扩散机制，通过合作、共享实现技术溢出效应，使相关技术的价值最大化，充分发挥科研中介机构的作用，形成以企业需求方为主体的高校供给方、科研机构以及发明者共同组成的合作组织，进而实现供需的协调匹配，实现冰雪装备制造需求主体与供给主体的衔接。进而推动冰雪制造技术的相互融通，推动技术共享，实现技术在需求方、中介机构以及供给方的共享流通。其次，加强知识学习能力的提升。知识的流通光靠知识共享平台的构建还难以实现，实现知识共享的关键一步还必须加强冰雪装备制造业相关主体的知识学习、借鉴及运用能力，提高向合作伙伴、竞争对手学习的能力，提高知识的学习与转化效率，进而加强知识开发与创造能力，实现行业内部知识的丰富与完善。只有当每个主体都能学习新知识，运用新知识，整个行业内部的知识丰富度才会提升，知识的动态传递性才能得以加强，知识的共享效果也才能加强。最后，强化合作意识，合作是共享的前提，各主体之间真诚合作，知识共享才有可能得以真正实现。各主体之间树立良好的合作意识，在合作的基础上实现知识的共享，为知识存量和技术能力的提升提供保障。由于知识的非收益递减性和共享增长性决定了知识的共享是一个长期的过程[①]，各主体的共同参与、积极共享会使得行业内部知识得以深化，新知识的产生加快，进而使得产业的生产效率得以提高。

二、行业文化与社会资本保障

行业文化是整个冰雪装备制造企业在共同业务基础与产业联系的基础上形成的共同信念和精神追求，行业内部的价值理念、共同信仰、管理制度等都可以称之为行业文化。首先，在冰雪装备制造业发展过程中，各主体应当注重行业内部文化的构建，在综合考虑整体行业文化、产业集群结构与规模以及集群地区文化特色的基础上构建具有本土性、专业性、群体性等特征的行业文化。行业文化应当满足相关企业共同的价值观念、精神诉求、管理制度等，通过行业文化促进整个行业的集群化，增强行业凝聚力，进而增强行业内部各主体之间的信任，促进知识的有效传播、交流与共享。行业文化是整个冰雪装备制造业知识共享的重要保障。其次，实现知识共享需要整个行业以社会资本为保障。社会资本应用到冰雪装备制造业中是指整个行业内部实际或潜在的资源整体，这些资源与行业集群紧密联系。冰雪装备制造业的社会资本通过企业之间的集群以及网络联系实现，各主体之间通过知识共享形成网络结构，通过网络结构快速高效的在网络中寻找知识源，通过整个网络汲取知识提高知识的共享效率。各主体通过共同的语言、知识结构以及知识展现形式来进行知识共享，通过对社会资本认知使得主体对知识的接近、共享以及转移能力提升，推动知识的有效运用。基于社会资本建立的关系网络，增强了行业中各主体的信任，整个行业中人人是主体，共同维护行业的知识共享与发展，使得行业内部知识共享的关系网络得以打通，整个行业知

---

① 金潇明．产业集群合作创新的螺旋型知识共享模式研究［D］．长沙：中南大学，2010．

识共享效率提升。最后，共同的行业文化为社会资本提供基础，社会资本为行业文化提供保障。通过行业文化建立起共同的精神基础，构建起"共享、互利、共通"的行业文化。在良好行业文化的支持下，通过社会资本的作用加强整个行业的沟通交流，实现行业信任机制的构建，推动整个冰雪装备制造业知识共享效率的提升。

三、制度规范与人力资本培育

冰雪装备制造业的知识共享需要制度来保障，通过地方以及行业协会制定的相关政策确立本行业知识共享的制度，通过政府的法律法规来对整个知识共享过程进行规范，而行业协会则主要通过对各方面的协调来对整个知识共享过程进行完善。在整个知识共享的过程中，无论是制度的制定者还是制度的执行者都是在行业中的人，因此除制定相关制度之外，对人力资本的培育也是知识共享的重要一步。首先，建立起制度规范体制。通过相关制度体系的建立使得冰雪装备制造企业之间建立起知识共享的利益预期以及风险共担机制，提高对知识共享的主动性，从政策层面减少各主体知识共享的后顾之忧，进而激发知识共享的积极主动性，推动知识创新体系的不断完善与发展。其次，建立相关的知识共享机构和人才培养基地。以高校和科研机构为核心建立相关冰雪装备制造的知识共享中心，对各个主体的知识进行统筹规划，集中管理。通过知识管理中心将原本分散的知识进行集中，使得知识的收集、加工、共享具有统一的流程与制度，进一步提高知识管理的有效性和针对性。除此之外，借助高校人才集聚的优势，培育并选拔相关的知识管理与运用的人才，实现知识共享与管理的专业化。再次，构建人力资本培育机制，知识共享的主体主要是人，以人为本、调动人的积极性、创造性以及潜在的知识创造潜能，是实现知识共享的核心。一方面，加强知识型人才的选拔与培育，选择懂管理、懂知识，技术过关、管理能力强的人才进行知识中心的管理与建设工作，重视对高学历人才的把握，企业选择具备高学历、高知识的人才进行管理与建设。另一方面，对知识型人才给予一定的资金奖励与支持，建立相关的知识型人才工资保障制度，构建良好的人才发展环境，使得冰雪装备制造行业能够留得住人才，形成整个行业的知识共享与学习的风气。最后，规范相关环境。本质上来看知识共享与一定市场条件下的知识交易行为类似，通过良好的市场环境为知识共享提供稳定的环境，通过市场机制以及价格规律来激励现有的冰雪装备制造行业内部的知识共享，进一步通过适当措施维持整个知识共享的有序运行，促进知识交流与共享的可持续发展。

第三节　全方面协调实现产业链畅通

产业链是一个通过技术、经济以及相关政策法律将处于同一产业以及不同产业的企业进行链接，并通过链接提高生产效率、实现价值增值的生产服务协作体系。当前，我国冰雪装备制造业处于初级阶段的现实情况，要求我们对其未来的发展进行良好的谋划，进而使得冰雪装备制造业能够实现产业链的延伸以及价值增值。当前我国冰雪装备制造业发展过程中国内的冰雪装备市场被大量的国外品牌占据，国内企业的竞争力较弱。因此，进行产业链的整合与协调，增强产业链上各主体的协同运作，提高整个产业链的稳定性，对于提高国内冰雪装备制造业的运行效率和竞争力具有重要价值。本书通过纵向协调、横向协调以及网状综合协调来进行冰雪装备制造业的产业链协调与整合。

一、产业链纵向协调

对冰雪装备制造业的产业链进行纵向协调是培育核心竞争力保持竞争优势的战略行为，可通过对纵向资源的整合、协同、系统化等进一步实现对战略性资源的有效控制。通过对产业链的纵向协调，进一步发展冰雪装备制造业的关键环节和主导环节，进而使其占据发展的优势，实现对整个产业链的优化和控制。冰雪装备制造业产业链中主导企业通过多种途径将生产经营业务向上下游延伸，逐渐实现对产业链关键环节的控制。根据对冰雪装备制造业现有装备的了解，冰雪装备制造业的产业链较长，从低端到高端产品一应俱全，按照运动者的装备类型来分，冰雪装备制造业主要包括三大产品线，分别是：器材、服装、配件。冰雪装备制造业的纵向协调方式多样，其中主要包括投资自建、兼并收购、联合投资以及战略联盟四种形式。首先，当冰雪装备制造企业拥有相当的资金基础时，可以通过投资自建的形式来进行纵向协调，通过投资自建企业可以完全拥有独立的产权，全面控制资源，实现从上到下的全贯通，进而达到保护企业核心技术与知识产权的目的。但投资自建对资金的要求十分严苛，只有企业具备相当的资金基础时才能够得以实现，且投资自建的企业还处于自给自足的状态，与相关企业以及关联企业的联系较为欠缺，具有一定的弊端。其次，是兼并收购的方式，也是目前纵向产业链协调整合的常用方式，冰雪装备制造企业可以通过兼并收购的方式来进行扩张，进而实现经营活动的协同以及企业本身投资的多样化。通过兼并收购相关的冰雪装备制造企业，企业本身可以增强竞争力，同时通过兼并实现某一方面实力的提升，冰雪装备制造企业通过兼并合并相关的下游企业可以达到产业链的纵向延伸。但兼并收购的最大弊端就是收购企业使得资源如何实现与被兼并企业资源的协调，例如一个专注于冰雪服装制造的企业通过兼并收购了一家冰雪装备配件企业，两家企业在实现优势互补的同时也面临着企业融合以及资源整合的问题，因此可能导致兼并收购的成功率较低。再次，联合投资是实现纵向协调的又一大方式，联合投资主要是指冰雪装备制造企业之间通过合作的方式出资建设新的企业与项目，通过联合投资的方式能够使得企业资金不足的局势得以扭转，对整个产业链的关联企业均能达到投资建设的目的，但同时也面临着知识产权以及相关利益分配的问题。例如冰雪装备企业与相关合作者联合投资进行创新，能够实现在某一领域创新的同时也同样会面临着相关创新产品以及知识产权分配的问题。最后，战略联盟的方式是在不同企业之间具有普适性的一种方法，各种类型的企业通过战略联盟的方式实现利益共享、资源整合，进而降低风险实现利益最大化，产业链各环节的企业通过建立联盟的方式实现互通互连，但是联盟的方式也具有失败率高的缺陷，究其原因是企业之间的合作关系具有不稳定性，联盟易受环境影响。各种纵向协调的方法都具有利弊，冰雪装备制造企业要在综合考虑自身实际的基础上选择最优方式实现纵向协调的最优化发展，纵向打通产业链的各环节。

二、产业链横向协调

通过冰雪装备制造业产业链的横向协调，扩大产业链某一环节的宽度，进而实现整个产业链宽度的增加，实现关键环节和主导环节的强化，增强企业的核心竞争力，提高每一环节产业链的运行效率，增强产业链的稳定性。冰雪装备制造业产业链的横向协调主要通过增强企业能力以发挥规模效应。首先，通过增强企业能力使得相关的冰雪装备制造企业形成核心竞争力，增强企业自身的竞争能力。制定相应的管理政策建立一整套解决问题的规范，实现对价值链的联合，进而实现企业能力的增强，规范、严格的制度使得企业的整体运行有序，企业的各环节能够井然有序的进行，提高企业的运行效率，节约成本。增强冰雪装备制造企业能力的又一大关键在于提高企业内部的关联，使企业各个职能单元能够实现有效整合，实现企业内部各个环节的相互关联，进而提升企业的业务能力，形成紧密关联，提高竞争优势。除此之外，通过建立信息关联系统，提高企业内部信息的流通，进而提高企业的管理能力，通过信息的流通使企业各组织之间的联系更加紧密，通过信息共享能够在顾客与员工之间建立起桥梁，增强员工以及顾客的联系。除信息流通之外建立良好的企业文化，使员工之间在企业文化的熏陶之下建立共同愿景，进而加强整个企业的凝聚力，通过企业文化这一无形的管理实现企业核心能力的提升。其次，加强企业能力的同时实现相关企业的联合，形成核心企业引领的企业联合体，进而扩大整体的市场影响力，占据有利市场。企业通过对同类企业的兼并、联合以及投资自建形成行业联盟，使得更多具有一致战略目标的冰雪装备制造企业形成联盟，进而扩大自身实力，实现横向联合。除联盟之外，企业可以通过股权收购或资产合并等形式实现对同类企业的收购，进而实现企业规模的横向扩张。通过横向协调将冰雪装备制造企业进行整合，实现横向企业的联合，同类企业之间通过联合增强竞争能力，实现整个装备制造业能力的提升，无论是强强联合、强弱联合还是弱弱联合，通过横向协调均能实现一定的规模效应。除此之外，同一区域内部的冰雪装备制造企业要建立起冰雪装备生产基地，通过对冰雪装备基地的建设实现集约化生产，进而打造冰雪品牌，实现冰雪装备制造业的高端化发展，充分解决我国冰雪装备制造业定位低端，低端产品充斥的现状，实现冰雪装备制造业的良性发展。最后，通过横向联合实现规模效应。在横向联合过程中，主导的冰雪装备制造企业通过对相关企业的联合并购、建立联盟实现行业整体实力的提升，各个企业之间优势互补，共同发展，通过横向的协调整合将产业链的某一点扩展成面进而实现产业链的进一步横向集约发展，实现规模效应。

三、产业链综合协调

产业链的综合协调使产业链突破单一的点、线甚至是面进而实现综合的网状发展，这一阶段产业链上的企业之间协调与配合更加默契，产业链之间的渗透更深，企业之间的相互融合更加深入，产业链上的企业不再是单一的个体，产业链也不再是单一的链条而是一个相互依靠、相互配合的综合网状结构，整个冰雪产业制造业形成系统发展，任何一个节点都具有至关重要的作用，形成了缺一不可的整体效应。综合协调阶段的产业链之间打通相互关系，冰雪装备制造的知识、资本、人才以及物质等在整个产业内部不断渗透，成为各个企业之间联系的枢纽，无论是产业的地理还是空间都极大的向外延伸扩展。这一阶段的知识和资本的溢出效应使得产业链的协调性相应增强，整个冰雪装备制造产业链在不断向外扩张的同时开始寻求发展的可持续性，知识和技术在产业链中的作用逐渐超过资本和物质，冰雪装备制造产业链的可持续发展优势显现。冰雪装备制造业在整合过程中知识以及技术逐渐占据主导地位，传统的以资本为主导的生产扩大和规模扩大的协调方式逐渐变为以知识和技术为主导，知识进步以及技术升级成为产业链运行的基础和内在逻辑。网状系统结构使得不同性质的产业链之间能够相互作用，相互连结，整个冰雪装备制造产业在综合协调过程中实现进一步的发展，产业之间的协调性逐渐加强。资本与技术的渗透使得不同产业之间的物流、信息、金融等配套业务也得以协调，冰雪装备制造业的发展进一步加强，产业的转型升级能力得以提升，整个产业之间的恶性竞争与资源浪费现象减少。在综合协调过程中，更要注重国家政策以及产业整体发展的结构特征，在整体国家政策的指导之下来进行整体谋划与发展，在市场机制的作用之下进行综合协调与规划。综合协调阶段在纵向协调以及横向协调的基础上展开，通过前期的纵向由点到线、横向的由线到面再到总结阶段的网状发展，实现整个冰雪装备制造业产业链的全面畅通。

第四节　绿色环保实现产业持续发展

绿色发展是冰雪装备制造业发展的重要内容，推行绿色持续发展关系冰雪装备制造业的未来甚至是国家经济发展的未来。"绿水青山就是金山银山"的发展理念已经深入人心，可见推行绿色发展，实现绿色发展就等于拥有了发展的基础，可持续发展也能够得以实现。冰雪装备制造业在新时期的发展要注重绿色环保理念的贯穿，使得对生态环境的建设能够贯穿产业发展的始终，进而解放发展绿色生产力，使得生态优势转化为经济优势。在冰雪装备制造业绿色发展过程中要注重冰雪装备制造行业内部绿色生产理念的树立、注重冰雪装备制造业对资源的节约、促进冰雪装备制造业对污染排放的治理。

一、树立绿色生产理念

在整个社会环保意识不断增强的当下，要想实现长远的可持续发展，冰雪装备制造业必须从小处着手，使每个冰雪装备制造企业都承担起绿色发展的社会责任，将绿色发展融入到企业发展理念当中，使每一个冰雪装备制造企业开发绿色技术、使用绿色能源、进行清洁生产。首先，在冰雪装备制造业相关企业的管理过程中，注重绿色环保理念的宣传和教育，使得绿色环保理念深入每个员工的内心，使员工认识到绿色环保生产的重要性，进而使得每个人在生产生活过程中履行环保理念和职能。加强环保榜样的树立，在全社会进行优秀冰雪装备制造企业的公示和宣传，使得榜样的力量充分发挥，对相关绿色生产企业的生产技术进行共享，形成循环生产模式，形成行业内人人环保，每个企业绿色发展的行业规范。除此之外，冰雪装备制造企业应当改变以往以经济为前提的发展目标，将发展目标改为经济与生态共并重的模式，不断推动相关冰雪产品的绿色品质，减少产品整个生产制造环节对环境的不利影响。其次，以绿色技术促进企业内部传统资源消耗型生产向资源节约型生产转变。众所周知科技创新对企业技术升级具有重要影响，同时科技创新对企业的绿色发展也具有十分重要的作用，绿色技术的发展是冰雪装备制造企业实现绿色发展的关键一步，应当重点引导企业进行绿色技术的创新与改进，进而促进传统生产技术的转变，提高冰雪装备制造业的资源节约与利用，实现整个生产过程的清洁生产，从每个微观的企业入手实现整个行业的绿色发展，减轻生态环境压力。最后，建立企业绿色发展的信息披露制度。政府通过加强监管制定绿色环保信息披露制度，使冰雪装备制造企业履行社会责任，在行业内部对企业的绿色发展进行重点检测与管控，对污染排放以及资源浪费企业进行整治，制约污染企业的生产经营，进而迫使企业转型，推动绿色发展。

二、资源节约利用

尽管我国是一个资源总量大国，但同时也是一个人均资源小国，人类的生存离不开资源的支持，冰雪装备制造业的发展同样也需要大量资源的支持。但资源的有限性与稀缺性却提醒我们在发展过程中要对资源格外节约，实现资源利用的最大化。在冰雪装备制造业的发展过程中要注重资源利用过程中的开源节流，所谓开源是指在发展过程中注重对绿色低碳能源的运用，节流是指在冰雪装备制造业发展的过程中要注意对自然资源的合理有效利用，很多自然资源属于不可再生资源，对这类资源更要做到一分珍惜。首先，在发展过程中注重对绿色低碳能源的运用。冰雪装备制造业在发展过程中运用的能源数量多且大，在实际发展过程中从国家层面要推行节约能源绿色发展的基本国策，使冰雪装备制造业在宏观大环境的影响之下进行绿色发展。从中观层面讲，提高清洁能源的生产推广水平，使得冰雪装备制造业对绿色能源的需求得到满足。从微观层面讲，促进冰雪装备制造企业对绿色创新技术的开发与运用，创新绿色技术，抢占世界绿色技术高峰。其次，在冰雪装备制造业集聚区构建绿色发展产业园。在冰雪装备制造业发展过程中，产业园区的建设能够使得冰雪装备制造企业对资源的利用更加集约化。在整个园区内部按照低碳环保办生产的理念，以实现产业低消耗、低污染为目标，在整个园区内实现清洁生产，共同使用资源。绿色产业园区使得地理区位优势明显，人工、资源以及物质的利用与循环更加便捷，由于距离导致的污染减少、资源浪费也相应减少。最后，注重对自然资源的合理利用，减少对不可再生资源的运用。冰雪装备制造业的最终发展目标是实现可持续发展，而理想的状态则为实现装备制造业的发展与资源消耗之间的协调。在土地利用方面，要注重冰雪装备制造相关厂房以及厂区建设的土地利用集约化，减少对土地资源的浪费。在水资源方面，提高水资源的重复利用率，生活用水通过处理应用到装备制造的工业领域，同时加强对节水技术的应用，实现对水资源的充分利用。通过对能源以及资源的合理利用，实现整个冰雪装备制造业的可持续发展。

三、污染排放治理

冰雪装备制造业的发展对环境影响巨大，在发展过程中，对空气污染、水资源污染以及环境污染等均产生较大影响，严重影响着生态环境甚至是经济社会的发展。因此在推动冰雪装备制造业发展过程中要注重对污染排放的治理，要注重相关主体协同治理、污染排放治理体系化、污染治理模式转变，学会综合运用行政、经济、技术以及法律手段促进冰雪装备制造业污染排放治理高效进行。首先，对污染排放进行协同治理。在整个冰雪装备制造领域建立起共同的利益机制，在某一冰雪装备制造集聚区建立污染排放与治理的利益共同体，之后将利益共同体的范围逐渐扩大到整个冰雪装备制造领域，实现整个领域的环境共同治理，整个行业内部相互监督。一个企业的污染排放可能会影响到整个行业污染治理的进程，通过利益协同机制实现污染排放与治理的高效进行。其次，实现污染治理体系化。冰雪装备制造业的污染排放与治理要实现体系化，综合运用行政、经济、法律以及技术手段实现污染排放治理的综合进行。在行政方面，发挥国家行政机关的强制作用，制定相关的污染排放与治理规划，强化对污染排放与治理的监测。在经济方面，加大对污染治理的财政支出，同时冰雪装备制造企业应当拿出一部分的盈利用来进行污染治理，实现政府与企业共同治理。在法律方面，加强环境保护以及污染治理的相关立法保障，对污染排放以及恶意排放加大惩罚力度。加强监管，对环境污染行为进行强有力的惩治，增强法律效力，强化法治监督。在技术方面，促进节能减排技术的发展，引进先进的环保技术，提高行业内部环保技术的科技含量，在行业内部进行技术革新，淘汰落后设备，运用新设备进行冰雪装备制造。最后，转变污染治理模式。在冰雪装备制造业污染治理过程中，注重污染治理模式由"事后治理"向"事前治理"以及"事中治理"转变。引导行业内部的生产同时进行环境保护与清洁生产、淘汰落后技术、减少新污染排放，将污染治理融入生产过程当中，实现绿色生产。

第十章　冰雪运动与赛事高质量发展路径

在 2022 年北京冬奥会即将开幕之际，以冰雪赛事为引领的冰雪产业发展正处于重要战略机遇期。要利用当前各种冰雪赛事发展有利要素的聚集，充分调动全社会对冰雪运动及其赛事的关注和参与热情，助力"三亿人参与冰雪运动"，使冰雪体育产业发展步入快车道。要以更大的勇气和魄力，持续贯彻新发展理念，充分发挥冬奥筹办和我国冰雪赛事发展的自然和人文优势，逐步建立企业主导、政府支持、社会参与的发展合作新机制，为冰雪经济高质量发展提供有力支撑。

第一节　合理开发资源实现绿色办赛

"冰天雪地也是金山银山"的重要论断为加强生态文明建设与发展绿色经济指明了方向。绿色发展是生态文明建设的必由之路，也是产业转型发展的必然选择。但是，在我国冰雪运动与赛事迅猛发展的同时，环境问题却不断涌现，严重偏离了冰雪产业的绿色发展之路。例如，赛事发展缺乏科学指导，相关主体生态环保意识薄弱，相关冰雪运动项目盲目选址，给生态环境带来诸如植被破坏、水土流失、冻融侵蚀、水资源浪费、区域气候异常变化等危机。为解决如上问题，避免各种环境危机，进一步发展冰雪运动产业，应该走绿色发展道路。因此，应以环境伦理思想和伦理原则为指导，牢固树立绿色发展理念，探索冰雪运动与赛事绿色发展的新思路、新方式、新方法。

一、转变发展方式

2016 年我国出台《冰雪运动发展规划（2016～2025 年）》和《全国冰雪

场地设施建设规划（2016～2022 年）》，指出要为冰雪运动产业提供多方位的保障措施，以促进我国冰雪运动产业快速、健康发展，进而推动冰雪运动产业成为新的经济增长热点。在生态文明建设和五大发展理念的双重背景下，我国冰雪运动与赛事产业要走绿色发展之路，首先应当转变传统发展方式①。冰雪运动产业发展方式转变是指：冰雪运动产业整体的发展方式由不可持续性的发展方式向可持续性的发展方式转变，由粗放型的发展方式向集约型的发展方式转变，由生态环境危害型的发展方式向生态环境友好型的发展方式转变。冰雪运动包括赛事在内，其发展方式应该适应生态文明时代我国经济社会的发展规律和客观要求，在生态环境、能源资源的可承受范围内，发展我国的冰雪运动与赛事产业。转变冰雪运动产业的发展方式应该以调整冰雪资源的利用方式为核心，以转变冰雪运动产业的发展结构为推手，其目的是要加快形成与我国生态文明建设相适应的新型冰雪运动产业的发展方式。

二、优化空间布局

根据各地的自然条件、资源环境承载能力和经济社会发展水平加快推进冰雪运动与赛事产业主体功能建设，因地制宜地推动冰雪赛事资源优化开发、重点开发、限制开发、禁止开发的主体功能区布局的形成。通过各个冰雪运动、赛事主体功能区的规划，对不同功能区的冰雪运动与赛事产业的发展内容和发展方式进行空间调控，促进各个主体功能区根据定位优势发展、错位发展，以提供不同的冰雪赛事产品和冰雪运动服务。对于重点生态功能区，坚决贯彻冰雪运动与赛事产业禁入的原则，加强对生态环境脆弱区的保护。依照我国目前的冰雪运动发展实际情况，未来将以冬奥会举办城市北京、张家口所在的京津冀地区为引领，以 2022 年冬奥会为契机大力发展冰雪竞技、高水平冰雪赛事，通过扩大赛事影响力来带动全国冰雪运动产业的发展。崇礼作为北京冬奥会张家口赛区的主要滑雪比赛场地，这里曾举办过多项国内及国际知名滑雪赛事。为迎接冬奥盛会，整个崇礼小城焕然一新。城市的森林覆盖率从 2015 年底的 52％增长到目前的 67％，在冬奥会的核心

---

① 叶文平. 供给侧改革背景下我国冰雪运动产业结构的瓶颈及其优化策略 [J]. 南京体育学院学报（社会科学版），2017（4）：50—54.

区域林木绿化率甚至达到了 80%，崇礼目前已经成为河北省天然次生林面积最大的地区之一。调查发现，自申办冬奥成功以来，崇礼相继完成了对于主城区 13 个棚户区、121 个老旧小区的整体改造，还有对于 17 条市政主干道、6 座桥梁以及供排水管网等工程的新建改建与优化。除了京津冀地区，东北、西北、华北充分利用冰雪资源优势，三区协同发展，吸引高水平赛事逐步落地。南方地区则以各地区的气候条件和冰雪资源为基础，结合本土实际情况合理发展高山和室内冰雪运动与赛事产业。

三、强化技术创新

大力推进技术创新是实现冰雪运动与赛事绿色发展的关键。大力推进冰雪运动及冰雪赛事绿色技术创新，就是要努力进行科技含量高、资源消耗低、环境污染少的产业、产品技术创新，从赛事场地、场馆建设及赛事周边产品生产开发到消费使用的整个冰雪运动与赛事产业链进行技术创新，从而加快产业的绿色化进程[①]。与其他产业相类似，冰雪运动产业的绿色技术创新涉及能源、资源、材料等多学科领域，前沿性强，投入较大且风险较高，因此需要政府通过产业政策等方式，鼓励更多的市场主体进行冰雪运动产业的技术创新，着力突破产业的相关核心关键技术，确保行业形成高新绿色生产力。首都体育馆作为我国历史悠久的著名场馆，这里承办过各类大型赛事。为了迎接北京冬奥会的冰上赛事，首体再次进行改造，科技元素成为主角。馆内运用搭载了全新二氧化碳跨临界直冷制冰技术的"二氧化碳"冰面，二氧化碳冰面的能效相较于传统制冷系统提升了 20% 以上，场馆目前装备的制冰技术也是最先进的，这种技术可以实现冰面温差在 0.5 度以下。2021 年亚洲花样滑冰公开赛、短道速滑世界杯先后在这里进行，赛事各方对于场馆设施条件和科技水平都给予高度评价。不仅如此，冰雪运动与赛事实现高质量发展的过程中，在冰雪运动产业产品目录中应该同步增加绿色技术产品目录，用生态安全的绿色产品拉动内需，同时通过税收减免、产品补贴等方式鼓励冰雪运动产业的相关主体消费绿色技术产品，打通冰雪运动产业绿色技术产品供给与需求之间的通道。

---

① 黄海燕. 新时代体育产业助推经济强国建设的作用与策略 [J]. 上海体育学院学报，2018 (1)：20－26.

四、完善法律保障

"冰天雪地也是金山银山"强调环境保护的重要性，环境伦理在经过社会认可和国家立法肯定后，成为部分法律的道德基础和价值取向，促进相关法律在调整对象、调整内容和调整方式上进行环境伦理反思。同时，柔性伦理也需要得到刚性法律的支持和保障，才能更好地发挥环境伦理在生态环境保护中的作用。目前，我国冰雪运动及赛事产业发展增速压力大，绿色创新实力薄弱，对于粗放、野蛮的冰雪经济发展模式仍然存在依赖性。面对绿色发展的现实难题与发展压力，要实现我国冰雪运动及赛事产业的绿色发展离不开法律的规范、引导、保障。具体而言，首先，冰雪运动与赛事的绿色发展应以人与自然和谐相处的环境伦理理念为指导，协调整合与冰雪运动产业相关的法律，形成系统性的法律保障体系。其次，通过清单管理模式明确各冰雪运动及赛事产业相关管理部门的权力，通过行政权力法治化推进产业的绿色发展。最后，还要建立健全有利于产业绿色发展的市场引导法制体系和司法服务体系①。

第二节　加强组织协调实现统筹发展

随着北京冬奥会热度的持续高涨，当前我国大型冰雪体育赛事也日渐增多，赛事的组织规模同样越来越大。由于外界社会环境的复杂多变，冰雪赛事筹备组织主体的多元化和主体利益诉求的多样性，加上我国冰雪赛事的运营经验和能力均有所欠缺，当体育赛事的组织规模和所处的社会环境发生变化时，冰雪赛事的组织方往往会因缺乏临场应变的能力而无法及时做出相应的调整。大型体育赛事具备筹备期相对较短、任务相对繁重的特点，同时大型体育赛事涉及的参赛主体以及组织主体相对较多，整体的组织与运作比较复杂。因此，只有有效地协调大型体育赛事的筹备活动，才能保证赛事筹委会的有效运作，进而提高赛事的筹备绩效。借助北京冬奥之风，加强组织协调实现统筹发展也是推动我国冰雪运动与赛事高质量发展的重要因素。

---

① 陈晓景. 绿色发展的法治路径 [J]. 知与行，2016 (5)：25—28.

一、明确共同目标

目标是组织行动的依据。大型冰雪体育赛事从组织运作角度往往可分为申办阶段、筹备阶段、举办阶段和收尾阶段。在冰雪体育赛事申办成功后，在赛事举办阶段前，通常以赛事承办单位为主体会组建一个赛事筹备组织工作的赛事组委会。冰雪赛事组委会的成立，应该是建立在多方共同利益甚至任务目标基础上。然而，大型冰雪赛事的万众瞩目决定了赛事组委会任务目标呈现出多元化特点。从目标层面上看，在当前全球疫情防控形势尚不稳定的情况下，组委会不仅期待赛事举办对承办地未来发展有良好的影响，甚至赛事举办也会决定部分相关人士的个人职业发展。在赛事的举办阶段，组委会的根本任务与要求不会发生根本的改变，但组委会会根据赛事及运动员等相关人员的要求对具体任务的落实与开展进行相应的协调与调整。从组委会内部的整体架构和人员构成来看，组委会内外各类主体从属于不同的社会主体，具有相对独立性。北京 2022 年冬奥会和冬残奥会组织委员会就是鲜明代表，该委员会作为承办冬奥会和冬残奥会的组织机构，他们以独立事业法人的身份存在，委员会下设 28 个部门，每个部门各司其职。组委会总体负责组织、协调冬奥会和冬残奥会全部筹备和举办工作。据了解，各部门人员构成较为复杂，基本成员均是从北京各大事业单位政府机关抽调组成，各部门以办好北京冬奥会的共同愿景为目标正在不懈努力。由此可见，在实现赛事目标的前提下，冰雪赛事组委会的各主体拥有共同愿景。同时，由于各主体自身存在的独立性，导致各主体在涉及利益相关的问题时，无法自发的趋向一致。这就需要组委会在保证总体目标不变的前提下，尽可能地去协调每个个体的目标，在个体目标一致的前提下，保证赛事总体目标得以顺利实现。

二、落实多方责任

冰雪运动与赛事实现统筹发展的关键在于各主体的分工与合作，在明确共同目标的前提下，根据职能分工各司其职，通力合作实现勠力共治共管①。具体而言，各方责任具有以下几方面的特征：一是各方责任内容具有

---

① 黄海燕. 新时代体育产业助推经济强国建设的作用与策略 [J]. 上海体育学院学报，2018（1）：20-26.

差异性和互补性。随着现代社会的不断发展，靠单一主体来完成社会治理某个领域的专项工作已经变得不切实际，因而分工也朝着更加具体化和专业化的方向发展。对于冰雪运动及赛事产业而言，政府的职责体现在对于冰雪产业市场的整体监督以及对冰雪赛事运行秩序的维护，做好冰雪运动产业的顶层设计，进一步完善市场相关的法律法规，同时通过政策引导加强对于市场和运营主体的监管；赛事组委会的职责在于自律自查，充分考虑各参与方的利益诉求，实现赛事有序开展和达到预期成果的"安全阀"，持之以恒树立冰雪赛事的品牌影响力和文化；社会的职责在于对运动协会的规范监管、对于大众风向和媒体舆论的监督以及引导社会公众积极参与监督。二是主体间责任有主次之分但无轻重之别。在冰雪赛事运营责任体系中，赛事组委会是第一责任人，政府是主要责任人，社会是辅助责任人，三者之间共担职责、合作共赢才是实现共同治理的基石。

三、建立联动机制

冰雪体育赛事本身就存在风险性和危害性，这使得我们必须紧紧围绕赛事周期进行全程治理。只有明确冰雪体育赛事中各环节的运营目标、科学厘清"赛前—赛中—赛后"各个环节中各部门对应的治理责任，才能形成一个完整的责任闭环，有效地降低冰雪赛事的运营风险。鉴于参与主体众多，冰雪赛事运营事务往往多而复杂。因此，冰雪体育赛事在筹备阶段中，组委会领导下各部门之间必须加强业务往来，在沟通合作中形成"你中有我，我中有你"的工作模式。基于协同参与视角分析政府、赛事组委会和社会各方作为不同的赛事参与主体所承担不同的监管责任，如果他们相互之间无法建立有效联系，不能形成有效合力，那么单纯凭借碎片化的运营治理不可能从根本上发挥作用。所以，需要建立政府、冰雪赛事组委会和社会等多主体有效的联动机制，进而更好地规范赛事运营工作的内容和程序，明确各责任主体在工作协调联动过程中的有关职责和工作衔接，特别是赛前利用地方政府体育管理部门和冰雪项目协会许可落实赛事承办权。

四、强化监督管理

由于现有赛事模式中参与主体众多，在具体任务的分配中往往会出现交叉错位的现象。这对赛事组委会提出更高的筹备要求：除了赛前明确科学合理的部门设置，还要设立独立高效的筹备运作机构，防止各种应急突发事件的产生。作为应急组他们能够与各部门实现无缝衔接，有效减少和化解各主体之间的分歧与矛盾。保障上述基本要求的前提，就是在赛事组织方面健全联动监管的法律法规建设。联动监管之所以具有权威性，关键在于它所依附的法律法规的权威性和神圣不可侵犯性。只有完善赛事相关的法律法规，各监管部门才能在执法过程中有法可依，才能做到有法必依、执法必严、违法必究，从而顺利地解决相关利益矛盾。比如信息方面的法律法规，特别是在赛前和赛中环节，组委会要牵头建立赛事相关信息定期公开制度，消除赛事开展过程中可能存在的信息不对称问题，保障政府和社会群众的监督知情权，避免责任在各部门间出现"踢皮球"的问题。

第三节　开放办赛实现国际理念互通

在中国特色社会主义新时代，党中央提出实现经济高质量发展，这是关系到人民群众的生活质量能否得到改善，百姓幸福指数能否提升的重要战略。随着北京冬奥会的日益临近，国内与国际冰雪体育赛事举办密度达到一个历史高峰。虽然我国冰雪产业进步显著，但与世界冰雪强国的差距较大。我国在冰雪赛事承办方面存在明显不足，办赛经验相对匮乏，少数赛事主办方贪图速度不求质量，为从赛事承办中谋取利益，使得最终办赛效果不佳。在实现经济高质量发展的要求之下，无论是以单纯办冰雪体育赛事为目的还是大力发展冰雪运动作长远规划都需要设计一套完整的规划和科学的运营体系，从而进一步助力我国冰雪经济整体的高质量发展。

一、贯彻先进理念

先进的理念是能够指导实践朝着更高质量、更有效率、更可持续的方向前进。大型冰雪赛事的举办和冰雪运动的发展，都必须支持各个时期国家战略的核心任务，因此都离不开发展理念的指导。冰雪体育赛事的举办能够更好地展现城市的形象，让城市根据自身规划与定位结合城市本身的优势选择合适的冰雪赛事，同时赛事的发展可以实现多样化的趋势。商业化、职业化的大型国际比赛开始逐渐在我国举行，赛事开始受到越来越多的关注，在一定程度上促进了冰雪运动市场的开发、城市的整体形象和竞争力的提升，以及国民对运动的参与。国际雪联越野滑雪积分大奖赛于 2019 年选址于北京，国内共有三站比赛，比赛地分别是鸟巢、首钢园区和延庆。通过举办国际大型冰雪赛事，促进大众参与冰雪运动的积极性，借助比赛宣传城市文化，分享城市故事，是"三亿人上冰雪"政策的一次实践。通过调查研究发现，国家体育场鸟巢将铺设 1725 米的滑雪赛道，以迎接北京的首场越野滑雪赛。除滑雪赛事外，以滑冰为代表的冰上赛事也开始进入蓬勃发展时期，赛事的举办推动了冰雪体育市场和产业的发展，促进了人们对健康的关注和对冰雪运动的参与，丰富了人们的两季日常生活和精神世界，冰雪赛事同样成为城市国际化的名片，冰雪运动日益成为城市魅力的元素。

二、秉持开放态度

近些年，随着北京获得 2022 年冬奥会的举办权，我国与国外的冰雪运动的交流程度持续扩大。秉持开放态度，核心在于坚持体育人才"引进来"和"走出去"协调发展的理念，以冰雪竞技体育综合实力为驱动，辐射冰雪赛事及其他冰雪运动相关产业，完善世界优秀教练团队和科研保障团队的引进机制，加速输出国内有资质的体育竞技人才和体育管理人才，从而提升中外体育交流合作水平[①]。除国际雪联越野滑雪积分大奖赛，国际雪联滑轮世界杯也在 2019 年 7 月已经落户中国。最近两年北京将承办多项大型国际冰雪赛事，这有利于提升北京在冰雪项目比赛上的组织与策划能力，从而有助于更好地筹备北京冬奥会。赛事组委会在赛事组织工作上得到国际社会普遍认可，国际体育组织将会与其建立良好合作伙伴关系，助力冰雪运动及赛事进一步在国内推广。我国派出赛事运作方面的专家学者到冰雪强国进行学习取经，随着国际赛事承办的经验积累，我国承办冰雪赛事质量与规模逐步提高，大型冰雪赛事对于承办城市发展带来诸多益处。研究发现，大型冰雪体育赛事的举办不仅推动冰雪相关产业的发展，对于城市的基础设施条件改善和经济财政收入增长也具有拉动作用。在信息全球化高度发展的今天，城市的国际化发展成为时代大势。近年来大型冰雪比赛等国际体育赛事成为体育赛事界的热点，因此承办比赛往往成为提升城市国际化的重要选择。所以，

---

① 刘丽. 新时代中国冰雪特色体育产业品牌对外布局体系构建研究 [J]. 广州体育学院学报，2018（3）：28-31+19.

我国要想实现 2035 远景规划目标，国内部分城市要充分利用自身优势特点，借助承办冰雪赛事等国际体育赛事的契机主动纳入全球城市网络，不断加强与冰雪发达地区之间的交流与往来，积极顺应体育产业链全球化和世界冰雪运动秩序重构的新格局。

三、培养创新意识

经济长远发展的动力源自创新，谋创新就是谋未来，同时创新还是引领发展的第一动力。办好大型冰雪赛事，创新同样是不可或缺的动力因素，在经验借鉴的基础上把经验与自主创新相结合，取其精华载入自身特色，赛事举办往往可以取得令人意想不到的结果。冰雪赛事留给观众的印象，不仅停留在冰雪赛事本身，其赛事与地方冰雪自然风貌、城市鲜明特色的交相辉映更令人记忆深刻。2018 年平昌冬奥会，组委会通过开展不同的体验活动展示与韩国传统文化相结合的"文化奥运"元素，以此传播韩国传统文化。在平昌奥林匹克广场设置了"文化 ICT 馆"，首次将韩国民族文化元素与韩国的高新科技产品相结合，为游客提供形式多样的体验机会，全方位地向世界各地游客、运动员展现韩国传统文化。可见，通过利用国际化冰雪赛事平台创新获得生机，并以此确立其领先地位已成为当今世界多数发达国家和城市的常用手段。因此，在 2022 北京冬奥会的大背景下，我国比以往任何时候都更渴望全球化、更需要国际化创新。而在实现我国冰雪运动与赛事高质量发展和我国城市国际化进程中，创新是优势之源，能够为高质量发展提供不竭动力。面对发展道路上可能遇到的各种艰难险阻与荆棘，各方应该迎难而上，在攻坚克难中创新，在创新中学习进步。

四、推动广泛参与

开放办赛的理念不仅是站在国内大循环为主体、国内国际双循环相互促进的新发展格局下的一种办赛理念，也是推动大众积极参与体育运动，实现"三亿人上冰雪"这一目标的重要途径。2022 年北京冬奥会的要求与理念是：绿色、共享、开放、廉洁。坚持开放办奥，就是要在京冀联动共办奥运的基础上，以"三亿人参与冰雪运动"为目标奋斗，让体育锻炼成为人民群众的一种日常生活方式，继续完善全民健身公共服务体系，并以此为契机落实全民健身国家战略。自获得 2022 年冬奥会举办权以来，我国冰雪运动产业发展态势强劲，大众参与人数不断提高。但与世界冰雪强国相比，我国冰雪运动方面起步较晚，自主装备发展较弱，所以目前仍存在竞技水平不高、群众参与度不高、产业体系基础薄弱等问题。综合分析，竞技水平不高和产业基础薄弱均与群众参与不够有很强的联系。提高我国大众冰雪运动的参与水平，是推动我国冰雪运动与赛事产业等发展的重中之重。对于冰雪赛事组委会而言，打造多样化的赛事活动与周边产品，依托各种媒介进行赛事宣传，吸引大众积极参与到冰雪赛事中，助力冰雪赛事 IP 建设，可为实现冰雪运动与赛事的高质量发展打下群众基础。因此，如何推动广泛参与成为解决我国冰雪运动发展瓶颈问题的关键。

第四节　产业集聚实现发展成果共享

社会生产力高度发达无疑将加速产业融合步伐，产业结构高度化将成为一种必然趋势。这是产业发展规律的具体表现形式，对于产业结构的转型升级具有强大的推动作用。如前文所述，开放性是冰雪运动及赛事产业的显著特征，产业边界逐渐模糊，冰雪运动及赛事产业与其他产业之间的区别程度愈发降低。在休闲娱乐、运动健康和社会交往等方面，冰雪赛事与其他产业之间表现出显著的关联性，在长期发展过程中产业之间互为载体，其他产业为冰雪赛事扩展了更多的经营渠道与手段，冰雪赛事为其他产业带来了更多的新产品、新需求，产业间在扩展产业链的同时又将各自的利润价值空间提升。

一、加速技术融合

包括冰雪运动及赛事产业在内，从生产角度出发，各冰雪产业间不可避免地存在某些技术差异。随着时间积累，一旦差异深化形成技术壁垒，产业间将会产生巨大鸿沟。由此来看，技术层面的融合成为大势所趋，已经成为各产业或行业间相互融合的催化剂。在产业发展演进过程中，企业依靠购买或学习新技术来不断进步，相同领域企业在不断发展进步的过程中，整个产业固有生产技术同样演化，从而促使新技术与原有技术的更新融合，创造开发出新的产品和服务，这就是产业发展中的技术融合。随着科技不断进步，技术创新日渐成为冰雪赛事融合其他产业实现高质量发展的重要动因。例如，数字信息技术在当前的冰雪赛事中早已司空见惯，保障赛事与其他领域间实现无缝对接，技术层面提供人性化服务，冰雪赛事的参与人数就大幅度提高，最终的结果就是实现多方共赢。科技含量攀升、技术创新打破了冰雪赛事与其他产业之间原有的技术壁垒，推动产业间技术共享平台的建立，平台成立加速了产业间资源流通，产品的更新换代更为频繁，冰雪运动及赛事产业通过不断满足消费者与日俱增的物质文化需求创造更多的新价值。在2022年冬奥会即将开幕，在人工造雪技术与视频 VR 技术迅速发展的前提下，国内外滑雪赛事发展呈现多样化的局面，比赛类型不仅增设室内滑雪比赛、VR 模拟滑雪比赛（VR＋设备），甚至出现旱地滑雪比赛，除了采用旱雪毯，更有轮滑替代雪板的比赛组别。现代滑雪比赛早已摆脱天然雪的单一局限，人工造雪已经不再是技术难关。技术融合不仅可以丰富冰雪赛事种类，也为冰雪产业打造多样化产品供给提供便利，这些均有效推动了产业生产技术、开发与经营管理技术的融合与升级。

二、探索产品融合

冰雪赛事与其他产业融合发展的关键一步要落实到产品研发环节，企业的产品通常意味着企业自身在产业领域的核心地位。产品融合具体可以表现为两种形式：一是不同产业在某一领域产生交集，以相互合作的形式生产满足各方需求的新产品；二是在空间与时间上多种服务型产业产生"共鸣"，推出其理念相互融合的服务型产品①。随着大众对于冰雪赛事消费需求不断升级，冰雪赛事尤其是大型冰雪赛事服务内容均呈现出拓展、延伸及重新组合业态，多业态融合的产品类型不断丰富。冰雪赛事小镇最为典型，资料显示近年来冰雪赛事与餐饮、酒店等产业融合，打造冰雪度假村或冰雪赛事小镇的案例逐渐增多。还是以崇礼冰雪小镇为例，将赛事运动与商务、旅游集于一体，充分利用赛事氛围举办多种形式冰雪主题活动，这种"赛事＋旅游"的融合产品在吸引广大冰雪爱好者积极参与的同时，弘扬了冰雪运动和地方文化，使消费者以不同形式参与体验了冰雪运动与冰雪赛事的魅力。

---

① 李在军．冰雪产业与旅游产业融合发展的动力机制与实现路径探析［J］．中国体育科技，2019（7）：56－62＋80.

三、发展企业融合

产业融合发展具体落实到企业自身，是实现技术融合与产品融合，最后的操作层面也落实在企业。除技术、市场及劳动力等资源要素有机融合，冰雪企业以各种途径打破产业融合障碍，创新产业生态并创造新价值。随着时代发展，冰雪产业与赛事市场的供需产生新变化，企业之间逐步打破技术、产品等方面的业务边界，冰雪产业中出现了针对赛事运营需求进行专门服务的中介公司，专门为赛事运作提供多元化服务，以及其他产业中涉猎赛事组织和运作的企业。如专门从事冰雪赛事宣传的媒体企业、滑雪场运营管理的企业，将冰雪、文化、旅游等产业融合形成冰雪产业园区。冰雪赛事产业链加速融合无疑将推动冰雪企业自身经营业务的不断拓展和商业合作能力的持续优化，因而这也是冰雪运动与赛事实现高质量发展的重要表现之一。

四、实现市场融合

市场是实现商品交换的空间，通过市场流通可以最便捷、最优化地将资源配置到其所需要的领域，实现物尽其用的价值。因此，市场在产业融合过程中的作用不言而喻。市场可以引导技术、产品甚至是企业的发展方向，在某种程度上，市场融合才是技术、产品和企业融合的风向标。市场融合同样可以实现产业界限的模糊化，强化产业联系，在企业间搭建良好的沟通桥梁。冰雪赛事市场可以看作是消费者与赛事组织各方通过购买服务的方式发生交易行为，从而建立双方之间的经济关系。在此过程中，消费者日益增长的冰雪运动参与需要也会推动整体市场的需求变化。究其原因，随着冰雪赛事影响力的逐渐提升，赛事观众和消费群体也会日渐壮大。与此同时，消费者对于赛事产品需求多元化。赛事组织者和相关产业经营者根据消费者的需求不断推陈出新，加速赛事相关产品的更新换代，拓展产品新功能以增强市场竞争力。在寻找需求与供给的动态平衡中，持续优化冰雪运动及赛事产业结构，扩大有效供给并以此获取更大的市场空间。2016 年世界单板滑雪赛北京站可谓是别出心裁，赛事组委会选择以"滑雪赛事＋现场音乐会"的商业模式进行赛事营销。当滑雪遇上音乐是速度与动感的交织。赛事举办期间，赛事组织者使更多音乐爱好者喜欢上了滑雪。2021 年 7 月 9 日～10 日在北京市石景山区召开首届冰雪运动发展高峰论坛。会上相关专家、业界人士普遍看好未来"电竞＋冰雪"产业模式的市场前景，以年轻人更喜爱的电竞来推广冰雪运动，对于冰雪产业的市场开拓有着不可估量的作用。

综上所述，当前我国正处于经济转型时期，也是冰雪运动与赛事产业发展的关键阶段。产业转型升级是转变经济增长方式的根本途径，体育消费需求升级是促进冰雪赛事等冰雪产业转型发展的重要动力。深入贯彻五大发展理念，抓住 2022 年北京冬奥会的历史契机，积极发挥社会各界的主动性，立足于冰雪体育产业的势头，实现政府、赛事组委会和社会各方的一体化合作。充分利用冰雪产业转型升级的有效途径和特点，促进我国冰雪运动与赛事体系健康可持续，推动我国冰雪经济的高质量发展。

第十一章　冰雪体育培训业高质量发展路径

自 2015 年北京冬奥会申办成功以来，大力发展冰雪运动及相关产业成为我国体育事业发展的重要环节和任务。在此背景下，我国的冰雪产业迎来了新的发展机遇。作为冰雪产业的重要组成部分，冰雪体育培训产业如雨后春笋般在全国各地涌现。但繁荣的表象背后是汹涌的危机，目前我国冰雪运动还处在初级发展阶段，冰雪体育培训机构存在着教学质量低、教练员资质不够等问题。长远来看，大力发展冰雪体育培训产业也是实现我国冰雪经济高质量发展的重要一步。

第一节　加强政策监管保障发展质量

近几年中共中央、国务院及相关的国家部委已经形成了相关的政策体系，颁布了一系列关于 2022 年北京冬奥会、冰雪产业、大众参与和竞赛支持的政策，体现了国家对于发展冰雪体育产业的决心。冰雪体育培训作为我国冰雪体育产业的重要组成部分，还未形成一个比较完善的体系，这就需要政府从政策方面予以调节和治理，为冰雪体育培训构建一个良好的发展环境，促进整个冰雪产业的良性发展。

一、规范市场秩序

冬奥申办成功受到政府层面的高度重视，国家以及各地省委颁布了一系列的政策，如 2018 年国家体育总局颁布的《"带动三亿人参与冰雪运动"实施纲要》、国家 2019 年颁布的《关于以 2022 年北京冬奥会为契机大力发展冰雪运动的意见》，同年颁布的《体育强国建设纲要》，这些政策不仅促进更多的人参与到冰雪运动中来，也极大地促进了冰雪体育培训业的发展。而我国的冰雪体育培训业还存在一些不规范的地方，缺少标准化和完整的培训体系、专业的师资队伍、实操课程、规范的场地及服务行业等，成为影响和阻碍冰雪体育培训业发展的制约因素。相关部门应当设置冰雪培训统一的入行标准和相应的考核机制，使得冰雪培训人员形成科学的教学体系，提升自身的专业水平，逐渐形成有自己特点的教学体系。以 2022 年北京冬奥会为契机，通过一系列的激励政策激发社会和市场活力，在冰雪运动土地、人力资源配置、财政投入、宣传导向等方面居于主导地位，将冰雪运动融入城市，让更多的人了解冰雪运动，参与冰雪运动，形成良好的社会氛围，协调冰雪产业发展的质量、效率和动力，促进冰雪产业的高质量发展。

二、发展校园冰雪

体育是教育发展的重要组成部分，教育是体育发展的重要功能存在，体教融合政策的提出是体育学科与体育教育的本源回归。冬奥会的举办为冰雪运动的发展带来巨大的契机，冰雪运动进校园是在体教融合大背景和冬奥会历史契机这一特殊的节点下诞生的，是深化学校体育改革与实现冰雪体育培训业蓬勃发展的重要途径。以"多元、开放、融合、协作"为工作理念机制，实行政府主导，教育、体育部门齐抓共管，践行统一的规则，明确分工，为校园冰雪运动创造有利的条件。截至 2020 年我国已建成冰雪运动特色学校 2000 多所，冬奥会和冬残奥会奥林匹克教育示范学校 300 多所，虽基本完成 2020 年遴选 2000 所特色学校的任务，但是较足球特色学校和篮球特色学校的发展规模仍存在较大的差距，而从地区分布数量来看，东北三省占据了总数的 1/3，京冀地区超过百所，而南方如广东、湖北等地仅为个位数，且表现为小学热闹，初中冷场，高中断档的地区和阶段分布不均的现象。目前我国的滑雪场，滑冰场主要以校外企业经营为主，校园内的冰雪运动场地，少之又少，缺少场地，资金投入昂贵，校外场地租赁支出费用高、距离学校远等成为校园冰雪运动推广的一道坎。

《关于加快推进全国青少年冰雪运动进校园的指导意见》与《关于深化体教融合促进青少年健康发展的意见》两大规划意见均以校园为实施载体，为冰雪运动进校园指明了方向。一要提高认识，转变观念，体教融合是符合我国发展规律的政策，是必然趋势，体教融合对冰雪运动进校园的价值功能是巨大的，从思想、目标、资源、措施 4 方面进行融合，以青少年体质增强、运动训练、体育竞赛 3 大体系为着力点，协同治理，优化资源。二要将政策落实到位，充分利用体育、教育系统的自身优势，通过竞赛组织、课程规划在特长生升学，高水平运动员招生与学校文化教育安排等方面通力合作。同时，各地区的学校根据实际情况，顺应相关冰雪政策制定"一地一案""一校一案"的具体方针，因地制宜对冰雪运动进校园及校园冰雪运动的发展提出明确的规划和要求。如吉林体育学院就建立了专门培养冰雪产业人才的"冰雪产业学院"，走在了全国冰雪运动人才培养的前列。三要协同多方，共同促进。体教融合与冰雪运动的开展除国务院、体育总局、教育局牵头部署外，还需要其他部门、事业单位、企业组织、社区协助配合，如2020 年底建立的由 15 个部门组成的"青少年体育工作部际联席会议制度"。

三、明确远景规划

"十三五"时期一系列政策的颁布，助推了冰雪产业的全面发展，随着这些政策一步步实现，我国的冰雪产业链结构不断完善，市场规模不断扩大，从事冰雪体育培训的人也不断增多。冰雪产业人才需求旺盛，人才结构主体较完整，冰雪体育培训规模不断扩大，成为不可忽视的培训产业之一。但目前冰雪体育培训的服务质量和保障制度水平较低，复合型冰雪旅游精英人才紧缺，这都是影响冰雪体育培训的重要因素。"十四五"时期我国冰雪产业的发展要以科技创新为主，实现冰雪产业基础的高级化，形成坚实的大众冰雪运动基础，促进冰雪体育运动和文化的推广普及，形成冰雪体育产业新发展格局，促进冰雪体培行业的高质量发展。而到了"十四五"时期，我国冰雪旅游产业遵循以人为本、新发展理念、系统观念为发展原则，坚持冰雪体育培训的质量和效益优先，以供给侧结构性改革为发展动力，推进我国冰雪体培的基础设施和服务质量的变革、产业发展的基础动力的变革，增强冰雪体育培训发展的创新力和竞争力。构建现代化的服务体系，如建立冰雪体育培训的医疗卫生和安全保障团队、重大安全事故应急处置小组等安全风险防治单位和组织，以保障参与冰雪体培人员的生命和人身财产安全。以现代商业体系为支撑，建设由低端到高端的全方位冰雪体育培训服务体系，加速产业间的融合发展力度，提升冰雪体育培训服务的创新创造能力，满足人民群众的服务需求，以此带动我国冰雪体育培训的现代化服务体系建设，实现我国冰雪体育培训产业在"十四五"时期质量、结构、效益和安全的有机统一。

构建复合型精英人才的培养机制，促进产业的可持续发展。我国冰雪体育培训行业相关部门要不断深化改革，加深简政放权力度，充分激发冰雪旅游市场的活力，整合社会企业、高校、科研机构的冰雪人才资源，建立高校、社会企业、科研机构间多链条全方位联合培养模式。针对产业中的服务从业者、场地运营管理人员、机器设备使用和维修人员、教练员、运动损伤防治救护人员等人才定期举办岗位专业理论和实践培训，加强除自身业务范围以外的冰雪相关专业知识学习，组建在冰雪技能、组织规划、运营管理、运动防治、旅游宣传、赛事运营等方面的复合型精英人才梯队。扩大冰雪人才实践基地的数量和规模，制定冰雪人才输送保障规章制度，确保冰雪人才输送环节的对接效率和成果转化，提高冰雪旅游人才的福利待遇保障，避免人才资源的横向流失。冰雪体培的复合型精英后备人才的培养，有效保障产业发展的人才需求，不断创新冰雪体培复合型精英人才的培养和输送体系，丰富我国冰雪体育培训人才基础，推动我国冰雪体育培训业的可持续与高质量发展。

第二节　资源协调实现服务质量提升

冰雪运动具备独特的地域风情、极限刺激和观光旅游等特征，已成为世界上最受欢迎的体育运动项目之一。我国幅员辽阔，自然资源丰富。但自20世纪80年代以来我国体育的赶超型发展战略一直将夏季奥运项目作为竞技体育、大众体育发展的突破口，冬季项目发展相对滞后。中国的冰雪运动发展水平与世界体育强国或冰雪运动强国相比还有很大差距，说明场馆建设不足，顶级教练缺乏，冰雪项目发展不平衡，优势项目太少，绝大多数冰雪项目知名度和储备人才严重不足，装备创新和研发能力不足，顶级冰雪运动员缺乏。因此，为实现冰雪强国建设目标，需发挥我国的制度优势，充分调动各方资源补齐冰雪运动发展短板，提高冰雪产业的服务质量与水平。

一、人才充分发掘

中国冰雪培训行业的发展正处于一个关键而紧迫的阶段，需要大量的专业人才给行业带来更强的发展动力。社会体育指导员、教师和冰雪培训教练员是连接公众和冰雪运动的重要桥梁，教练员和教师的专业水平、知识水平和领导能力是影响中国冰雪培训行业发展的重要因素。在现有的冰雪运动教练员和教师培训体系方面，中国仍然相对落后。由于相关专业人才的短缺和培训机制的落后，我国需要选拔大量的相关人才到国外学习先进经验，以学习国外成功的培训机制、管理方法和科学管理技术。这样一来，我们就可以借鉴国外成功的培训机制、管理方法和科学的管理技术，然后在国内设立培训班，将成功经验与自身发展因素相结合，形成良好的人才培养机制，不断输出专业人才，培养我国大众冰雪运动的精英骨干。

除了拓展借鉴国外经验的渠道外，企业与高校还可以开展深入的联谊合作。根据市场实际需求和未来发展趋势，企业可以与体育院校合作，针对不同类型的人才培养需求培养专业人员。开设各种专业课程，如冰雪管理、冰雪营销等相关理论知识课程，通过这种方式，可以培养出具有高水平的教育、素质文化和专业技能的复合型冰雪运动运营管理人才和指导人才。企业与高校的联合培养机制，不仅培养了冰雪运动领域的专业人才，解决了毕业后大量招生的问题，也为我国群众冰雪运动的发展提供了强有力的技术人才保障。此外，还加强了教师队伍建设，提高了教学和培训质量。针对冰雪运动在体育培训行业的发展需要，既要协调好，又要加强冰雪运动专项教师，提高冰雪运动技能和教学能力，加强冰雪运动的教学质量。积极招聘有经验的专业体操教练或退役优秀运动员担任教师或教练。聘请国际级运动员、专业教练团队、大学体育教师和优秀裁判员定期走进校园，为中小学生提供志愿服务，让学生有机会与明星运动员和优秀教练员近距离交流，提高学生和家长对运动的积极性和支持度。

二、财政充分支持

以目标为基础的"体育财政支持分层体系"意味着财政支持的水平会根据体育培训公司的规模进行动态调整。这个系统是为冰雪行业的发展提供财政支持，同时允许冰雪运动组织自我控制的一种方式。通常情况下，对体育的支持是由世界各地的政府（中央、联邦、地方等）提供的，但治理方式各不相同。比如法国中央政府与冰球联合会的合作机制，中国的冰雪运动主管部门—冰雪联合会—冰雪运动俱乐部之间也应该形成一个完整的合作链条。中国冰雪运动产业发展的战略目标应在各个层面上进行分离，并有合同的限制。总之，为了更好地实现冰雪运动培训的发展目标，应该在现有的治理体系中建立一个以目标管理为导向的财政支持体系。根据不同级别的冰雪运动俱乐部的功能和活动效率，政府的财政支持将在正式合同的基础上给予俱乐部，并对财政支持进行年度动态调整。

三、场地充分利用

根据实际情况，进行科学规划和布局，加强冰雪场馆的软硬件建设，扩充场馆设备。一是根据自身经济情况，有计划地对现有场地进行评估维修、改建等。同时，充分利用社会资源、国家政策扶持等，为学生提供高质量的训练场地。合理利用冰雪资源，意味着社会各界创造的冰雪设施要尽可能地利用，并向学生开放。例如，社区组织可以在不影响正常活动的情况下，在"淡季"每天向学生开放冰雪设施，从而满足社区和学生的需求，同时提高冰雪资源的利用率，增加经济效益，使冰雪设施的利用最大化。对于正在运营的冰雪设施，它们往往向公众收取会员费，这很容易降低公众对滑雪的热情。因此，鉴于目前冰雪资源的分布情况，应积极鼓励公共机构、学校和其他场所开设自己的室内冰雪设施，以有效弥补公共冰雪设施的不足，确保冰雪资源的有效利用。二是主动破除壁垒，与学校进行沟通，充分利用和盘活存量资源，改造提升现有冰上场地设施水平，完善其服务功能。结合各个体育场馆运营实际情况，做好统筹安排，积极向青少年进行免费或有偿开放服务。在北方体育场馆和俱乐部缺乏建设的资金，导致许多设施变得陈旧，这对学生参与冰雪运动产生了影响。当然，只有解决了这个问题，我们才能促进北方体育场馆和俱乐部的长期发展，为"全民健身"运动的蓬勃发展做出贡献。总的来说，必须与学校协商，改善冬季冰雪运动俱乐部的设施，并确保学校的支持，为购买场地和设备提供足够的资金。三是丰富冰雪场地类型，积极寻找政策资源与学校的结合点，进而弥补自身场地不足，破解冰雪运动"去哪儿，哪儿学"的难题。目前，大多数学校都有自己的冰雪场，一些学校将冰雪纳入考试，允许学生选择 1100 米滑冰、100 米越野滑雪和其他比赛，然后将其纳入体育成绩。一些学校现在也有向公众开放的冰雪场。相比之下，社会冰雪场是为公众而建的，考虑到了可及性和自然环境。同时可以对体育培训场地加以改造，在一个场地内进行多种项目的培训，进而缓解培训场地不足的情况。

第三节　倡导主体合作实现开放办学

实现"三亿人参与冰雪"目标应大力推进冰雪运动体教融合发展，优化冰雪后备人才培养体系，使冰雪运动深入校园，解决学生体质下降和冰雪体育后备人才储存量减少的两大困境。在体教结合背景下，随着两部门各自体系发展的深入，彼此孤立的弊端开始显现，教育部门缺乏有经验的教练员、完善的医务设施、营养保障、竞赛系统，以及专门的体育训练经费；体育部门缺乏良好的文化教育环境。

一、加强多方合作

当前经济条件下，体育培训线下业务发展不乐观，线下冰雪体育培训产业遭受到线上的冲击。而且此次新冠疫情与中国经济增速放缓的双重压力，与冰雪体育培训业与提升自我的阻力相重合。因此，必须加强政府与社会合作，协同出手发展冰雪体育培训市场。从整体布局上来看，冰雪体育培训业受体育部门的支持力度还需增加。当前冰雪体育培训业的后期发展应积极接受政府部门的宏观布局。通过出台减少税收、财政补贴等政策，加大对冰雪体育培训机构的扶持；并积极加强与冰雪体育社会组织的合作，最大限度发挥体育社会组织在冰雪体育培训业中的促进作用；鼓励发展冰雪体育培训业线上培训新业态，助力冰雪体育培训业的质量升级，促进冰雪体育产业高质量的蓬勃发展。

有目的、有目标的调整融资规模，寻找资金来源。首先，冰雪体育培训业个性化需求较大，因此需要不间断地扩大融资规模，可以通过公司已有项目、自有资金进行融资。其次，可以把冰雪体育培训业证券化在资本市场上进行融资；我们可以通过项目本身进行融资，吸引外来资金注入。现今，冰雪体育培训业投融资方式主要以政府和民间资本为主，还要适度地扩大冰雪体育培训业的投资范围。例如，有目的、有计划地引进外国投资，共同发展为目标的中外合资；还可以通过各种融资优惠政策，吸引社会的个人投资者进行投资，从各方面加大、加强投资力量。对冰雪体育培训业融资方式进行不断地整顿和拓展，构建相对健全的融资规模。各方面促进多种投资主体，最重要的是要根据冰雪体育培训业发展的实际情况进行有目的、有计划的融资，例如降低投资门槛，可以增加投资来源等。政府要通过各种渠道不停挖掘发现融资模式，例如银行信贷、股票市场融资、风险投资、体育彩票、政府购买服务、福利方式、私人募股投资、产业投资基金和债券融资等，定期开展各种大型融资会。

二、搭建交流平台

构建交流平台就是摆脱各自为政，形成体育部门、教育部门、学校、社会、家庭等的共商共建，达成真正的价值共识和相互协作的伙伴关系。使各方都有话语权、决策权，在确保自身发展的前提下，给予对方支持。平台的搭建可以使各方面的问题得以解决，搭建的具体步骤如下：描述问题。根据自身需求，自身发出信号，主动去争取其他力量帮助，面对过程中所遇问题及时解决沟通，以此表达自己的需求；制定清晰规划。根据自身需求，发挥各部门资源优势，确定清楚自己的定位，共同制定接下来的行动方案；实施方案。根据方案内容开展体教融合，由国家提供软、硬件方面的支持，体、教两系统部门共同参与协调各方；方案评估。由平台针对"方案是否解决问题"展开深刻交流探讨，对方案进行综合评估改进。以"多元、开放、融合、协作"为合作理念机制，实行以政府为主导统筹管理，教、体部门齐抓共管，践行统一原则，明确自身职责的分工，为冰雪体育培训业发展创造有利条件[①]。第一，提高认识能力，转变观念思想。深刻认识体教融合的必然趋势，以及体教融合对冰雪体育培训业的价值功能，在思想认识方面上要打破枷锁，从观念、目标、资源、措施4方面进行深层融合，以促进青少年体质健康、训练、竞赛为主要方面，进行协调配合，进行治理与优化资源。第二，搭建交流平台，促进政策落地。一系列强有劲的政策从国家层面为冰雪体育培训业的部署发展指明方向，教、体两大系统可以利用自身优势，通过竞赛、课程规划、高水平运动员招生与文化教育安排等方面通力合作。第三，多方组织统一联动，相互协同促进。体教融合政策与校园冰雪运动的融合开展，除国务院办公厅、教育部、体育总局牵头部署外，还有许多部门协助配合，如上海三林体育中心为浦东新区11所冰雪运动特色学校提供场地

---

① 王蓓. 体教融合视域下冰雪运动进校园的价值与路径 [J]. 体育文化导刊，2021（4）：92－98.

与教练，吉林省通过政府购买服务为学生提供免费冰雪课程，政府、企业、学校通过多途径开展各领域、各方位的深度合作，实现融合，达到优势互补。

三、突破制度壁垒

冰雪体教融合不应该是两系统联合开办运动队的方式培养少数运动员，而是两系统合力让冰雪运动向学校中的每一位学生普及，进而弥补教育系统忽视体育，体育系统忽视学习的缺陷，提高学生体质健康，进一步提高学生的综合素质，促进学生的全面发展，文明其精神，强健其体魄。倡导主体合作实现开放办学，需让每一名学生都参与并长期坚持冰雪运动，让体育成为学生们减压的工具。为实现这一目标，体教各部门须先树立缮甲厉兵的备战意识以体教融合、校校联合方式开展冰雪特色学校，提前做好学生的未来规划设计，打破冰雪运动体育学科专属思维，培养能够参与冰雪运动，并为冰雪运动服务的各类人才。在培养过程中开通网上的文化与体育的双项学习系统，放开体育社团、俱乐部、家庭社区体育培养、走班制、体育运动学校等多条体育学习实践途径，采用体育测验与文化测验同步的方式，严卡每一名学生的体育和文化学习红线，以此保障学生的体质健康和冰雪后备人才基底。学校课程改革和体育竞赛体系是推行校园冰雪运动体育培训业的两大途径。第一，开发冰雪课程。以基础课程、高等教育为改革点，制定适合学生年龄和身心健康发展特点的冰雪校本课程与冰雪课程的标准，考虑到不同地区的气候、地势、环境等差异，对于冰雪资源较为丰富的北方可以直接开展冰雪体育培训业，而对于南方和条件受限制的区域，可以打破壁垒与冰雪俱乐部合作，通过"无雪场地课程"开展与冰雪体育相关性较大的课程。如模拟滑板、轮滑冰球等仿冰仿雪的运动项目。第二，实行试点区域。鼓励有条件的学校和地区率先进行谋划、设计、推行冰雪体育培训特色学校、高水平运动训练队的建设工作。竞赛作为深化体教融合的融合点，完善冰雪运动竞赛体系，一方面推动学生积极参与，另一方面突破壁垒，既有助于扩大冰雪体育的普及覆盖又促进竞技人才的培养与职业化赛事的有机融合。例如，北京市建立包括短道速滑等在内的青少年冬季项目 U 系列冠军赛，并在竞赛规则、项目设置上与专业赛事接轨。

第四节 模式创新实现产业转型升级

我国冰雪体育培训业现在正在面临"冰火两重天"的局面。一方面《"带动三亿人参与冰雪运动"实施纲要（2018－2022年）》政策颁布能够给冰雪体育培训释放出更多的红利和机遇，指明冰雪产业发展前景。另一方面，2022年冬奥会即将来临，但是冰雪产业的资本投入却没有得到很大反响，冰雪体育培训也处于暂时的低迷状态。冰雪培训产业是虚火太旺还是未来可期，至今仍是资本家的一个疑问。冰雪产业现在作为我国种子产业、朝阳产业必定是前途光明，未来可期的。但不可否认我国冰雪产业较西方国家起步较晚，冰雪体育培训模式尚不完善，培训体系远未成熟。为了冰雪体育培训产业能够实现良性发展，我们需要探索新的冰雪体育培训模式从而带动冰雪产业转型升级，不但要保障冰雪产业的健康发展，更应实现"三亿人参与冰雪运动"的理想目标。近几年我国冰雪发展较快，但是冰雪体育培训市场的认知程度相对较低，在社会大众的眼中，冰雪项目仍被定义为"小众"运动，普及程度无法像篮球、足球、自行车等运动项目。多数学员家长对于冰雪运动的观念非常传统，这也很大程度上形成了亟待改革模式的局面。

一、探索冰雪"四季模式"

以冰雪培训为主，结合当地资源，打造四季旅游模式，做好非雪季产业的发展和创新。一是充分利用地形地势，开发建设"冰雪＋温泉""冰雪＋草原"等特色旅游度假综合体，打造能够覆盖春季开展踏青活动、夏季进行适当场地改造用作其他运动项目的使用、秋季赏景季节、冬季滑雪项目丰富的四季旅游新模式。一直以来，场地对冰雪体育培训地限制非常明显，我国冰雪培训主要集中在黑吉辽三省。这样可以一定程度减轻由于气候带来的场地维护费用和闲置所造成的支出，保障培训企业健康发展。旱地冰雪运动最初的发展是非竞技性的，相对于传统运动项目来说，最急需解决的就是场地建设问题，冰雪体育企业可以根据企业、俱乐部情况统筹规划、开设符合俱乐部条件的旱地冰雪运动项目，利用现有场地建设可移动、可拆卸、绿色环保的运动设施，实现资源的多样化利用。高质量的冰雪培训需要有完善的基础设施，例如滑雪场应该建设有初级道、中级道和高级道来满足不同技术需求的消费群体。只要能够保障人员安全、控制人员集群程度，单板滑雪和双板滑雪或其他项目可以同时在一条滑雪道进行。俱乐部还可以和社会上的相关学校建立对口合租机制，根据其对外营业的时间规划学生错峰上课，实现场地资源的共享。学校也可以积极争取校外企业赞助，吸引社会资金投入校园旱地冰雪场地建设，开展校企合作。

二、发展冰雪"线上模式"

利用互联网技术实现线下体育培训产业转型升级，这无疑更符合新时代冰雪经济高质量发展的要求。借助互联网平台，改变以往纯线下的面对面授课教学，发展线上教学与线下教学相结合的教学方式，在线上进行安全意识、冰雪知识的普及，在线下进行冰雪运动技术的教学。线上模式的教学内容与线下培训相同，都是教授学生一定的冰雪知识以及运动技巧，理论与实践相结合。为了做好线上冰雪体育培训工作，冰雪培训机构应组织教学团队进行教学研究，针对大多数学生在疫情期间居家的实际情况，教练员根据学生实际情况，制作适合居家练习的有针对性、时效性、保障性的教学内容。上课内容分为学生对冰雪知识的理解和实际练习两个部分。当教练传授理论部分的时候，学生在线观看冰雪体育基础理论知识学习，并完成相应的理论学习作业及互动话题讨论。当讲授实践部分的时候，学生进行动作演示，其中教学包含教练技术动作现场直播、教练动作示范录播以及冰雪视频剪辑片段动作讲解，之后的 5～10 分钟学生会进行连麦演示，剩下的时间，教练会抽取前一次课的 3～5 名学生的练习短视频进行评议，检查学生学习情况和练习效果。此外，一些现代科技为用户带来全新的体验，就像冰雪运动融入 VR 技术，VR 和 AR 技术值得高山项目模仿应用，企业也能够实现跨越时间和空间来满足消费者体验滑雪的乐趣。通过集成 VR 和滑雪规则，创建一个虚拟现实技术应用程序，并为滑冰体验创造专业技术。如果对山地及其周围环境进行调查和分析，无人机摄像头和地理信息系统的处理也会非常有效。

三、实施冰雪"联合培养"

冰雪体育人才培养是一个庞大的培训体系，对各类人才的培养渠道、培养方案、培养重点各有侧重。各培养主体应明确社会对冰雪体育产业人才的现实需求，培养对象的特征和未来服务方向，化解多元培养主体存在的职权之间的根本矛盾与冲突，遵循人才培养普遍规律，结合各领域冰雪体育产业人才差异化特征，明确各类冰雪体育培训目标及培养途径。冰雪体育培训俱乐部的重点应放在冰雪运动技术动作稳定性的加强和冰雪运动能力的提升。体育部门在对冰雪人才的培养上更多地向运动员竞赛和培养最佳竞技水平转移。社会组织则倾向于冰雪体育后备人才和冰雪体育教师、教练员的再培训。同时，建立学校和冰雪培训俱乐部联合培养模式，俱乐部辅助学校共同培养、多源引智的资源整合之路。针对人才培养多元主体的特征，建立并协调冰雪人才培训运行机制、市场机制、整合机制、动力机制和保障机制，各部门利用自身人才培养资源特色和优势，大力推进冰雪人才"联合培养"新模式的发展。完善冰雪培训人才培养学校化、社会化、产业化等多元路径，有效化解冰雪俱乐部培养单一化困境，使冰雪体育产业人才培养加强社会组织协助。冰雪体育培训俱乐部在推进联合培养模式下，在加强顶层设计的同时还应制订中长期冰雪体育人才培养规划，冰雪培训行业内部制订冰雪体育产业人才需求计划，规范行业内部标准，营造良好的人才培养环境。冰雪培训要加大政府、企业之间的互联互通，在冰雪体育产业人才培养体系和机制上协同创新，通力合作加大人才培养力度，进一步完善冰雪体育产业人才培养体系和目标。

第十二章　冰雪文化旅游产业
高质量发展路径

　　党的十九大报告中指出："文化是一个国家、一个民族的灵魂。"要推动文化产业的高质量发展，健全现代文化产业体系和市场体系，推动各类文化市场主体发展壮大，培育新型文化业态和文化消费模式，以高质量的文化供给增强人们的文化获得感、幸福感①。冰雪文化作为我国文化的重要组成部分，推动冰雪文化的发展有助于在新时期满足人民对美好生活的向往，满足人民日益增长的精神文化需求，增强人民群众的获得感和幸福感。随着冰雪运动以及冰雪产业的发展，我国冰雪文化旅游产业的发展也逐渐得到重视，而冰雪文化旅游产业的高质量发展更是推动整个冰雪经济高质量发展的重要一步。冰雪文化具有极强的生态特性，冰雪文化的发展对冰雪资源的依赖性较强，可以说冰雪文化产业是一种特殊形式的资源型产业，同时也是多种产业发展内容共同组成的综合性产业。通过冰雪文化产业的发展，能够传承我国的冰雪文化，弘扬具有中国特色的冰雪文化，进而促进区域冰雪经济发展，推动冰雪产业发展等。但由于我国冰雪产业起步较晚，目前还处于发展的初级阶段，冰雪文化产业也同样处于发展的初级阶段，具有诸多问题，如由于南北冰雪资源的差异，导致的冰雪运动发展南北存在较大差异、冰雪文化的区域性不平衡性突出、初级阶段的冰雪文化供给质量不高等。因此在当下，探索冰雪文化的发展路径，进而推动冰雪文化的发展具有十分重要的价值。

---

　　① 孙志军．做强做优做大骨干文化企业，助推文化产业高质量发展［N］. 经济日报，2018－12－06（5）.

168

第一节　培育品牌实现文化国际传播

冰雪文旅产业的发展需要通过文化与旅游的共同努力，而文化作为一种无形物需要以旅游为依托来进行品牌构建，而冰雪产业发展过程中，旅游业对冰雪产业的贡献巨大，大量消费者希望通过冰雪旅游来体验冰雪文化、感受冰雪运动的独特魅力。因此，通过文旅结合的冰雪文旅品牌建设更能满足消费者的需求。

一、依托冰雪赛事遗产来构建冰雪文旅产品

冰雪文旅品牌的塑造是冰雪文旅产业发展的必然趋势，在整个行业竞争中，通过文旅产品的品牌化构建能够使得冰雪文旅竞争力和发展优势得以提升。通过对冰雪赛事遗产的创意性转化，将冰雪赛事遗产转化为兼具观赏性、体验性的文旅品牌进而吸引游客，塑造良好的文旅品牌形象。首先，在开发过程中，充分挖掘赛事遗产的文化价值，先对相关的赛事遗产进行文化解释、选择和重组，通过对冰雪赛事遗产的文化性解释，使得大众对相关赛事遗产的理解更加深入，使得遗产背后的故事为人们所知，遗产的单一物质属性再增加经济属性，促进赛事遗产的利用与赛事文化的传播。其次，在冰雪旅游区域内部设置相关的解释性展示牌，使得游客能够在游览过程中增强对赛事遗产的了解，国外的游客也能够在潜移默化中对我国的冰雪文化有所了解，进而实现冰雪文化的传播。同时，借助我国当下的利好时期，鼓励北方的新疆、内蒙古等地区充分利用"一带一路"经济带，进行冰雪文化的交流与传播。将具有中国特色的冰雪文化传播出去。最后，加强冰雪旅游过程中的体验性和参与性，冰雪旅游本身是基于冰雪运动展开的，要注重对冰雪运动的活化利用，让游客在旅游过程中参与冰雪运动，亲身体验我国冰雪运动的魅力，在参与中加深印象，加深理解。在冰雪资源丰富的地区举办相应的群众冰雪体育赛事，鼓励大众参与其中，逐渐形成具有当地特色的冰雪群众赛事品牌，助力我国全民健身的展开，实现社会效益与经济效益的统一。通过对冰雪赛事遗产资源文化价值的挖掘、选择和重组，使其具有相应的时代价值与意义，通过对冰雪赛事遗产的利用使得冰雪文化资源愈加丰富，冰雪文旅品牌化建设更具可塑性。

二、开发冰雪文旅商品

影视剧、书籍、冰雪运动明星等旅游商品凝聚了旅游地的人文和自然特色，是一个地区旅游品牌的重要载体。通过文创产品的开发将冰雪旅游地的文化特色传播到其他地区，通过冰雪文化产品的开发使得冰雪文化通过更多元的形式展现在公众面前，加强公众对冰雪文化的了解与认识。首先，冰雪文旅产业的发展要充分考虑国内外游客的需求，将现代的时尚理念、文化创意等充分融入相关的旅游产品当中，在我国文化理念的支持下形成具有独特中国特色的 IP 产品，在相关的冰雪旅游区设置产品售卖点，将具有文化特色的产品进行售卖，进而达到传播文化理念，推动品牌发展的作用。通过文创产品的开发使得旅游的附加值提升，游客在旅游过后依旧能够对相关冰雪文旅的理念以及蕴含的文化价值铭记于心，推动冰雪文化的发展与传播。其次，通过文旅产品的品牌化实现冰雪文化的传播。冰雪文旅产品不仅包括旅游地的有形产品，更包括冰雪影视剧、冰雪明星的明星效应等无形产品。在发展冰雪文旅产业的过程中，要注重对这类冰雪无形资产的开发利用，加快和促进冰雪文旅产业的发展，建设具有中国特色的冰雪文旅产品，提升相关产品的附加值，同时加强对冰雪文旅产品知识产权的保护，进而促进冰雪文旅无形资产的开发利用。最后，加强对冰雪文旅产品的保护与传播。注重对冰雪文旅产品的宣传与推广，旅游地区注重对相关旅游商品的宣传与推广，提高对相关文旅产品的销售率；同时注重对冰雪影视剧等的传播与发展，将具有我国特色的影视产品推广到更多国家，提高国外对我国冰雪文化的了解；另外，注重对冰雪文旅产品知识产权的保护，对相关产品进行创造性开发与利用。

三、保护冰雪文旅资源，实现可持续发展

冰雪运动的发展依托大量的冰雪资源，而冰雪文旅产业的发展同样依托区域内大量的冰雪资源，对冰雪文旅资源的保护性开发是实现品牌可持续发展的关键，而品牌的构建是一个长期的过程，要在持续发展的前提下进行冰雪文旅品牌的构建以实现冰雪文旅产业的持续发展。首先，在冰雪文旅产业发展过程中将持续发展作为首要前提，在旅游景区内遵循资源保护性原则，防止对相关文化资源过度利用，限制某一景区内的游客人数，引导游客文明

旅游，实现对景区资源的保护性发展。同时冰雪文旅产业的发展主要依托冰雪资源，而冰雪资源的季节性使得对冰雪资源的运用应该更加珍惜，要更加注重对冰雪资源的开发与利用。其次，冰雪资源的开发与利用同样会带来环境的污染以及自然资源的过度利用等问题，对文旅资源的保护同样要注重对自然资源的保护性开发与利用，始终坚持生态第一的原则。冰雪文旅产业在借助当地独特文化遗产与物质的基础上展开，文旅产业的发展依托大量的人文社会景观，大量的人文社会景观具有一定的不可再生性，使得对人文社会景观的利用更要注重保护性发展的原则。最后，冰雪文旅资源的可持续发展要注重对冰雪文化与精神的传承发展，冰雪文旅产业的发展光靠对文化和自然资源的保护性开发与利用还远远不够，还要注重对冰雪文化的弘扬和传承，通过电视、广播、微博等平台进行冰雪精神的宣传，扩大公众对冰雪文化的了解，进而使得冰雪文化深入人心，促进冰雪文化的持续发展。通过对冰雪文旅资源的保护性开发与利用，实现冰雪文化资源、冰雪自然资源以及冰雪精神的传承、传播，进而实现冰雪品牌的持续发展，促进冰雪文旅产业的国际化发展。

第二节　供需匹配实现产业协调发展

随着北京冬奥会的成功申办，我国民众对冰雪的热情呈现剧烈的增长趋势。而冰雪文旅产业发展过程中依托大量自然资源的现实情况，使得冰雪文旅产业的发展受到季节、气候以及地形等条件的影响，并且各地区对冰雪文旅资源整合与利用的程度也不尽相同，各地区的发展方向也具有诸多不同之处。单一的滑雪或者滑冰场、单调的冰雪旅游形式等难以满足冰雪文旅消费者日益增长的冰雪消费热情与精神文化需求。因此为进一步扩大冰雪文旅产业的发展规模、增加冰雪文旅产业的发展内涵，以休闲娱乐、放松身心为主要经营目标的冰雪文化度假村以及冰雪特色小镇近年来发展的态势良好。但处于发展阶段的冰雪文旅产业仍然不可避免地存在供给质量不高的问题，进而导致大众的消费热情受挫，供给与需求之间产生偏差。冰雪文化产业链的不完善是导致供给质量不高的重要因素，整个冰雪文旅产业的发展模式、服务质量、消费环境与消费者的期望不符也是冰雪文旅市场一次性消费者占据大多数的主要原因。

一、推动冰雪文旅产业供给侧结构性改革

首先，扩大中高端供给。冰雪文旅产业的高质量发展离不开高质量的供给。冰雪文旅产业的发展需要通过冰雪文旅产品与服务来衡量，其发展好坏反映了冰雪文旅产业发展的好坏程度，要通过提高冰雪文旅产品与服务实现冰雪文旅产业效益的提升。通过树立精品意识使得冰雪文旅产品与服务的供应者践行匠人精神，在对产品与服务的供给过程中坚持精益求精的原则，对相关产品与服务仔细"雕琢"，使得冰雪文旅产品与服务体现最大价值，在生产过程中始终以国家法律法规为规范，坚决杜绝文旅产品提供过程中的道德失范、见利忘义等违背道德法律的行为。其次，供给方式多样化。冰雪文旅产业发展过程中，面临着众多的需求，冰雪文化逐渐成为国家文化发展不可或缺的一部分，人们在参与冰雪运动享受快乐时，对冰雪文化的要求也逐渐提高，冰雪旅游市场逐渐扩大，在 2018 年达到了 1.97 亿人次，在国家相关的政策推动下冰雪文旅产业的需求更是呈现逐年增长的态势。在这样的大背景下，冰雪文旅产业需要丰富自身的供给方式，在发展过程中，除供给单一的滑雪、滑冰运动之外还要对冰雪旅游方式进行不断的创新，拓展冰雪旅游的目的地以及方式。例如通过建立冰雪小镇的方式使得相关的游客进行沉浸式旅游，通过冰雕节使得举办节日地区的文化通过冰雕的形式传达给观看者，通过多种类型的冰雪文旅供给形式推动冰雪文旅产业的供给侧结构性改革。最后，供给主体多元化。随着社会的发展，社会的分工逐渐明确，冰雪文旅产业的市场化催生了冰雪文旅产业供给主体的多元化发展，社会主义市场经济体制和政府宏观调控的经济发展方式使得冰雪文旅产业发展过程中政府以及众多的市场主体成为冰雪文旅产业发展的重要主体，通过政府的作用使得冰雪文旅产业规范化发展，而众多的冰雪文旅企业则在发展过程中呈现多元化的趋势。在冰雪文旅产业供给主体多元化发展过程中要注重对相关的市场主体进行拓展，使得各市场主体提供高质量的服务进而满足人民日益增长的冰雪文化需求，形成政府主体与市场主体共同供给的二元发展模式。

二、以需求促动冰雪文旅产业发展

冰雪文旅产业的需求主导机制是在发展过程中使冰雪文旅产业消费者充分表达需求，进一步引导冰雪文旅产业消费者充分表达其偏好，使得行业内

的需求能够被准确识别。首先，遵循需求的一般规律，充分考虑各地冰雪文旅产业发展的不同情况，对相关消费者的需求进行分层识别，充分考虑消费者的主观性特征。在需求发展过程中加深对不同消费者需求的研究，保证消费者的需求都能够被充分考虑，进而实现对消费者需求的统筹规划。在表达消费者需求的同时，冰雪文旅产业的供给主体也要注重对消费者需求的引导，通过对相关冰雪产品的宣传使得消费者对冰雪文旅产品具有充分的了解，减少因信息不对称带来的需求缺乏，进一步刺激消费者形成需求，增加需求，从而推动冰雪文旅产业的发展。其次，冰雪文旅产业发展过程中要注重以人民为中心，发展人民群众喜闻乐见的冰雪文化，在冰雪文旅产业的发展过程中要时刻以人民为中心，使得冰雪文旅产业的发展能够反映人民心声、丰富人民生活、开阔人民视野，满足人民群众的冰雪文化需求。以人为本的发展理念也要在冰雪文旅产业的发展过程中，充分考虑冰雪本身的特色，在冰雪资源丰富的地区大力发展冰雪竞赛表演业、承办各类型的冰雪赛事等，在冰雪资源较差的地区大力发展冰雪装备制造、冰雪设备研发等，使得各地的冰雪资源能够得到充分利用，满足人民需求的同时创造更多的冰雪就业机会，使得冰雪文旅产业同时具备一定的社会功能。最后，完善需求表达机制。在冰雪文旅产业发展过程中要使得居民的需求表达全面有效，完善需求表达机制需要政府与企业共同努力，政府通过对居民需求的了解来制定相应的冰雪文旅产业发展政策等内容推动行业内部的发展，企业通过对消费者需求的了解提供相应的冰雪文旅产品。通过对消费者需求的充分考虑实现冰雪文旅产业发展过程中以需求促发展的局面。

三、实现产业链上下游供需匹配

冰雪文旅产业链的不完善是造成供给质量不高的主要因素，整个产业之间的发展模式、服务质量以及消费环境难以达到消费者的期望，消费者大多为一次性的体验型消费，较少有持久客户。通过冰雪文旅产业上下游之间的协调整合实现一种供需协调关系。在整个产业链的上下游之间冰雪文旅企业按照消费需求调整发展方式、运行模式以及商业模式等，整个冰雪文旅企业在供需链上协同运行，共担风险与利益。同时消费者的需求能够通过产业链的协同实现有效表达，真正进一步实现消费需求与冰雪文旅企业的供给协调。首先，实现以消费主体为驱动的数字文化企业上下游供需关系深化。冰雪文旅产业发展的最终目的是满足冰雪消费者对冰雪消费的更高需求，而在社会飞速发展的今天，消费者的需求也在不断发生着改变，新思路、新想法也在发展过程中不断涌现。消费者新的消费需求不断促使冰雪文旅产业提供新的产品，积极进行冰雪文旅行业的创新，不断在消费需求的驱动之下创新产品，提供满足消费者需求的文化产品，进而带动冰雪文旅产业有效脱离重复性单一供给模式的恶性竞争，实现商业模式以及发展方式等的创新发展。其次，进一步实现以消费需求为主导的冰雪文旅企业上下游供需协调机制。冰雪文旅产业当下在国内外均有较高的消费需求，不同的是国外的冰雪文旅业起步早、发展较好，而国内的冰雪文旅业起步晚、发展较为落后。在冰雪文旅产业发展过程中，我国的消费市场一直被国外品牌占据，分析其原因，对消费者需求把握不足是一大重要因素。因此，在后续发展过程中，应充分注重对消费者需求的考量，运用大数据等技术追踪消费者的消费行为，并通过对消费者需求的精准测量实现对消费者需求的针对性的产品供给，进而满足多样化和个性化的消费需求实现价值链增值和产业的转型升级。通过对供给与需求的全面把控实现冰雪文旅产业供需协调，进而提高产业供给质量。

第三节　创新管理实现政府统筹规划

冰雪文旅产业的发展离不开政府的统筹规划，无论是对冰雪人才的引进、冰雪技术的创新还是冰雪文旅产业发展方向的确定均离不开政府的统筹规划，同时作为社会主义国家，政府对文旅产业的发展具有不可忽视的作用，在发展过程中要充分依托政府职能实现对冰雪文旅产业的统筹规划，从宏观层面完善冰雪文旅产业融合的规划与布局，进而实现对冰雪文旅产业的统筹规划，促进冰雪文旅产业更好发展。

一、全面规划布局和产业政策配套升级

冰雪文旅产业的发展需要政府的介入，但政府的管理不能事无巨细，在管理过程中应当逐渐放开对微观事务的管理，将重心更多地放在对冰雪文旅产业的宏观规划以及政策配套等宏观事务之中。首先，在冰雪文旅产业发展过程中做好宏观规划与布局。加强对冰雪文旅产业的统筹规划，政府要在发展过程中进一步发挥引导职能，按照国家的宏观政策与当下的发展目标进行

冰雪文旅产业的发展部署，在整体性发展理念的指导下探索冰雪文旅产业发展的新路径，做好冰雪文旅产业的创新发展，提升服务质量。其次，对现有的冰雪文旅产业发展理念进行创新，将冰雪文旅产业发展理念与地方经济发展相结合，对相关政策资源进行统筹规划，加强冰雪文旅产业发展与地区规划和战略的协调发展；坚持文化自信，深入挖掘地区的冰雪文化价值，使得冰雪文旅产业发展成为当地文化传播的有力载体。最后，制定冰雪文旅产业发展的配套政策，在冰雪文旅产业发展过程中要加大政策的扶持力度，科学制定相关政策，同时地方政府要出台相关的配套政策保证各地对政策的执行，进一步打破冰雪文旅产业发展的制度障碍，营造良好的冰雪文旅产业发展环境。除此之外，要明确冰雪文旅产业发展的政策思路，进一步加强冰雪文旅产业发展的一体化建设，通过对相关景观的保护与传承，制定适合各个冰雪旅游区的政策，进一步适应新时代的冰雪文旅产业发展。

二、完善管理机制提高监管质量

冰雪文旅产业的发展需要良好的冰雪政策来支持，市场监管机制的完善是冰雪文旅产业发展的重要前提，通过良好的监管提高冰雪文旅产业的产品供给、提高文旅产业管理及运行效率，进而提高整个冰雪文旅市场的管理质量与消费者的满意度，使消费者的需求得到满足，提高对冰雪文旅产业的需求，促进这个行业的发展。首先，对冰雪文旅产业的监管机制进行完善。深化冰雪文旅产业监管机制的改革，对相关的市场舆论进行密切跟踪调查，对的确属实的问题进行及时清理与解决，提高整个市场的问题发现与解决能力，对与整个行业中存在的普遍性问题进行整治与纠正，进一步完善相关的监管政策。加强整个行政管理系统之间的联系，通过与交通、公安、医院等部门的合作对冰雪文旅相关旅游区进行有效的监管，对相关破坏市场秩序的行为进行严厉打击，对违反市场规定、虚假宣传等行为进行打击，清洁市场发展环境。同时，提高对相关服务投诉的处理能力，通过消费者的监管提高行业的整体运行效率。其次，在传统监管方式的基础上进行创新，推进冰雪文旅行业的信用体系建设，对旅游过程中的失信行为进行整治，通过建立"黑名单"的方式加强对相关失信人员的监管。加强对冰雪文旅行业组织建设，通过加强冰雪文旅行业组织的建设持续改进风险预警、信息披露机制等环节，进一步保证冰雪文旅产业的行业环境。通过政府的作用来梳理企业之间的沟通机制，通过较强的沟通机制进一步引领行业协会参与行业的标准化建设以及整个行业的运营。最后，提高监管服务质量，尽管冰雪文旅行业的发展需要在政府的监管之下进行，但政府在发挥监管作用的同时也是在为人民服务，政府的服务职能同样对行业发展具有重要作用。因此，政府部门在进行监管的同时要注重提升自身的服务质量，在监管与服务之间建立良好的平衡关系，才能进一步确保监管职能的有效履行。

三、加强人才引进机制

冰雪文旅产业的发展除需要政府的有力规划与管理之外，还需要相关的人才支持政策。首先，加强冰雪文旅从业人员的引进与培养。政府要制定相关的人才引进方案，引进具备高学历、高素质的冰雪文旅从业人员，为冰雪文旅产业的发展打下坚实的人才基础。除引进人才之外，要提高对人才的培育。政府督促冰雪企业制定相关的人才培养机制，运用行政力量加大对冰雪文旅人才的培养。其次，提高对管理人员的培养。冰雪文旅产业的发展离不开管理人员和文旅产业服务队伍的支持，提高相关管理人员以及文旅产业服务队伍的建设是促进冰雪文旅产业发展的保障机制。通过开设相关的课程培训管理人员，使得冰雪文旅产业发展过程中具备较高的管理素质与专业知识。同时加强对相关执法队伍的建设，通过培训提高相关人员的法律知识、政策制度以及执法程度的规范性。最后，冰雪文旅产业发展过程中，冰雪旅游对产业发展居于重要作用，而导游作为旅游过程中直接与游客接触的关键人物，要注重提高导游的素质，加强导游人才队伍的建设，通过提高导游的综合素质，使游客在导游的带领与解说下感受到冰雪文化的内涵与魅力，提高顾客满意度。除此之外，加强旅游过程中的风险防控和应急处理人员的安置和培训，提高整个冰雪旅游过程中的安全系数，通过政府的创新管理机制实现政府对冰雪文旅产业发展的统筹规划。

第四节　跨界融合实现产业多元发展

人民经济生活水平的提高以及国家对北京冬奥会的成功申办，使得现阶段我国冰雪文旅产业的发展已经产生了大量需求，然而大量的需求与冰雪文旅产业供给之间的矛盾也更为突出。面对冰雪文旅产业供给产品单一、供给质量不高等现存问题，实现冰雪文旅产业的跨界融合，探索冰雪文旅产业发展的新业态、新模式成为推动发展的关键要素。冰雪文旅产业通过与其他业态融合能够为消费者提供更加丰富的消费产品、提高冰雪文旅产品质量等，成为推动冰雪文旅产业发展的重要一步。但是冰雪文旅产业与其他业态融合过程中不能盲目，要充分考虑冰雪文旅产业的发展实际，在相关理论指导下进行，同时要注重融合的步骤与基础。

一、冰雪文旅产业与信息产业的融合

首先，冰雪文旅产业发展过程中要注重将信息技术产业融入整个产业发展的全过程，加大对信息技术的投入力度。冰雪文旅产业的发展需要对大量的信息进行处理，信息产业的应用对冰雪文旅产品的推陈出新具有重要作用。通过对大量市场信息的掌握，使得整个产业能够掌握一手的一线消息，通过对信息的处理与掌握能够对冰雪文旅产品进行更好的开发，进而满足多样化的消费需求。其次，加大冰雪文旅产业信息化基础设施的建设。通过政府财政资金、社会融资以及企业投资等手段，实现"冰雪文旅产业＋信息产业"的基础设施建设。例如，支持相关的信息化核心技术的开发、数据库的建立；对冰雪旅游区进行信息基础设施建设，区域内网络的覆盖等。同时注重对信息安全保障体系的构建。政府、企业等主体要注重对信息发展规划以及政策的制定，使得相关信息基础设施的建设和发展有相应的保障。再次，注重对互联网这一信息技术手段的运用，通过互联网对冰雪文旅产业的相关信息进行及时的传播，建立相关的网页和门户网站等对各个地区的冰雪文旅信息进行宣传，提高信息的曝光度，使得消费者对信息的掌握更加及时、全面，更能挑选到适合自己需求的冰雪文旅目的地。除此之外，通过互联网技术能够加强对客户信息的监管与控制，为冰雪文旅企业提供便利的信息处理手段。最后，建立冰雪文旅产业发展的信息管理系统。以互联网为基础的信息技术、信息产业对冰雪文旅产业的发展带来了重要的机遇期，在对信息技术的运用过程中通过建立良好的信息技术环境对信息进行实时的获取、存储、加工等，对消费者以及整个行业发展的信息进行及时的跟踪管理，将冰雪文旅产业的管理目标、思想、方法、流程通过信息系统串联起来，建立起冰雪文旅产业发展的信息管理系统。

二、冰雪文旅产业与传媒产业的融合

冰雪文旅产业的发展离不开与传媒产业的融合，从冰雪文旅产业发展的起步阶段开始传媒产业就伴随着全程。传媒业对冰雪产业的发展尤其是对冰雪赛事的发展具有重要作用，在当下的社会发展过程中，冰雪文旅产业媒介数字化、网络化发展得越来越深入，冰雪文旅信息传播媒介与渠道更加多元，传媒产业逐渐渗透到冰雪文旅产业发展的方方面面。在人民关注冰雪、了解冰雪、体验冰雪的过程中，媒介产业充当了重要的主体，不断地造就市场奇迹。首先，明确冰雪文旅产业与媒介产业融合的层次结构。从核心层即专业的冰雪文旅媒介，主要包括冰雪期刊、杂志、广播、电视、网络等，到外围层即以冰雪传媒为中介的关联产业。其次，随着冰雪文旅产业的发展相关的冰雪运动员具备的声望和名气也越来越大，在这个过程中，传媒业发挥了重要的作用，国外的传媒业也开始关注到中国的冰雪文旅业，开始对相关的冰雪赛事等进行报道，将我国的冰雪文旅信息传播到国外。同时，通过对国外传播理念、经验以及技巧的学习与运用，我国传媒业与冰雪文旅产业的融合也更加得心应手。最后，通过与传媒业的融合将冰雪运动以视频化、社会化、移动化的形式传播给大众，满足大众对冰雪文旅信息听觉、视觉等的需求，使得消费者以更加经济的方式体验冰雪文化，感受冰雪运动的魅力。

三、冰雪文旅产业与科技产业的融合

冰雪文旅产业的高质量发展离不开科技的支撑作用，党的十九大报告指出，推动经济高质量发展，科技是不可或缺的一部分，要强化科技的战略支撑力量。推动冰雪文旅产业与科技的融合成为推动冰雪文旅产业产品创新、技术提升甚至是发展的重要力量。首先，通过冰雪文旅产业与科技产业的融合实现产品的改善。冰雪文旅产品的质量决定了冰雪文旅产业发展的质量，要通过与科技的融合提高冰雪文旅产业的原创性，引进相关的技术来开发文化内容，挖掘相关的文化内核与精髓，实现对传统冰雪文化的创新发展。同时，通过科技手段创新冰雪文旅产业的展现形式，使得文化产品有更多的表现形式，冰雪旅游业在科技支撑之下更具体验性，全面满足消费者的精神文化需求。其次，加强冰雪文旅产业与科技融合的创新性发展。通过政府牵头、各地孵化平台联合进行冰雪文旅的创新，营造产业内部的创新氛围。对好的创意、项目进行投资渠道的扩充，交流平台的搭建等，推动冰雪文旅产业与科技融合的创新发展。再次，通过冰雪文旅产业与科技的融合催生新业态，通过科技的作用对传统冰雪文旅企业的生产经营方式进行改革，推动传统文旅企业运用新的科学技术手段培育新文化业态。推动科技与文旅产业的深度融合，促进科技与文化创意、影视制作、文化会展等的融合，培育更多新产品、新服务以及多项融合的新业态。

第十三章　冰雪经济"三生融合"
一体化发展路径

　　冰雪经济是依托冰雪运动发展起来的冰雪产业，它包括冰雪运动、冰雪装备制造、冰雪赛事和冰雪文化等，其最大的特点就是在发展过程中各类产业和相关的人类活动都与自然冰雪环境紧紧相连。在冰雪经济发展过程中生产空间与生态空间是最根本的保障，只有确保在生态环境不受破坏的基础上实现集约高效的生产方式，才能推动人民安居乐业，实现生活空间更加优化、美好。因此，"三生空间"之间既相互独立，又存在相互影响、相互制约的关系。以人为本是建设社会主义生态文明的出发点，在三生一体化的系统中，生产空间和生态空间都是服务于人类的生活空间，所谓的集约高效、宜居适度和山清水秀不仅是各系统的发展目标，更重要的是要强调三生空间对人的发展的积极意义。因此，冰雪经济要想实现"三生融合一体化"，需要从划分空间的功能入手，确定三生空间中各子系统的功能角色，确保生产、生活和生态空间之间实现平衡发展。

第一节　集群高效夯实经济发展基础

　　在发展经济的过程中，生产空间的优劣直接决定了生态和生活空间的发展模式，通过促进生产空间集约高效生产一是可以保证生活和生态空间充足发展，二是提高劳动生产率，让生产更好地满足人类生活需求，因为人类发展所需要的衣食住行等各方面的生活资料都是在生产空间创造的，生产空间在人类社会的发展中起着重要作用。生产空间集约高效是扩大再生产、创造物质财务的基本途径，也是生活空间和生态空间不断发展的动力源泉。推动经济由高速增长转向高质量发展，需要加快转变发展方式，生产空间的集约化、高效化进一步为生态空间和生活空间提供丰富的物质供应。

一、畅通产业链推动产业集群化发展

"三生融合"的本质是在保护生态资源的前提下，形成一个具备先进生产方式和现代生活方式相统一的共生空间。生产空间作为供给物质资源的主要载体，要想实现三生一体化需要做到集约化生产，在空间区域内形成产业链是解决这一问题有效途径。不同地区的特色资源有所差别，这也是区域冰雪经济发展的根脉与灵魂，各地皆是从因地制宜的角度扎根本土资源创造出合适的发展道路。因此，不同地区冰雪经济的发展依靠的主要产业略有差异，其发展的具体路径也有不同。第一类是以运动项目为主的地区，依托区域内已有的冰雪运动项目发展基础，与政府部门协会释放的上游资源对接，以打造冰雪运动项目赛事体系为核心，培育出相关的俱乐部、体育团体等社会组织，并围绕冰雪运动项目培训、用品制造与销售、冰雪旅游、体育保险等开发新业态，同时结合旅游、文化、传媒、影视等元素，贯通运动项目赛事的上下游产业链，打造围绕冰雪运动项目的全产业链条；第二类是以冰雪民俗文化为主，依托当地特色的冰雪文化，通过举办节庆活动吸引游客，拉动以冰雪旅游为主要推动力的冰雪经济发展，这一类型的地区需要壮大民间团体和社会组织的力量，积极开发由民俗活动衍生的产品，利用品牌效应实现以民俗文化节庆活动为中心的体育产业链；第三类是文旅结合发展冰雪的地区，要大力挖掘当地冰雪体育文化资源，以冰雪旅游为主体，打造出文化旅游产业链。不论是围绕赛事、旅游还是节庆活动开发冰雪资源，本质都是将区域的冰雪运动特色资源、地域文化与等元素进行有机结合，以运动休闲、安居乐业为主轴，促进体育、文化、旅游、康养等业态深度融合，形成以运动休闲、赛事旅游、健康养生、文化体验等多功能支撑的产业链。

二、注重效益优先实现高效供给

党的十九大报告中提出，我国经济已由高速增长阶段转向高质量发展阶段，必须坚持质量第一、效益优先，要减少无效供给、扩大有效供给，提高全要素生产率，使供给体系更好适应需求结构变化①。冰雪产业要想提升供给体系全要素生产率，主要有以下几种路径：第一是提高生产效率。冰雪产业供给体系的生产效率主要强调要素配置效率、产业运行效率及组织效率。在要素配置效率方面，应该充分发挥冰雪产业供给体系要素市场化配置的决定性作用，确定政府的主导地位，扩大冰雪产业供给体系各要素实现有效供给，借助新旧动能转换推动供给体系实现转型升级；在产业运行效率上，要充分借助新技术，提升冰雪产业与新兴技术的结合程度，坚持以创新作为产业发展的驱动力，提高冰雪企业的科研创新能力，提升冰雪装备制造业的自我造血能力；在产业组织效率方面，冰雪运动产业供给体系的组织效率直接关系到冰雪运动产业供给体系的组织合理化程度，应该遵循冰雪运动产业供给体系的地缘性特征与冰雪运动中各种消费需求相结合的寡头垄断的冰雪运动供给体系市场结构，消除政府在市场运作中的行政垄断。第二是供给体系的市场效率，主要包括市场准入效率、市场匹配效率和市场交易效率。在市场准入效率方面，继续全面推进"放管服"改革，政府要加大对冰雪产业的相关的融资、消费和土地支持方面的支持力度，实施冰雪运动产业供给体系的市场准入负面清单制度；在市场匹配效率方面，要全力完善冰雪运动产业供给体系的市场体制机制，对消费者和当地居民的需求有效识别，并且确定差异化需求，确保冰雪市场能够实现供需有效匹配；在市场交易效率方面，要尽量简化市场交易程序，对企业采取税收减免政策，完善冰雪产业供给体系的市场交易规则。第三是冰雪产业供给体系三生系统的协同效率，在经济与社会之间协同关系和运行效率方面，要确保冰雪经济中产业供给结构体系和社会结构协调发展，在保证经济效益的同时确保社会公众能够共享冰雪经济发展成果，实现生产和生活协调。在发展经济的同时要以生态环境为发展的先决条件，树立绿色环保的发展理念，实现生产与生态的协调发展。同时，要积极引导社会力量投入到生态保护中，加快冰雪运动产业供给体系的生态文明体制建设。

三、提升供给水平实现良性竞争

在三生一体化发展的过程中生产空间在整体系统起到供能的作用，而生

① 新华社. 习近平主持召开中央财经领导小组第十二次会议 [EB/OL]. [2020-02-03]. http://www.xinhuanet.com//politics/2016-01/26/c_1117904083.htm.

产空间的生命力来源于产品供给水平,因此提升生产空间的供给水平具有重要作用,其中品牌特色又是区域在竞争中取得优势的重要因素。冰雪经济的三生一体化发展就是要强调因地制宜,根据当地的冰雪资源特色实现生产生活和生态空间和谐统一,因此在发展中应该突出冰雪产业的特色,避免出现同质化现象,造成生产空间的供给难以有效匹配需求。生产空间要想实现良性竞争,具体的优化路径如下:第一,要优化生产力布局,使生产空间能够实现内涵式发展;第二,要明确需求促进资源有效供给,无论是企业还是政府,在三生空间的建设过程中都要对当地居民和外来游客的需求进行识别,并且随时根据需求状况对供给侧进行调整,最终实现供需匹配推动产业转型升级;第三,要注重创新引领,实现整体良性竞争。三生融合是在新发展理念的指引下实现可持续发展的必由之路,也是市场经济发展的必然选择。为了实现高质量发展的目标,在建设过程中要避免盲目跟风建设,建立科学合理的评估体系。在建设过程中要以"产品""产业""品牌""市场"四个方面的创新发展为生产空间竞争能力的重要支撑,严格规避"有产品、无产业""有产业、无品牌""有品牌、无市场"现象,形成根植于新时代背景之下的受到产业驱动的现代区域经济增长新模式。因此,在体育特色小镇的建设过程中文化的创新与再造应该置于前所未有的位置。

第二节　绿色发展维护自然生态环境

自党的"十八大"将生态文明建设纳入中国特色社会主义事业五位一体的总体布局战略决策以来,绿色发展理念已经逐渐成为经济社会发展的重要理念,"金山银山"与"绿水青山"的阐述科学地回答了发展经济与保护生态二者之间辩证统一的关系,这也成为我国生态文明建设的重要理论。"十四五"时期,我国经济社会发展的主要目标之一就是生态文明建设实现新进步。从三生空间的发展角度来看,生态空间为生产和生活空间提供了基础保障,特别是对冰雪经济来说,绿色生态空间是确保冰雪经济得以绵延生长的重要基础。在北京冬奥成功申办的几年内,冰雪运动带来的经济效益已经得到彰显,形成了以京津冀为引领,北方地区优先发展、南方局部地区发展的空间布局。冰雪经济主要依靠冰雪旅游和冰雪运动带动,要想发展冰雪产业推动冰雪经济持续向好发展,必须要重视协调"绿水青山"与"金山银山"

之间的关系，只有在保护生态资源的基础上发展经济才能可持续的发展。

一、出台保护性政策规范发展

为了有效保护和充分利用自然资源，实现整体绿色生态化发展，就要从政府制定政策计划开始，各方利益相关者要严格执行，共建绿色环保的发展环境。冰雪运动的发展涉及体育、文化、旅游、基础设施建设、生态环境保护等多个方面，所以这一特性决定了冰雪产业的政策制定和实施需要多部门协同参与，各职能部门制定政策措施时需要注重与当地政府、企业、居民等主体进行协同合作。制定综合性行动计划需要考虑当地经济发展状况，让冰雪运动充分发挥带动区域经济发展的作用，同时考虑到各区域居民、企业、社会组织等的参与诉求。具体来说，在涉及资源开发和生产空间搭建的区域内，政府应当制定完善的保护性政策，有针对性地按照生态系统的完整性和人类对自然环境的影响程度对自然环境区域进行分级管理，区分冰雪生态公园和滑冰滑雪场的管理方式。同时，要严格控制人类在自然区域内的活动，对任何可能对自然环境产生破坏的人类活动都要进行监管，特别是对相关产业的从业主体来说，要想借助生态资源进行活动需要获得相关部门准许并领取营业执照。除了监管到位以外，相关部门还要制定严格的惩罚性条款对违反规定的相关主体进行追责。

二、统筹规划重视生态环境保护

从总体上来看，对环境的影响主要来源于工业污染和人为污染。工业污染是指冰雪装备制造的工厂、滑雪场馆设施的供暖和造雪设备等工业设备对当地生态环境的污染，人为污染主要来源于冰雪融化后冰雪运动产生的污染，这些污染物会导致山地受到腐蚀，同时影响到周边河流水域的水质，严重时甚至会殃及周遭动植物生存环境，并且滑雪场中建设缆车、滑道和各类设施都会对当地生态环境造成一定破坏。滑雪场作为冰雪运动发展的空间载体，应该在科学有序的规划指导下进行建设。近几年，冰雪运动所发挥的经济效益已经开始显现，参与主体出于逐利心理，雪场数量开始以几何级方式快速增加，然而大部分雪场选址不当、雪场建设缺乏规划，雪场设计不合理，这些现象不仅破坏了自然冰雪资源，还出现大量低水平重复建设，整体空间布局混乱，周边生态环境受到影响。为了防止一哄而上投资过热的现象，政府应制定生态环境标准，提前做好统筹规划，避免出现过多滑雪场地和相关旅游景区建设而导致生态环境问题。同时，整体规划要从全局考虑，需要立足冰雪资源和当地气候，筛选淘汰掉建设在不宜开展冰雪活动地区的低水平雪场，统筹协调建设一批质量好、具有较高承载能力和一定办赛能力的国际化雪场，实现冰雪运动高质量发展。

三、持续推动冰雪旅游生态化转型

冰雪旅游作为拉动冰雪经济增长的重要推手，对旅游地的经济带动作用十分明显，是缩小城乡差距、发达与欠发达地区差别的途径[①]，为了保证在发展旅游业的同时旅游地的生态资源不受破坏，应该采取生态旅游的模式发展冰雪旅游。冰雪旅游向生态化转型主要从三个方面着手：首先是需求生态化，要想推动冰雪旅游生态化发展必须从消费者入手，关键在于帮助旅游消费者树立绿色出游的意识，建立健康绿色出游的消费理念，所以企业和政府要共同营造良好的消费环境，引导消费者改变消费意识和习惯，重新构建冰雪旅游的消费方式，使消费者自身能够主动将生态化消费理念落实；其次是通过政策鼓励生态化消费，政府从宏观层面出台政策是推动冰雪旅游生态化发展的重要推动力，国家和地方应出台冰雪旅游生态化的优惠政策和制定地方冰雪生态旅游建设的目标定位。除了政策支持之外，政府的管理还包括对冰雪生态旅游的管理结构设置，以及制定冰雪生态旅游的管理制度，管理制度主要包括针对景区工作人员、经营者和游客，以及制定规范的景区建设管理办法。

总的来说，生态资源作为冰雪经济发展的重要基础，是实现三生空间一体化发展模式的重要前提，只有维护好人与自然的和谐关系，坚持向生态化发展转型，重视生态文明建设，明确生态环境是打造高质量发展的重要基础。从政府的宏观层面到各利益相关者的微观层面都需要努力深化"三生融合"的理念，坚持以政府为引领，制定相关政策法规规范绿色发展模式，大力宣传环境保护知识，激发人们的环保意识。企业和消费者要有主人翁意识，从自身的言行举止出发，自上而下贯彻落实生态文明建设的思想，将绿

---

① 张东祥，董丽媛. 农业生态旅游产业发展对区域经济的影响与对策探析 [J]. 农业经济，2014（12）：26—27.

色理念落实到生产和生活中的每一个环节，坚持在发展冰雪经济的过程中构建绿色生态的发展模式，努力打造出经济发展与自然环境并重的发展态势，这是冰雪经济实现"三生一体化"高质量发展的重要基础保障。

第三节　产城融合打造宜居发展空间

生活空间是具有提供和保障人居生活功能的空间，或者通过列举用地类型及活动场所描述生活空间的范围①。生态是发展的根基、生活则是创造活力的源泉，生活空间为人类创造了生存发展所需要的条件。作为联结生产系统和生态系统之间的重要纽带，生活空间要想达到宜居适度的水平既需要生产空间提供支持，又对生态系统有一定的要求。因此，在冰雪经济三生融合的过程中，要注重丰富生活空间的功能性设施满足人们日益增长的对美好生活的需求。

一、完善冰雪公共体育供给体系

全民健身作为打开体育消费的金钥匙，在未来将持续受到 2022 北京冬奥会和消费升级的影响，人们对冰雪运动的需求将继续增长，因此政府要明确以冰雪运动为抓手，全面贯彻落实全民健身发展战略，要通过提升冰雪运动在不同群体中的渗透程度和普及程度，以全民健身助力"三亿人上冰雪"目标实现。这就要求政府、市场和协会要重新定位各自职责，形成一个由政府、市场和社会等多元主体构建的供给体系，全面推进以冰雪运动为核心的公共体育服务供给体系。首先，对于政府来说，政府作为公共体育服务的供给的责任主体，要联合相关部门共同完善冰雪公共体育服务供给，这包括制定相关法律法规监督、规范冰雪体育服务的建设；加强冰雪社会组织建设，要充分发挥社会组织在推动全民健身战略实施方面的巨大作用，利用社会组织的凝聚力鼓励更多居民参与冰雪体育活动；加快冰雪场馆建设，为民众参与冰雪体育运动提供基本条件，建立便民利民的冰雪运动参与环境。对于市场主体来说，冰雪运动的运营成本较高，因此在构建公共体育供给系统中，

---

① 崔家兴，顾江，孙建伟，等 . 湖北省三生空间格局演化特征分析 [J]. 中国土地科学，2018，32（8）：67－73.

以政府购买为主流形式，因此企业依然是供给的重要主体，牢记要以民众需求为导向开发产品，时刻掌握民众需求更新供给内容，不断提升供给质量和服务水平，以供给内容和服务水平切实满足人民对美好生活的需求，感受冰雪运动的快乐，增强人们参加冰雪运动的幸福感。对于各级冰雪运动协会和俱乐部等社会组织来说，要积极参与宣传冰雪运动的相关知识，举办福利性赛事活动鼓励大众接触冰雪运动，为冰雪运动走进千家万户提供可能。

二、丰富冰雪文化娱乐活动

随着生活水平不断提高，人们对美好生活的向往不只局限于丰裕的物质生活，也开始注重精神生活和文化娱乐需求。因此在丰富生活空间功能价值时需要考虑居民的娱乐需求，增加冰雪文化娱乐活动充实居民生活。由于各地经济、社会、技术、地形等条件各有不同，因此在设计规划时需要从全局出发，根据当地冰雪资源条件和经济水平，打造文化娱乐空间，鼓励各类主体开发与当地资源匹配、民俗文化相符的冰雪节庆活动，让民众在家门口就能够感受冰雪文化氛围。让冰雪文化活动贴近平常百姓的生活，要从鼓励民众参与、激发民众兴趣的角度开发活动，避免以盈利为唯一追求，哄抬票价让民众失去参与的兴趣。例如吉林省根据地区特色，围绕长吉、长白山、查干湖地区打造出以瓦萨国际越野滑雪节、吉林国际雾凇冰雪节和查干湖冬捕旅游节等一系列知名冰雪节庆活动[1]，极大地丰富了吉林省居民的生活，同时带动当地经济消费。除了打造冰雪节庆活动之外，还可以打造冰雪旅游观光景点，利用城市生活空间和区域自然风光打造出与当地特色相符的冰雪特色文化景观，也有利于提升当地居民的幸福感。

三、增加各级冰雪赛事数量

体育赛事作为全民健身的核心要素，国家相继出台相关政策鼓励以竞赛表演业为重点，大力发展多层次、多样化的各类体育赛事。一般来说，质量越高的体育赛事越能激发人们观看的需求，因此要增加各级冰雪赛事的数量，努力为人们提供运动休闲的氛围。专业性赛事可以激发人们到现场观赛

---

[1] 司亮，萧林静，陈淼，等. 我国冰雪文化消费空间的构建及其发展路径 [J]. 沈阳体育学院学报，2020，39（1）：94－100＋109.

和欣赏冰雪赛事的热情，而群众性赛事则在于激发大众参与的热情。因此要积极倡导和组织行业、社区、企业等开展形式多样的群众性冰雪赛事活动，举办群众喜闻乐见的大众冰雪活动和多层级赛事，不仅能促进冰雪运动蓬勃发展，还能起到普及和推广冰雪运动的作用。在大力推进增加冰雪赛事和活动的同时，政府要将主办的权利交给企业或社会组织，通过制定引导性政策鼓励民间组织多办赛、办好赛，同时简化赛事审批流程，将体育场馆设施向社会开放，减少办赛过程中可能遇到的各种阻力，激发社会组织的办赛热情。在吸引民众观赛方面，要积极引进国际国内高端冰雪赛事，为民众提供高品质的精彩赛事，同时积极承办各类国内国际赛事，以专业化赛事提高民众现场观赛的热情，营造良好的观赛环境，为民众打造体验良好、轻松愉快的观赛氛围，丰富城市的文化娱乐活动。

第四节　全面优化实现三生融合发展

坚持经济效益、社会效益和生态效益的统一就要求在使用范围内促进三者的融合，在具体的空间范畴内分清各系统的层次①。从体育所带来的多重效应来看，三生融合是以冰雪特色小镇中的体育特色作为空间载体，以山清水秀的生态空间为三生融合发展的先决条件，以集约高效的冰雪体育产业生产空间为主导，其生活空间旨在不断满足小镇居民的生活需求和提升居民幸福感。究其本质，冰雪特色小镇就是通过打造冰雪运动项目的产业链，融合旅游、健康、文化等相关业态，提升全民健身基础设施和公共服务的品质，以提升小镇功能改善生态环境推动生产，最终实现生活和生态多元融合发展的综合型模式。

一、以高质量为引领制定发展规划

一个体育特色小镇建成需要经历设计、招商、落地、运营、营销这几个环节，要想营造好冰雪经济的三生空间，需要从顶层设计出发。因此，在健康中国、全民健身和消费升级的大背景下，政府要以高质量作为发展冰雪小

---

① 刘燕．论"三生空间"的逻辑结构、制衡机制和发展原则［J］．湖北社会科学，2016（3）：5－9．

镇的起点，出台促进冰雪特色小镇高质量发展的政策。第一，在具备开展冰雪活动的地区，政府要切实制定合适的建设规划，做好冰雪特色小镇的相关制度保障。地方政府要牵头成立冰雪特色小镇专项指导小组，在宏观规划上引导冰雪特色小镇发展，具体把控冰雪特色小镇的核心定位、规划目标、建设标准、产业结构布局、政策保障等，尽快落实冰雪特色小镇建设的指导意见实施办法；第二，设立奖励机制，一是根据冰雪特色小镇的管理状况和产业布局情况，成立相应的专项资金用于为企业提供人才补贴以及优秀人才引进，二是省级政府牵头设立优秀冰雪小镇评选机制，定期对全省的各冰雪特色小镇进行评级，并对列为省级特色冰雪小镇的项目给予资金支持；第三是在建设过程中，政府要对小镇的空间规划进行合理设计，不论是打造赛事 IP、开展冰雪运动项目还是民众运动休闲空间建设，政府都需要从小镇的三生融合角度出发，以提升产业发展水平、加强生态环境保护程度、满足居民生活幸福感的角度出发，最终确保冰雪特色小镇从规划到落地运营都能走高质量发展的道路。

二、主张冰雪小镇多功能协调发展

冰雪特色小镇作为运动休闲特色小镇的一种，其本质也是通过促进乡村振兴实现地域空间重构①。在总体的冰雪资源规模相对稳定的条件下，冰雪特色小镇三生空间一体化的过程中，空间之间占比需要保持动态平衡，其中任何一个空间的比例增加都意味着会挤占其他空间，造成三生空间整体的平衡被打破，同时冰雪小镇内各空间有着不同的功能属性。目前来看，冰雪特色小镇发展的动力正是来源于不同空间创造的功能性属性，因此协调发展是冰雪特色小镇走高质量之路的根本保证。而目前冰雪特色小镇存在着经济能力不足、辐射能力有限和社区功能不完善的问题，对此，需要从以下几点对冰雪特色小镇的发展路径进行优化：一是打通冰雪特色小镇与周围经济圈的交流，避免闭塞发展，冰雪特色小镇从设计这一环节就需要考虑周边经济环境，要确保在小镇落地后周边能够形成冰雪特色小镇＋周边产业基地、冰雪特色小镇＋科技园区、冰雪特色小镇＋创业基地等模式，要确保能实现以冰雪特色小镇为核心，带动周边地区的相关产业形成一体化发展，扎根于当地

---

① 倪震，刘连发. 乡村振兴与地域空间重构：运动休闲特色小镇建设的经验与未来 [J]. 体育与科学，2018，39（5）：56－62.

民俗文化，充分利用资源特色，带动周边产业形成高效集约的产业集群；二是要统筹协调好冰雪特色小镇的基础设施建设，完善小镇的社区功能。一般来说，冰雪特色小镇都建设在郊区或乡村，以带动乡村发展、缩小城乡差距为重要出发点，这就造成冰雪特色小镇在建设中会面临基础设施落后的问题，因此要完善社区的功能，丰富冰雪特色小镇内教育、医疗、娱乐等资源。同时加快建立健全公共服务体系，坚持以政府为主导，社会协同参与，充分发挥市场调节机制；三是要实现冰雪特色小镇的生态可持续发展，以区域的气候条件和资源特色为立脚点，在开发园区的同时注重保护周边生态环境，避免空气污染，保证周边生物的生存环境不会因为开发小镇而受到影响，以生态保护为前提实现冰雪特色小镇的可持续发展。

三、多主体协作激活市场活力

冰雪经济要想实现三生融合的发展格局离不开政府、企业和市场的多元主体共同参与，形成多主体协作的模式。2021年文化和旅游部、国家体育总局联合引发了《冰雪旅游发展行动计划（2021－2023年）》，强调要以冰雪旅游为推手，形成空间布局较为合理和产业结构较为均衡的发展格局，以此来促进冰雪旅游市场健康发展。在多主体协作的过程中，政府的职责在于从宏观层面通过"有形的手"引导多主体营造一个良好的营商环境，为各主体提供发展所需的资源要素，同时对冰雪小镇的"三生空间"进行整体规划。企业主要承担政府规划后的具体实操工作，包括小镇建设所需的资金、小镇开发和小镇落地后运营管理，负责推动冰雪特色小镇三生融合的推进工作。市场则为冰雪小镇的"三生空间"规划提供了具体的商业模式，政府和企业需要根据市场的实际情况选择小镇的运营模式，采用PPP模式（政府和社会资本合作）或是委托经营的模式，PPP模式一方面可以减轻政府的财政负担，多主体之间风险共担减小可能面临的损失，同时能够有效激活市场主体活力。委托经营模式则是政府和投资方合作，政府负责小镇整体的发展定位和规划，以及基础设施建设等，但政府不直接参与运营，通过引进社会资本进行市场化运作，投资方则在规定期间内拥有冰雪小镇的实际运营权，到期后将归还政府①。

---

① 文丹枫，朱建良，眭文娟. 特色小镇理论与案例［M］. 北京：经济管理出版社.2017：62.

四、加强产业培育打造特色品牌形象

目前冰雪特色小镇建设过多强调"优而美",在建设过程中普遍存在创新性不足,概念定位趋同、产品雷同和三生融合度不够的问题,针对这些现象主要通过产业培育和小镇形态建设来解决。在产业培育方面,要以冰雪特色产业为发展的核心目标,以发展产业为导向,强调产业的重要作用,以产业链的思维推动冰雪特色小镇内各相关产业形成深度融合,提高产业整体的深度和广度,努力在冰雪特色小镇内形成从研发、生产、加工、销售为一体的协调发展的全产业链模式。同时要注重利用互联网、大数据等新技术,努力为居民和游客提供便捷舒适的体验,利用新技术形成新的冰雪业态,推动冰雪消费和冰雪体验走向新的阶段。第二是要强调企业的主体地位,避免政府过多干预市场运作,让市场充分发挥出调节作用。第三是要制定品牌发展战略,明确品牌效应对冰雪经济发展的重要性,地方要充分利用区域资源,挖掘文化特色,将民俗传统、科技、文化、艺术等元素有机结合,共同推动冰雪产业结构优化和升级,努力打造出具有代表性的地方品牌,提升冰雪产品的知名度。在小镇建设的形态方面,要协调好"优而美"和三生融合之间的关系,不能一味强调某一方面,要将两者有机结合,要在探索产品创新和丰富业态的基础上,注重对冰雪特色小镇的综合治理,要加强对小镇内及周边的环境进行管治,环境不仅关系到居民的生活品质,还代表着小镇的整体形象,可以在小镇内增加基础的清洁设施,除了专业的物业团队之外,可以借助社区力量,建立环境保护协会等发挥基层组织的作用,宣传和倡导居民和游客养成环保意识,共建绿色生态环境。

实 证 篇

　　"冰天雪地也是金山银山，要推动冰雪旅游、冰雪运动、冰雪文化、冰雪装备等加快发展"。在政府宏观布局、政策引导的帮助下，全国各地根据当地冰雪资源条件和区位发展情况，因地制宜谋发展。近年来，我国也涌现了一批发展较好的冰雪企业，它们将逐渐成为未来冰雪经济发展的中坚力量。为了更好地阐释冰雪经济高质量的背景下，三生空间融合的空间内如何实现价值提升，本篇就基于前文提出的高质量发展路径，以长春净月潭瓦萨滑雪节、黑龙江雪乡风景区、山东泰山集团旗下的泰山冰雪产业和北京星宏奥冰球俱乐部为案例，从主体自身的优势和劣势出发，具体分析不同业态环境中，实现高质量发展所面临的外部机遇与挑战，并提出相应的应对措施。

第十四章 冰雪装备制造
——山东泰山冰雪产业

第一节 泰山冰雪产业概况

随着 2022 年冬奥会进入"北京时间",山东泰山体育产业集团借"三亿人参与冰雪运动"的契机,初步建立起自己的冰雪产业板块,并成立了冰雪项目研发小组,引进专业人才,历时二年、投资近亿元自主研发制造出滑雪模拟机、具有自润滑功能高分子冰板、仿真冰球场、冰壶场、可移动式滑雪跳台设施等多种冰雪运动装备。在推动冰雪运动及相关产业发展方面,泰山体育正在起草滑雪机国家标准。在群众体育方面,为了更好服务 2022 年北京冬奥会、冬残奥会,落实推动"三亿人参与冰雪运动"的要求,提供了坚实的物质基础,其率先在山东省体育中心建设了三翼冰雪俱乐部,供市民体验健身。在校企合作方面,泰山集团与山东体育学院、河北体育学院都已达成校企战略合作关系,目的在于推动冰雪运动进校园,助力冰雪运动人才培训。此外,泰山体育研发的滑雪训练机、滑雪毯、智能冰场等运动装备目前已投放济南、深圳等地的体育俱乐部和吉林体育学院、河北宣化二中等学校。

泰山集团目前虽然已经拥有了自主研发的滑雪训练机、滑雪毯、智能冰场等冰雪运动装备,但从整体来看,在发展动力上仍有欠缺。首先是冰雪装备规模不足的问题,对造雪机等高端冰雪装备以及很多重要零部件涉猎相对较浅,自由核心科学技术并不成熟,在这一方面更多地依赖国外进口。同时与世界顶尖的冰雪装备制造品牌相比,泰山冰雪装备的影响力相对有限。

第二节　泰山冰雪产业经营情况 SWOT 分析

山东泰山体育产业集团从 1978 年由一个家庭作坊创立发展成为如今能够在国际范围内制定标准的世界知名品牌、全球赛事服务商，其背后在运营逻辑与制度安排等方面的优势值得分析与借鉴，而旗下的泰山冰雪产业从约五年前创立至今，也已初见规模与成效，但面对国内日趋复杂的市场需求与国际强势的竞争压力，泰山冰雪产业也存在着一些自身局限制约着其迈向高质量发展。为了有效地归纳和提炼泰山冰雪产业自身优劣势与面临的机遇和威胁，审视泰山冰雪体育的生存情况和全面科学地把控其发展状况，我们通过开展对泰山冰雪产业的 SWOT 分析，为后部分泰山冰雪产业高质量发展策略内容提供分析支撑，并以此为例向我国冰雪装备制造业提供具有实践意义的发展建议。

一、内部优势分析

（一）企业资源丰富多样

山东泰山体育产业集团成立于 1978 年，以体育用品制造业起家，历经 40 余年的发展，从一个家庭作坊发展成为制定国际标准的世界知名品牌。在发展过程中，泰山集团围绕自身的核心技术，根据市场热点变化调整业务内容和发展方式。多年来业务涉及运动装备制造、智慧体育、冰雪专利研发和冰雪场馆建设。目前，泰山体育发展较为成熟，已经为包括 2010 年广州亚运会、2011 年深圳世界大学生运动会、2012 国际体联体操世界杯 A 级赛、2018 年柔道世锦赛等多个国内外赛事提供运动器材服务。经过多年发展，泰山集团已有 100 多项产品获得国际田联、体联、柔联、拳联、跆联、摔联、足联等国际单项体育协会认证，并且与国际奥委会、世界体育大会、国际大学生体育联合会及 28 个奥运项目、76 个非奥运项目的国际单项协会保持着良好交流与合作。泰山冰雪产业虽然成立时间较晚，但依托集团本身所拥有的资金、技术和人才供给，发展势头迅猛，并且已经开始为俱乐部、学校和赛事提供冰雪装备和场馆。

（二）重视培养各类人才

泰山集团在技术研发和产品开发、技术管理方面都十分重视人才培养，不仅为泰山体育的科技创新提供了强大动力，更为推动我国体育用品行业的技术进步和提升生产制造水平发挥了重要作用。在研发方面，2010年被科技部批复组建"国家体育用品工程技术研究中心"，目前拥有各层次人才共307人，大部分是固定人员，是中心运营管理和科技研发的中坚力量，还有少量流动人员是研究中心与高校、科研机构合建的研发中心的工作人员，以及与高校、科研院所等建立产学研合作关系的院士、教授、研究员等，他们是技术研发的外部支援力量。在培养产品开发和技术管理高级人才方面，主要采取委托培养、定向培养和校企合作等多种方式。2017年与山东体育学院共建成立了"山东体育学院运动人体科学专业实践实习基地"，与山东体育学院体育传媒与信息技术学院共建了"山东体育学院教育技术学专业实践教育基地"，山东体育学院每年选派相应数量本科生到泰山体育产业集团有限公司进行实习，双方共同进行人才培养。2017年与江南大学设计学院签订合作协议，双方在人才培养、科学研究、科技创新、技术咨询、人员培训等方面开展全面合作。泰山集团还组织青年技术带头人出国考察，学习国外先进技术，参加国内外学术交流等，提高了技术队伍的整体水平。

（三）具备产学研合作基础

除了具备自主研发能力外，泰山集团十分重视产学研合作，早在2010年泰山集团就被人力资源和社会保障部批准建设"博士后科研工作站"。近年来，工作站承担了博士后创新项目等10余项。在冰雪运动的推动下，泰山集团又与山东体育学院、河北体育学院强强联合，达成校企战略合作，共同推动冰雪运动进校园，助力冰雪运动人才培训。由泰山集团承建的河北体育学院"气膜＋仿真冰"冰球馆已正式投入使用，内部冰球场全部采用泰山自主研发的自润滑仿真冰面，可开展冰球、速滑等多种冰上运动的综合教学和训练。目前，泰山集团已经实现在体育用品领域研发并掌握具有自主知识产权的工程化技术，并且能够将科研成果转化，打造出一支具有从研发到生产应用的技术团队，实现技术、效益和人才三方面的良性循环。

二、内部劣势分析

（一）产业链间协调能力不强

冰雪运动作为一种重器械的体育活动，冰雪装备器材是参与冰雪活动的基础门槛，并且对器械的要求总体来说较高，因此，冰雪装备制造业的供给水平很大程度决定了冰雪运动的参与门槛和参与规模。总的来说，冰雪装备制造业涉及范围较广，产业链较长，涉及的上下游产品较为广泛，而我国的冰雪装备制造业整体起步较晚，涉及的产品种类单一，除了滑雪服、滑雪护具等基础用品外，大部分器械装备仍依赖进口。虽然泰山集团创始时间长，但主营业务集中于运动项目的辅助器材，而泰山冰雪产业起步较晚，虽然已有自主研发的滑雪训练机、滑雪毯、智能冰场等冰雪运动装备，但从整体来看，生产规模较小，并且对于造雪机等高端冰雪装备所需的重要零部件的研发较少，依旧依赖于进口，这说明冰雪装备制造业整体对核心技术的掌握能力不足，上下游之间难以起到有效的支撑作用，目前冰雪装备制造业的上下游产业链仍未打通，产品与产品之间的关联性不足，难以形成有效的自主研发生产闭环。泰山冰雪产业虽然具备一定的生产高端器材的能力，但是由于产业链之间的协调程度不够，核心部件生产依然依靠进口，使企业整体的竞争力受到影响。

（二）生产环节成本管理较弱

成本的控制能力在一定程度上体现了一个企业经营管理水平的高低，强劲的成本控制能力往往能够助力企业实现高质量发展。企业生产成本管理涉及产品设计、工艺安排、设备利用、生产材料采购、人力资源配比等生产、销售与储存的各个经营环节，参与成本管理的人员更是包括了大部分生产线流水中的所有人员，不对这些独立元素或环节的成本实施控制，则整个产品生产下来的成本会极大削弱企业的竞争实力，因此生产环节的成本管理至关重要。山东泰山体育产业集团目前在雪类与冰类装备制造方面生产成本管理相对较弱，一方面体现在装备制造的各个环节成本管控没有做到精细化，同时，由于不同环节之间缺少沟通致使环节间的协同效率低下；另一方面，不同环节内与环节间人员配比和职责方面也没有做到细致化，导致部分环节内出现有权无责，生产效率无法达到最优。两方面的问题共同导致装备制造产业链协调效率低下，难以为泰山集团冰雪业务板块提供产业支撑。泰山冰雪产业存在的生产环节成本管理问题是我国冰雪装备制造业普遍存在的问题，若想实现整体冰雪装备制造业的高质量发展，其自身的成本管理劣势必须解决。

三、外部机遇分析

（一）政策红利

在 2019 年，工业和信息化部、教育部、科技部、文化和旅游部、市场监管总局、广电总局、体育总局、知识产权局、北京冬奥组委等九部门，按照中共中央办公厅、国务院办公厅《关于以 2022 年北京冬奥会为契机大力发展冰雪运动的意见》部署，为加快培育发展冰雪装备器材产业，助力我国实现制造强国和体育强国建设目标，联合编制了《冰雪装备器材产业发展行动计划（2019—2022 年）》，指出"到 2022 年，冰雪装备器材产业年销售收入超过 200 亿元，年均增速在 20％以上。开发一批物美质优的大众冰雪装备器材和北京冬奥会亟需装备，大幅提升供给能力。建立较为完善的综合标准化体系，培育一批具有国际竞争力的企业和知名品牌，创建若干特色产业园区，初步形成具备高质量发展基础的冰雪装备器材产业体系。"这一政策出台为冰雪装备制造业的发展指明了方向，也明确了冰雪装备制造业未来在满足人民需求和提升自主研发能力方面的目标。

（二）冬奥契机推动需求增长

一直以来，冰雪运动装备的价格高昂导致运动门槛较高，在我国参与的人群较少，但是随着北京冬奥会的举办，在政策的鼓励下，冰雪运动在我国迎来了发展的春天，民众参与冰雪运动和观看冰雪赛事的热情得到提高。随着参与冰雪运动的人群提高，不断接近"三亿人参与冰雪运动"的目标，我国冰雪市场对冰雪运动装备和器材的需求大涨。在此背景下，对于本土冰雪装备制造的企业来说，长期贴牌生产的低利润模式即将结束，冰雪装备制造迎来了可以扭转发展局面的历史机遇，同时，本土企业在冬奥的带动下，身上肩负着开发出能够满足民众需求的冰雪装备的使命与责任。

四、外部威胁分析

（一）国外品牌占领市场

冰雪装备产业链较长，从低端产品到高端产品，涵盖范围较广，大致可分为三大产品线：器材（滑雪板、滑雪杖、脱落器、冰壶、冰球等）、服装（滑雪服、滑雪鞋、冰刀、护膝等）、配件（手套、头盔、雪镜、固定器等）。我国的装备制造业整体基础薄弱，本土企业以贴牌制造为主，自主研发能力不足，冰雪装备制造市场主要被国外品牌占领，国产品牌的竞争力不足，大部分锁定低端市场。冰雪架空索道、压雪车、造雪机进口依赖度超过 80％，滑雪单板、双板前十大品牌全部是国际品牌，先进运动防护器材制造基本依靠进口。从滑冰装备来看，M－CRO 米高（瑞士）、EDEA（意大利）、Nike Bauer（美国）等海外知名品牌进入中国市场多年，高端和核心市场已经被国外品牌垄断。在其他冰雪装备方面，国外知名品牌占据了 80％ 以上的市场份额，尤其是冰球、冰壶装备品牌，国内制造商数量较少。索道、压雪车、造雪机等冰雪设备造价昂贵、技术要求高，因此大多数依赖国外已经具备成熟生产和研发技术的产品。在此背景下，我国少部分装备制造企业以价格优势进入市场，但是整体发展驱动力和竞争力不足，在高端市场上面对的国际竞争压力较大。

（二）国内品牌加速崛起

与泰山冰雪产业面临相同机遇的还有很多冰雪装备制造类企业或产业园。河北省张家口市宣化区就是国内品牌加速崛起的典型案例，其抢抓河北省张家口市与北京、天津协同办奥以及京津冀协同发展的机遇，利用老工业区的资源条件优势进行了改造，通过科学合理的规划，积极进行招商引资，吸引了包括卡宾滑雪、中索国游、宏达冶金机械等一系列知名企业入驻，通过统筹规划实现了宣化区乃至整个河北省的经济高质量增长。后续宣化区还计划拓展自身业务，由单一的冰雪装备制造产业园扩展为集休闲娱乐、冰雪文化、冰雪运动、餐饮美食、数字科技等为一体的冰雪特色小镇。目前我国与此类似的冰雪产业园区与企业有很多，在冬奥会的契机与政策的红利下，未来国内一定会有更多优秀冰雪品牌，这些品牌的壮大无疑给泰山冰雪产业的发展带来强有力的竞争，泰山冰雪产业只有以五大发展理念为思想指导，通过自身的产品革新与经营管理效率的提升，才能在这个竞争日益激烈的市场上生存下来。

第三节　泰山冰雪产业高质量发展策略

通过对山东泰山冰雪产业经营过程中的内部优势与劣势、外部机遇与威胁进行系统分析，我们构建了基于 SWOT 的分析矩阵，综合分析针对影响泰山冰雪产业经营的各类因素，为其下一步的发展提出了 4 类组合策略（如

表 14 - 1）。

表 14 - 1　山东泰山冰雪产业高质量发展 SWOT 分析矩阵

	内部优势（S） S1 企业资源丰富多样 S2 重视培养各类人才 S3 具备产学研合作基础	内部劣势（W） W1 产业链间协调能力不强 W2 生产环节成本管理较弱
外部机遇（O）	策略 1（SO 开拓型策略）	策略 2（WO 争取型策略）
O1 政策红利 O2 冬奥契机下需求增长	资源共享推动效率提升 硬资源与软资源的共享；企业内外部的资源共享；各经营环节中的资源共享。	产业链协调形成产业支撑 完善冰雪装备制造业的全产业链布局，形成冰雪装备制造业上下游关联产业的产业集聚。
外部威胁（T）	策略 3（ST 抗争型策略）	策略 4（WT 保守型策略）
T1 国外品牌占领市场 T2 国内品牌加速崛起	创新驱动打破市场壁垒 三部门联合组成创新研发平台；组建"红蓝军队"；创新"三步走"战略，由"单纯制造"向"制造与服务并重"的转变。	绿色环保实现可持续发展 积极承担社会责任，坚持低碳经济理念，使用绿色低碳环保技术，以绿色生产冰雪装备制造作为自己的核心竞争力。

　　表格中，SO 为开拓型策略，旨在最大限度地发挥山东泰山冰雪产业企业资源丰富多样、重视进行人才培养、具备产学研合作基础等优势的同时，抢抓政策红利与冬奥会契机下冰雪需求快速增长的外部机遇，使现有优势产出最大化的效益，通过推动资源共享实现整体经营效率的提升，从而实现创新式发展；WO 为争取型策略，以外部发展机遇来帮助泰山冰雪产业规避自身发展劣势，通过产业链协调形成冰雪业务板块支撑，实现泰山冰雪产业高质量发展；ST 为抗争型策略，具体而言通过利用各种自身优势进行创新，以创新驱动自身效率改革，从而打破市场壁垒，达到化解市场威胁的目的；最后是 WT 保守型策略，在面对内有劣势外有威胁的情况下，通过抓住绿色环保发展来最大限度地规避自身劣势与外部威胁，从而实现泰山冰雪产业高质量发展因素影响的最小化。综合认为，山东泰山冰雪产业自身整体优势远大于发展劣势，但机遇与威胁并存。因此，泰山冰雪产业在未来的发展过程中，既要保优势又要避劣势，既要抓机遇也要避威胁，综合运用 4 种策略，促进自身的高质量发展。

一、资源共享推动泰山冰雪效率提升

　　共享是现阶段中国经济态势的重要特点之一，也是未来经济高质量发展的必然趋势之一。特别是互联网与大数据的发展,共享的理念越发深入到经济生产生活的方方面面。山东泰山冰雪产业作为我国冰雪装备制造业的领头羊,其自身的高质量发展离不开共享理念在资源方面的实践应用。区别于传统型经济模式,资源共享理念在泰山冰雪产业业务生产、流通与分配等环节体现出区别。

在生产环节内,传统观念下企业通常更加注重单个生产环节的生产效率、单个部门利益的最大化以及生产整体的规模化效益,而忽视了共享理念在生产环节的应用,尤其是环节之间资源共享的重要性往往得不到管理者的重视。而在共享理念下,泰山冰雪产业需要注重自身内部的资源协调,通过强化各部门之间的沟通实现信息共享,化解部门之间因误解或责任推卸导致的生产效率的低下,同时加强生产要素在作业流程之间的流通效率,确保生产基本要素的保障与其他要素得以及时补充。在流通环节内,传统观念下普遍存在"生产者—若干中间商—客户"的流通机制,交易链条过长导致链条两端的参与者利益受损。此外,由于流通链条的变长,导致了信息传递速度的滞后、传递准确性的缺失、传递成本的提高,信息不对称还会进一步加剧不同参与主体之间的矛盾,使得不必要的损失发生。而在共享理念下,应建立对内和对外两套数据平台系统,对内进行产成品配置的信息共享,对外建立"泰山冰雪产业—平台—客户"的扁平化管理系统,进行市场需求的快速有效传递,促进产成品的合理布置与高效流通,降低信息流通成本与交易成本,提高信息传递效率,实现内部和外部在供给与需求方面的精准高效匹配。在分配环节内,传统观念下由于缺少共享合作使得市场被少有的几个规模与势力较大的企业掌控,市场定价机制与交易机制并不透明,公平竞争的机会难以保证,市场效率因缺少共享合作而处于较低水平。而在共享理念下,应秉持开放、合作、交流、共享的原则,通过加强分配环节下各参与主体之间的交流沟通,化解内部误会与矛盾,通过参与者协商大会的形式初步建立相互制约的参与体系,通过共享生产、流通与分配信息实现市场运行透明化,从而遏制独大势力的产生,打破市场中不合理的交易壁垒。通过硬资源与软资源的共享、人财物等资源的共享、企业内外部的资源共享以及经营环节中的资源共享等,弥补自身在产业链间协调能力不强、生产环节成本管理较弱等劣势,化解来自外部同类与异类竞争者的威胁,最大化的发挥自身各项优势,抓住冰雪政策红利与冬奥会契机下冰雪需求增长的机遇,实现产业整体运营效率的提升，才是未来较长一段时间内泰山冰雪产业高质量发展的重要路径。

二、产业链协调形成上下游产业支撑

冰雪装备制造业作为冰雪经济产业链中的上游产业，具有利润附加值高的特点，是冰雪经济发展过程中极其重要的支柱型产业类型。总体来看，我国冰雪装备制造业起步较晚，以基础用品的生产制造为主，对于中高端冰雪装备的研发制造能力不足，尚未形成完备的冰雪装备制造产业链，我国的冰雪装备制造业仍处于初步发展阶段。泰山冰雪产业主要集中于冰雪运动项目中辅助器材的生产制造，虽然也有自主研发的滑雪训练机、滑雪毯等冰雪运动装备，其冰雪装备产品在国产品牌中名列前茅，但和国外冰雪装备制造企业相比，泰山体育冰雪产业的生产规模较小，市场占有率仍难以和国外知名品牌匹敌。同时，泰山体育冰雪装备制造业在生产过程中的成本管控也有待改进，产品生产成本过高导致收益占比过少。伴随着"三亿人参与冰雪运动"的目标持续推进，在北京冬奥会的热潮和国家政策的双重驱动下，冰雪运动在我国迎来了发展的春天，越来越多的民众开始参与冰雪运动，对冰雪运动装备和器材的需求量大幅提升，这为我国本土冰雪装备制造企业提供了重要的发展契机。对于本土冰雪装备制造的企业来说，必须加快推动我国冰雪装备制造业的转型升级，结束长期以来贴牌代加工的低利润生产模式，加强中高端冰雪运动装备的供给，推动高中低档各类冰雪装备协调发展，优化冰雪装备制造产业体系，进一步开拓国内市场，提升冰雪装备制造企业盈利能力。

此外，泰山冰雪产业链中各生产部门的协调配合体系还不完善。泰山冰雪产业虽然具备一定的生产中高端冰雪装备器材的能力，但是由于产业链之间的协调程度较低以及国外对于高端制造的技术垄断，核心零部件依然依赖进口，其冰雪装备制造业整体对核心技术的掌握能力不足，导致上下游产业之间难以起到有效的衔接。目前，冰雪装备制造业的上下游产业链仍未打通，产品与产品之间的关联性不足，难以形成高效的一体化生产产业链，造成了企业整体的市场竞争力不足。从总体来看，形成完整的冰雪产业链是做大做强冰雪装备制造业和发展冰雪经济的重要基础。因此必须加快完善冰雪装备制造业的全产业链布局，形成冰雪装备制造业上下游关联产业的产业集聚。可以有计划地将一部分资源向技术研发部门倾斜，通过科技创新带动我国冰雪装备制备业整体的提质升级。同时，将冰雪装备制造产业链融入整个冰雪经济体系之中，通过协调冰雪装备制造产业链中各要素的有序流动，将其传导到冰雪产业及上下游关联产业链之中，最终以整个冰雪装备制造产业链的良性运行助推整个冰雪经济体系的高质量发展。

三、创新驱动打破冰雪装备市场壁垒

企业自主创新能力的提升，一方面取决于企业是否能一以贯之的在技术创新改革道路上持续投入资金，另一方面还取决于是否拥有一支敢于创新并坚持不懈的科研团队，更取决于在企业整个技术创新过程中是否建成了一个完备的创新驱动体系。山东泰山冰雪产业应搭建出一个既能规避市场竞争威胁，又能促进企业可持续发展的创新研发平台，在平台内一共具有三个不同层次但又可以相互促进的高效整体：冰雪装备制造车间技术部门与产学研部门负责解决产品制造过程中的技术难题与成本管控难题，产品设计部门负责解决企业产品的设计与更新换代，战略部门则负责产品和技术的前瞻性预测与公司未来发展方向的顶层规划。同时，还可以效仿已有成功案例，组建一支"红蓝军"，"红军"是泰山冰雪产业的业务发展部门，"蓝军"则是专门为了针对"红军"进行全方面打击的"精锐部队"，通过设计各方面的针对策略以实现模拟未来市场竞争的目的，从而提前做出应对策略。

此外，山东泰山冰雪产业还应在产业链上下足功夫，进行上下游的延伸与技术创新，响应政策号召，大力研发能源节约型的环保产品。在产品经营与营销模式方面，变革以往"产品交付服务终止"的思维定式，不仅要为客户提供质量合格的产品，更要为客户提供全方位的系统服务与问题解决方案，实现从"卖产品—卖智慧—卖服务"三步走的转变。在下游服务渠道的延伸方面，要改变以往派员维修的被动式应急服务，增加远程维修服务和设备维修改造等主动式服务，实现泰山冰雪产业由"单纯制造"向"制造与服务并重"的转变。山东泰山冰雪产业在技术与服务方面的创新不仅可以使其高效的利用自身优势，发挥优势的最大效益，还能使产品的技术含量与附加经济效益持续提升，让泰山冰雪产业在市场竞争中获得垄断性的技术优势与超出市场均值的价格优势，从而有效地打破市场竞争壁垒，促进泰山冰雪产业在面对国外品牌的竞争与国内品牌加速崛起时处于相对

有利的地位。

四、绿色环保实现泰山冰雪持续发展

冰雪运动正当蓬勃发展时，与之紧密联系的冰雪装备器材的研发、生产以及销售也将迎来新思考的窗口期。在国家和社会的共同努力倡导下，绿色环保的重要理念现已深入人心。人们在进行一切社会活动时，开始关注环境污染、资源耗竭、生态失衡等所引起的一系列弊端，绿色环保也正逐渐成为开展所有工作的必要前提。通过发展角度透析整体与个体之间的关系，冰雪产业作为体育产业结构升级的强大驱动力之一，离不开冰雪装备生产制造。泰山体育产业集团作为国内知名体育用品装备制造商，敏锐地嗅探到了冰雪产业在未来的发展潜力。近年来，泰山集团把 2022 年冬奥会作为重要机遇，专门成立了冰雪项目研发小组，投资近亿元，突破了"热点运动"中的"难点瓶颈"，设计研发了相关冰雪装备器材，为推动"三亿人上冰雪"提供了坚实物质基础。而事实上，国内冰雪装备制造行业尚处于初级起步阶段，泰山在研发生产冰雪装备器材过程中仍会存在高污染、高耗能、高排放的问题，这也就容易导致污染的增加。泰山体育产业集团作为冰雪装备制造业的代表企业之一，不仅要为社会创造价值、创造效益，还应承担社会责任。从可持续发展角度来看，泰山冰雪应坚持低碳经济理念，积极使用绿色低碳环保技术，结合自身企业研发冰雪装备器材的发展现状和特点，响应国家绿色发展的需求，科学合理地制定企业绿色发展战略。与此同时，在冰雪装备器材生产供应链的整个过程中，应降低能源消耗，减少污染能源的排放，促进经济与生态的和谐相处与发展。

冰雪装备器材的制造过程中要注意对自然环境的保护，在推动企业自身经济发展进程时，还需要并行处理好经济与环境之间的关系，使其保持相互协调。泰山体育产业集团在研发生产冰雪装备器材的过程中，有义务保护环境，对污染气体、水等的排放应合理科学与符合国家规定的标准范围，避免在各个生产环节中出现资源浪费与破坏生态环境的问题。基于自然资源的有限性、不可再生性等特点以及生态发展思想，也就要求企业需要明晰经济发展与环境保护之间的"舟水关系"。由此，泰山集团想要实现冰雪装备制造可持续发展，就应当重视加强环境保护与维护生态平衡，这对企业可持续发展而言是重要的支柱。通过与世界优秀的冰雪装备企业交流学习，并且与各个国家进行器材销售、产品研发等方面的合作，研发冰雪装备器材的水平逐渐提高，因此泰山体育产业集团更应积极采用高效节能的技术运用到冰雪装备器材的生产供应链上，以绿色生产冰雪装备制造为核心。

第十五章　冰雪运动赛事——瓦萨国际滑雪节

第一节　瓦萨国际滑雪节概况

　　瓦萨滑雪节于 2003 年正式落户长春净月潭国家级风景名胜区。2022 年是瓦萨罗佩特滑雪节设立的第 100 周年。自瓦萨滑雪节落户于长春后，长春净月潭在发展瓦萨滑雪节的过程中结合当地地域、资源、消费等特点，不断推出适合长春本地发展的冰雪项目。第一届中国长春净月潭瓦萨国际滑雪节于 2003 年 3 月 15 日在长春净月潭国家森林公园拉开帷幕。约有 750 人参加了此次比赛，第一届中国瓦萨国际越野滑雪节取得成功。此次成功推动了瓦萨国际滑雪节在中国本土的发展壮大。同年，中国滑雪协会、吉林省政府、长春市政府、长春市体育局、长春市旅游局共同决定扩大中国长春净月坛国际滑雪节规模。此后，赛事形式不断丰富、参赛人数不断增多、竞赛项目设置也不断扩充，长春净月瓦萨国际滑雪节发展为集赛事与表演一体的活动，吸引到其他国家运动员积极参与同台竞技。第四届中国长春净月潭瓦萨国际滑雪节在赛事和规模上迎来新的突破，超过 11000 人参与了此次活动。2007 年的第五届赛事中除了原有的赛事外还增添了趣味赛事和活动，着重滑雪运动的体验与普及。此外，大学生培训工作正式开启，17 所高校将越野滑雪列为学校选修课。此后，中国长春净月潭瓦萨国际滑雪节长期保持着发展活力，参与人数持续增长，大学生参与培训和赛事的人数持续增加。2017 年，长春净月潭瓦萨国际滑雪节引进世界顶尖长距离越野滑雪赛——经典滑雪，这是瓦萨滑雪节的又一突破，也是瓦萨滑雪节与长春地域情况的一次碰撞与结合的具体体现。

　　从长春净月潭瓦萨国际滑雪节长达十余年的发展来看，长春净月潭瓦萨国际滑雪节变化了以往的单一赛事，将瓦萨赛事与中国实际和中国文化甚至东北地域文化相结合，通过中西方文化的交融与碰撞发展为一种具有国际性质的节庆活动。但是在赛事的不断发展的同时也滋发了一些问题，从普通消费者角度来看，长春瓦萨国际滑雪节以发展赛事为主而忽略了服务产品、旅游产品的发展，相关产业发展呈分散状态，不能充分地满足消费者的实际需求。

第二节　瓦萨国际滑雪节运作情况 SWOT 分析

自 2003 年正式落户中国以来，经过近 20 年的发展，瓦萨国际滑雪节已成为我国乃至国际上最有名的滑雪赛事之一，彻底将长春净月潭国家级风景名胜区推向世界，该区域也因瓦萨国际滑雪节的举办而实现了经济的跨越式发展。站在新的历史起点，回顾瓦萨国际滑雪节的运作情况，能够发现其存在着许多内部优势，这些优势是瓦萨国际滑雪节傲立于世界滑雪领域的根本。但随着我国大力推广冰雪运动，市场消费者的消费需求也在不断增加，来自其他地区的冰雪赛事或其他文旅企业的竞争也日益加剧，瓦萨国际滑雪节应该如何优化自身赛事的运营管理，如何利用优势与机遇来削弱自身劣势与规避风险，成为其接下来一段时间发展过程中必须考虑的问题。为了有效地归纳和提炼瓦萨国际滑雪节自身优劣势与面临的机遇和威胁，审视瓦萨滑雪节的生存情况和全面科学地把控其发展状况，我们通过开展对其赛事运作的 SWOT 分析，为后部分瓦萨国际滑雪节高质量发展策略内容提供分析支撑，并以此为例向我国冰雪运动赛事提供高质量发展策略。

一、内部优势分析

（一）得天独厚的资源优势

东北地区处于中国的东北部，地形以平原、山地、丘陵为主，地域广博且山系众多。东北地区属温带季风气候，所以冬季寒冷漫长，每年冰雪覆盖周期长，积雪厚，年均最低气温在－22.4℃附近。东北地区有着独特的冰雪魅力，正是地域特征的影响，造就了冰雪运动的民族性，而东北地区长期居住着众多民族的人民，其中汉、满民族人口居多，通过多民族冰雪文化的交融与碰撞，使得冬季冰雪运动在社会历史发展中不断进步，进而开创出多种独特的冰雪体育运动和丰富多彩的冰雪旅游文化资源，东北地区人民也对冰雪体育运动有着独特且浓厚的感情，形成了独特的北方冰雪民俗风情。长春市作为吉林省的中心城市拥有发达、便利的交通网，经济发展速度比省内其他城市快。长春拥有四大滑雪场、五大冰雪温泉、十大冰雪乐园，冰雪资源较为密集，较省内其他城市冰雪文旅、场地资源占比高。东北地区的滑雪资源也是中国最为密集的地区，所以适宜开展冰雪体育项目。长春净月瓦萨国际滑雪节依托当地独特的地理、气候、交通、人文资源，积极开发针对不同人群的冰雪体育赛事、冰雪体育活动，将滑雪节与冰雪旅游节结合，并借助媒体宣传形成品牌效应，不断扩大规模、影响力，长春瓦萨国际滑雪节本土得天独厚的冰雪资源逐渐成为长春冬季旅游的特色亮点。

（二）别具一格的竞赛体系

长春瓦萨国际滑雪节在不断的发展中逐渐形成了较为完整的赛事体系。长春瓦萨滑雪节经过了 19 次的办赛经历，积累了丰富的办赛经验，在办赛过程中摸索出适合自身发展的道路，在赛事活动上结合本地风土民情以及参赛成员的差异，引入短距离赛、儿童赛、残疾人赛等赛事活动，体现了长春瓦萨国际滑雪节赛制公平、公正、人性化的特点。随着长春瓦萨国际滑雪节的不断发展，长春瓦萨国际滑雪节趁势追击，不断丰富赛事活动，完善赛制，开办国际雪联远东杯赛、世界杯男女短距离滑雪赛、大学生越野滑雪赛、国际雪联越野滑雪中国巡回赛长春站长距离赛、瓦萨儿童滑雪赛等诸多赛事，让长春瓦萨国际滑雪节的赛事活动更加具有吸引力，在积极举办赛事的同时着重赛事的普及与推广，并且在原有基础上提高服务质量，长春瓦萨国际滑雪节也成为一个具有代表性的滑雪赛事。

长春瓦萨国际滑雪节别具一格的赛事体系还体现在其赛前的宣传力度上。在第一届长春瓦萨国际滑雪节举办时便有 13 个国家通过欧洲电视广播联盟转播了此次赛事节目。瓦萨不仅受到了本地参赛选手的关注，也受到了极高的国际关注，国际选手也纷纷参与到长春瓦萨国际滑雪节之中同台竞技。在赛中，长春瓦萨国际滑雪节通过邀请电视台进行直播的形式，将赛事中精彩刺激的场面传送到世界的各个角落。长春瓦萨国际滑雪节在除比赛以外的时间也为参赛选手、参观人员提供了诸多冰雪活动：摄影展、书画赛、文艺晚会、大狂欢等，以及具有本地特色的娱乐项目。在比赛的同时增设了多种中西文化交融的艺术表演项目，进一步挖掘了冰雪产业的内涵，有力推动了滑雪运动的普及，也进一步开拓了国际市场。由此可见，长春瓦萨国际滑雪节在赛前、赛中、赛后形成了较为完整且独具特色的赛事体系。

二、内部劣势分析

(一) 未能切实满足消费者需求

从长春瓦萨国际滑雪节所拥有的自然资源、人文资源以及丰富的办赛经验和较为成熟的赛事体系来看，其应该有很大的市场和发展空间。长春瓦萨国际滑雪节在经营方面主要以赛事产品为主，而面向参观、游玩、体验的群体大众的产品是缺乏的。那么能够吸引和留住更多此类消费者的应该是切实以普通消费者为出发点，探究消费者的真实需求并在现有资源和能力的基础上给予满足。对于滑雪体验者，他们的需求是在教练和教学的满足，渴望在滑雪体验过程中收获更多相关知识与技能；对于参观游玩的消费者来说，他们的需求是除竞赛产品以外能够体验到高质量产品，即具有休闲、娱乐性质的高质量旅游产品以及具有纪念意义的其他商品，是物质与精神上的双重满足。

除此之外，对于消费者来说，产品的价格直接影响着消费者的消费意愿，设备租借费用及押金、教练和陪练员费用、冰雪娱乐项目和活动的价格是消费者需要考量的事情，更是提供服务方应该考量的事情，这需要赛事主办方、供应商、赞助商在定价时深入探究不同时期产品的供求关系，给予消费者合理的定价，在提高服务质量的同时能够压缩成本，给消费者以实惠，深入洞察市场行情、深谙消费者内心所想，提高自身竞争力。

(二) 未能形成相关产业的集聚

长春瓦萨国际滑雪节所处的地理位置与市中心以及客运站、火车站的距离较远。长春市的交通虽便利，但对于消费者以及参赛选手来说，经济便捷的接送服务也是很重要的一部分。可见，长春瓦萨国际滑雪节在运营的过程中服务业的部分缺失，也并没有形成相关产业的集聚。一个完整的赛事运作需要在赛事活动的基础上拓宽自己的业务范围，除了原有的冰雪活动和冰雪项目外，应该充分挖掘长春瓦萨国际滑雪节的冰雪服务潜力。而且长春瓦萨国际滑雪节赛事活动举办时间较长，但是却没有充分挖掘能够迎合普通大众消费的住宿、餐饮等服务产品等，没有形成融合营销的观念导致消费者的流失，削减了自身的盈利机会。除此之外，装备制造业、教练、陪练员培训业等在瓦萨滑雪节周边并没有明显得到体现，旅游产品也较为分散。以赛事为核心，集合相关产业共同发展，相关产业的集中有利于满足消费者的需求，也能够使长春瓦萨国际滑雪节的赛事充分发挥作用，降低生产成本和服务成本来满足大众需求。产业的分散只会给赛事和相关产业的运营带来负面影响，削弱赛事和相关产业的竞争力，最终使赛事和相关产业逐渐退出消费者视线，最后淡出市场。

三、外部机遇分析

（一）政策机遇

长春瓦萨国际滑雪节的发展壮大离不开政策法规的支持。基于 2022 年北京申奥成功的这一有利条件，冰雪体育运动、冰雪赛事、冰雪旅游和冰雪商贸以及其他的冰雪相关产业迎来了进一步发展的机会。国家也借此机会大力发展冰雪相关产业与赛事，注重冰雪运动的普及，旨在以市场为主导，发挥政府的组织和协调作用，丰富冰雪活动类型、冰雪运动产业的协同发展，以青少年为重点，推动冰雪运动的普及；吉林省委、省政府印发的《关于做大做强冰雪产业的实施意见》[①]，也提出要加强冰雪核心产业建设、带动冰雪相关产业、加强组织保障等多项具体举措；长春市也出台了《关于做大做强冰雪和避暑旅游产业的实施意见》[②]，意见指出将结合本省地域特色开发包含冰雪在内的多项特色旅游产品，并重视旅游服务产业的质量提升，对旅游公共服务及景区基础设施建设进行进一步优化，大力扶持旅游企业。提高政策及政府财政资金对于旅游产业的扶持力度，并对社会资本进入旅游产业给予优惠条件和相应鼓励等。这些政策的出台为冰雪竞赛、冰雪产业的高质量发展提供有力的政策支持、具体的指导意见和明确的发展方向。

（二）市场机遇

随着新生代消费者和中产阶级消费者的崛起，广大消费者将视野转移到冰雪、射击、马术等一系列小众体育运动中，使得小众运动拥有一定的消费市场。在消费升级的浪潮下，体育消费也更加偏向于个性化，激起冰雪娱乐新风尚，一方面是融入市场引起城市新兴消费，另一方面是扩展基地带动冰雪旅游消费。长春市内冰雪滑雪场和冰雪旅游度假区是冬季热点旅游项目，拥有足够的客流量，并且能够满足消费者在冬季的消费意愿。长春瓦萨国际

---

① 吉林省人民政府 . 省委省政府关于做大做强冰雪产业的实施意见［EB/OL］. http：// xxgk. jl. gov. cn/zsjg/tyj/zcfg/201912/t20191220 _ 6352962. html. 2016.

② 长春市人民政府 . 关于做大做强冰雪和避暑旅游产业的实施意见［EB/OL］. http：// www. changchun. gov. cn/zw _ 33994/zfwj/ytdd/201701/t20170112 _ 1988977. html. 2016.

滑雪节在发展周边冰雪产业时应当首要考虑本市的冰雪旅游产业，以赛事为核心带动相关产业。在赛事发展的同时可以融合本市其他发展较好且能够为消费者和参赛人员提供优质赛事服务的滑雪场联动举办赛事，来带动其他滑雪场地发展，共享办赛经验，促进经济发展，借助如此的市场机遇，充分挖掘资源优势来谋求共同发展。2021年春节假日前夕，受新一轮疫情冲击，吉林全省文旅企业被迫暂停营业。在疫情得到有效控制后，冰雪运动和冰雪旅游等一些小众的文娱产业得到发展，并逐渐成为人们的假日首选。数据表明，吉林省内文旅企业拥有广大的消费市场，但是疫情的影响给其他产业带来了一定的冲击，而冰雪运动和冰雪旅游有一定的发展机遇。那么只要长春瓦萨国际滑雪节在新的市场浪潮下抓住机会，加强区域联动，就会得到进一步发展。

四、外部威胁分析

（一）其他文旅企业带来的竞争

随着冰雪行业逐渐"热"起来，冰雪赛事、冰雪产业都备受关注，长春市的经济保持着平稳增长，冰雪旅游产业的发展前景也趋于利好，长春瓦萨国际滑雪节也在逐年办赛的基础上得到一定的突破。对于长春瓦萨国际滑雪节来说，这既是机遇也是挑战。长春瓦萨国际滑雪节在得到充分发展的同时，其他冰雪文旅企业也占有一定的市场份额，其中包括本地优秀冰雪文旅企业给长春瓦萨国际滑雪节带来的威胁和冲击。如果长春瓦萨国际滑雪节与本地冰雪文旅企业长期保持分散发展的状态，将不利于继续打造长春瓦萨国际滑雪节的品牌效应，其他冰雪文旅企业也不能给广大消费者带来刺激的赛事观赏。虽然长春瓦萨国际滑雪节在逐渐延长滑雪节的办赛时间，但是受到气温和其他因素的影响，长春瓦萨国际滑雪节也只是局限在年节前后，较比其他冰雪文旅企业的开放时间仍然较短。

（二）其他地区赛事带来的竞争

从长春瓦萨国际滑雪节的发展来看，已拥有较为丰富的办赛经验和赛事体制。但在冰雪运动盛行的情况下，我国各省市也在推动举办冰雪赛事来助推冰雪运动的普及，并以青少年为着力点推动冰雪运动的发展。与长春市距离较近的地区例如黑龙江、辽宁都在积极推动冰雪赛事的发展，且同为东北三省的黑、辽两地也都拥有着与长春市较为相似的自然资源和人文资源，跨省的情况下使得东北三省的冰雪赛事并没有协同发展而是各放异彩，跨省联动举办赛事可以使得三省赛事协同发展、共同促进、取长补短，并进一步打造具有东北地域特色的大型综合冰雪体育赛事。除东北其他两省冰雪赛事给长春瓦萨国际滑雪节带来的威胁外，我国其他省市也都在推进冰雪体育赛事和冰雪体育产业的发展，其中包括发展较为突出的京津冀冰雪体育赛事，京津冀正在谋求冰雪体育赛事的协同发展，采用跨区联动的方式推动赛事运行，开足马力推广冰雪体育运动。这对于始终保持独立发展状态的长春瓦萨国际滑雪节来说亦是威胁。

第三节　瓦萨国际滑雪节高质量发展策略

通过对瓦萨国际滑雪节运作过程中的内部优势与劣势、外部机遇与威胁进行系统分析，我们构建了基于 SWOT 的分析矩阵，综合分析影响瓦萨国际滑雪节运作的各类因素，对瓦萨国际滑雪节的下一步发展提出了 4 类组合策略（如表 15 - 1）。

表 15 - 1　瓦萨国际滑雪节高质量发展 SWOT 分析矩阵

	内部优势（S） S1 得天独厚的资源优势 S2 别具一格的赛事体系	内部劣势（W） W1 无法切实满足消费者需求 W2 未能形成产业集聚
外部机遇（O）	策略 1（SO 开拓型策略）	策略 2（WO 争取型策略）
O1 政策机遇 O2 市场机遇	绿色办赛促进瓦萨持续发展专业环保机构介入；成立体育赛事绿色小组；向社会公开可持续发展报告；将绿色赛事发展纳入相关部门的年检报告；推出 GSB 生态计分牌。	资源协调实现瓦萨多元发展先以瓦萨滑雪节赛事为中心、后周边相关产业开花。建设冰雪产业集聚区；配套服务建设来增加冰雪旅游附加值。
外部威胁（T）	策略 3（ST 抗争型策略）	策略 4（WT 保守型策略）
T1 其他文旅企业的竞争 T2 其他地区赛事的竞争	文化创新助力瓦萨蓬勃发展物质文化创新与瓦萨精神文化创新；创新瓦萨的标志符号，使瓦萨具有独特的可识别性；塑造城市形象景观。	开放办赛推动区域共同发展与周边省份联合办赛，共享赛事经验，形成区域联合发展；加快实现交通一体化，构建快捷、高效、安全、低成本的互联互通综合交通网络。

　　表格中，SO 为开拓型策略，旨在最大限度地发挥瓦萨国际滑雪节得天独厚的资源优势与别具一格的赛事体系优势的同时，抢抓外部政策与冬奥会的发展机遇，使现有的资源与管理优势进一步服务于赛事本身，从而产出最大化的效益，通过绿色办赛推动瓦萨国际滑雪节健康可持续，从而实现绿色发展；WO 为争取型策略，是指以外部发展机遇来助推瓦萨国际滑雪节协调发展，通过多种资源的协调弥补自身在需求满足与产业集聚等方面的劣势，实现瓦萨国际滑雪节的多元化发展；ST 为抗争型策略，具体而言通过文化创新赋予赛事新的体验，从而达到扬长避短的目的，协助瓦萨国际滑雪节蓬勃发展；最后是 WT 保守型策略，在面对内有劣势外有威胁的情况下，通过与周围区域或其他文旅企业联合办赛来最大限度地规避自身劣势与化解外部威胁，采用以退为进，以合作化解竞争的方式实现瓦萨国际滑雪节自身劣势与外部威胁等负面影响的最小化。综合认为，瓦萨国际滑雪节自身整体优势远大于发展劣势，但机遇与威胁并存。因此，在未来的发展过程中，既要保优势又要避劣势，既要抓机遇也要避威胁，综合运用四种策略，促进瓦萨国际滑雪节的高质量发展。

一、绿色办赛促进瓦萨持续发展

　　根据瓦萨赛事的内外优势，如政策、市场、得天独厚的资源与别具一格的赛事体系，瓦萨未来还有很长的路要走，有着非常巨大的潜力需要发挥。现在的瓦萨能够依托现有资源办出别具一格的赛事，但如果不注意资源的合理开发利用，瓦萨终将是走不远的，所以一开始就应秉持绿色发展的思想来办赛，才能得到更持续的发展。首先，瓦萨国际滑雪节应在自有环保小组的基础上，进一步让专业节能环保机构介入，为整个赛事提供全方位的专业化服务，此举不仅能够使赛事环境风险降低，还可以降低成本与增加效益。环境问题应从源头抓起，当地政府部门应成立体育赛事绿色小组，并通过专业机构进行一系列的风险评估等工作，找出阻碍绿色赛事发展的制约因素。在市场交易方面，政府部门应积极响应和鼓励办赛企业进行低碳运营等，引进专业性环保技术与产品。面向全社会赛事参赛者，鼓励参赛者进行低碳减排的环保行为，积极参与绿色办赛发展行动，并对在低碳减排上有卓越贡献的企业进行一系列奖励政策。

　　其次，在办赛结束后各级政府需提交具体的赛后可持续发展报告并面向社会公开，还需将绿色赛事发展纳入相关部门的年检报告。对于其他组织所办的各种依赖生态环境较大的赛事，推出 GSB 生态计分牌。以上都可纳入绿色办赛的重点实施范围。同时与国外顶尖体育绿色环保机构合作，快速制定出雪场节能与减排的技术标准，为接下来的绿色办赛提供运营与环境保障，用实际行动展示绿色办赛。要将生态环保的理念渗透到绿色办赛组织运营的各个环节中，大力开展生态文明建设宣传教育活动，通过媒体、宣传牌、横幅等各种各样的宣传手段，主要目的在于低碳权益惠及公众的方式，进一步提升来自世界各地的参赛者和群众的生态环境保护意识，鼓励他们支持和参与绿色办赛活动。要想做到绿色办赛，就要从根本上认识到发展绿色冰雪赛事需要从得天独厚的资源投入和生态环境保护出发，必须坚持绿色环保的办赛理念，促进体育与自然环境的协调与平衡发展。

二、资源协调实现瓦萨多元发展

瓦萨国际滑雪节前有政策红利后有市场机遇，在统筹一体的赛事体系背后我们更应该将瓦萨滑雪节带来的经济效益释放到最大，在面对供不应求和产业不集聚的现实问题面前，我们要做的就是对症下药采取相关应对措施。首先，要建设冰雪产业集聚区。瓦萨滑雪节的举办可以联合建设冰雪产业园或者打造冰雪特色小镇、冰雪装备产业园。政府扶持具有自主品牌的冰雪运动装备，同时加大招商引资力度，形成先以瓦萨滑雪节赛事为中心，后有周边相关产业开花的策略。集中政策资源迅速引进或培育一个或两三个规模较大、产业带动力较强并且技术处于领先地位的企业，然后倾斜政策重点。这对于瓦萨滑雪节释放经济活力来说至关重要，对于推动瓦萨滑雪节的产业集聚而言具有实质性的帮助。

其次，要构造完整产业链，做到有求有应。在以瓦萨滑雪节为依托的基础上辐射出更多的相关产业。可以在运动装备和场地装备上进行升级，同时一些具备赛事条件的地区在有专业人士指导和安全保障的前提下，可推出更加丰富刺激的高端分支项目，如登山、徒步、自驾、露营等等，给予游客不同的项目和旅游体验；也可以通过大力推广会展服务让游客感受冰雪魅力提高赛事影响力。瓦萨国际滑雪节的开展必将吸引大量游客，所以需要在赛事的驱动下进行相应的配套服务建设来增加冰雪旅游附加值，打造包括吃、住、行、游、购、娱等旅游接待服务的冰雪产业。瓦萨滑雪节不再是通过卖几张运动赛事的门票或餐饮消费来满足消费需求。游客从各地各城市慕名前来，而景区周边衣食住行不到位，游客停留时间较短，无形之中就造成了很多不必要的经济流失。将冰雪旅游与城市的其他产业串联起来，形成联动与配套产业同步发展，提高游客的消费欲望，才能最大限度激发冰雪经济的活力，提高游客的消费欲望。瓦萨滑雪节的背后是一个城市经济发展的挑战和机遇，能否打破常规引来新的发展才是重中之重，所以我们应该积极主动突破空间限制，行业限制去打造全新完整的模式。以赛事为核、以城市为托，各行业百花齐放。

三、文化创新助力瓦萨蓬勃发展

长春自身所具有的得天独厚的资源优势和瓦萨滑雪赛别具一格的赛事体系，每年都吸引了众多的滑雪爱好者前来参加比赛，但面对来自其他文旅企业和地区赛事带来的竞争压力，仅靠资源与体系优势并不能让瓦萨滑雪节脱颖而出，而赛事文化的创造与融入则能让瓦萨与众不同，所以要通过创新赋予瓦萨别具一格的赛事文化。首先是瓦萨物质文化创新，依据物质文化的定义，瓦萨的物质文化是瓦萨在实践过程中所产生的物质财富的总和。创新瓦萨物质文化一要通过创新瓦萨的标志符号，使瓦萨具有独特的可识别性。如每届奥运会都会有专属的会徽，让每届奥运会都有自己的独特性且让人记忆深刻。二要塑造城市形象景观。举办瓦萨滑雪节所需要的场地与标志性建筑都能让城市的景观和内在积淀更好地结合，形成鲜明的城市品位和格调。同时，将地域文化与瓦萨文化相融合，能够丰富瓦萨的精神内涵，使瓦萨更具特点。三要提升硬件服务，瓦萨物质文化建设的前提是以人为本。充分考虑到普通大众和各种特殊人群的需要，如有听力障碍或残疾人士，为他们提供个性化的服务，可使瓦萨深入人心，获得大家的认可。

其次是瓦萨精神文化创新，精神文化是指属于精神、思想、观念范畴的文化。瓦萨的思想体系、宗旨、口号、宣传片、礼仪、人物故事等都属于瓦萨精神文化的范畴。瓦萨自起源起就具有一种敢于挑战、不服输的精神。瓦萨落户长春不仅要将这种精神传承下去，更要将其丰富并且发扬光大。自古以来，中国就有许许多多的神话故事，其精神内涵与瓦萨高度契合，如《夸父逐日》反映了人类向自然大胆挑战的精神，与瓦萨的精神内涵相得益彰，将我国的古典神话故事所蕴含的精神与瓦萨的精神相融合，在丰富瓦萨精神内涵的同时，可使瓦萨更别具一格。瓦萨的精神文化是瓦萨的思想和灵魂，代表一种正能量，肩负着引领瓦萨文化发展方向的重任，其地位与作用是无可替代的，不断丰富其精神内涵，创新发展，它的精神会在赛道上不断延续下去。

四、开放办赛推动区域共同发展

截至 2020 年，长春瓦萨国际滑雪节已经举办了 19 届，在如今开放的一个大背景下，活动应该结合多方面的资源，共同举办。瓦萨不应该故步自封，应该与周边省份联合办赛，共享赛事经验，形成区域联合发展，才能化竞争为合作、化威胁为机遇，最终实现自身赛事与地区经济的高质量发展。例如河北崇礼国际滑雪节，截至 2020 年，已经举办了 20 届，也积累了相当丰富的经验，"崇礼滑雪"已成为张家口市的一张名片。同样，也可以让瓦萨滑雪不仅仅成为长春的一张名片，甚至可以变成全国的名片，争取可以在另外一些城市也举办瓦萨滑雪赛，带动更多人参与到冰雪项目中，为实现"3 亿人上冰雪"而奋斗。同时，长春可以举办各类冰雪类其他赛事，让长春也有"崇礼滑雪"，一个地区的赛事水平，赛事规模，在一定程度上可以代表人们参与该运动的程度，因此，可以多举办赛事带动地区运动的发展。

为了更快、更好地满足瓦萨冰雪节对交通基础设施建设的要求，还应实现交通一体化，加快构建快捷、高效、安全、低成本的互联互通综合交通网络，为长春有效承接北部城市产业转移铺平道路。其次，加快新建和完善比赛场地和景区的各项配套设施建设，完善供水、供电、供热、通信、环保等基础设施，为滑雪产业发展奠定基础。同时，瓦萨国际滑雪节自身也要进行不断地进步，对于比赛的形式和内容不断地加以创新，让瓦萨的"代名词"不仅是越野赛，对于其他项目比赛的举行一样也能游刃有余，可以满足更多冰雪运动爱好者的需求，吸引更多国家的冰雪运动爱好者参与瓦萨冰雪节。在冰雪运动中，要让消费者拥有良好的冰雪体育运动体验，完善的基础设施建设、高质量的滑雪赛道以及配套的相关服务产品的供给是不可或缺的。

第十六章　冰雪体育培训
——北京星宏奥冰球俱乐部

第一节　星宏奥冰球俱乐部发展概况

北京星宏奥体育文化管理有限公司成立于 2015 年 8 月，其经营范围包括组织文化艺术交流活动（不含营业性演出）和体育运动项目经营（高危险性体育项目除外）。作为一家体育企业，体育培训、体育咨询以及体育产品销售等是该公司的主打业务。同时，技术服务、场地租赁和企业管理咨询也有所涉及。目前，北京星宏奥体育文化管理有限公司具有 3 处分支机构，分别位于北京市丰台区、石景山区和昌平区。

星宏奥体育文化管理公司的体育培训主要集中在花样滑冰、冰球等冰上运动，培训对象主要是年龄为 4 至 15 岁不等的儿童和青少年。目前，该公司旗下有虎仔、首都人两支青少年冰球俱乐部和奇迹花样滑冰俱乐部，拥有滑冰、冰球教练员近百名。俱乐部教练员有国家级和国际级之分，参加不同级别教练员的培训课程费用不同。同时，教练授课方式有大课和私教课两种，私教课从 1 对 1 到 1 对 3 培训价格均有所差别。俱乐部所有培训课程均按时计费，大课通常是一次课时长 90 分钟，私教课一节在 30 分钟左右。俱乐部教练员可谓是星光熠熠，不仅有前俄罗斯职业冰球队员等外教，也不乏中国女子冰球队前队长金风玲等重量级球员压阵。截至目前，星宏奥体育俱乐部培训学员规模多达数百人。

第二节　星宏奥冰球俱乐部 SWOT 分析

将 SWOT 分析法应用到星宏奥冰球俱乐部的战略管理中，运用 SWOT

分析法和战略选择对俱乐部运营进行分析和判断，用系统分析的思维将俱乐部视为研究对象，与之相关的内外构建与环境优势、劣势、机会和挑战等要素一一列举，将要素信息相互匹配综合分析，可用来判定组织内部环境的优劣，以及外在环境的机会点和挑战点，从中得出匹配结论，制定出适应俱乐部的指导策略。

一、内部优势

（一）企业及赞助商给予资金保障

纵观当今冰雪运动发展态势，冰球在我国依旧处于初级发展阶段。发展一项运动首先离不开资金保障，当前更多社会组织、企业及赞助商把目光投向了这个市场发展潜力巨大的冰雪项目。星宏奥俱乐部作为北京青少年冰球培训的后起之秀，近两年企业对于体育培训的投入力度逐步加大。早在2015年公司成立时，其注册资本就多达100万元。近两年企业经营效益较好，各分公司也在北京不同地区陆续揭牌，比如丰台分公司在2021年9月22日注册成立。公司正是看到冰球运动以及体育培训行业巨大的发展潜力，借着良好的势头打造中国知名的青少年冰球俱乐部，为国家和社会培养更多的冰球人才。

（二）培训场馆设施条件较为完善

场地数量较少、硬件设施较差过去一直是制约我国开展冰球运动的一大难题。而在北京冬奥会申办成功以后，借助这一背景，近些年冰雪运动氛围持续升温。冰球运动的场地数量逐渐增多，场地相关配套设施逐步完善，为群众参与冰球运动奠定了良好基础。首都人冰球俱乐部的训练场地位于北京市海淀区玉泉路5号星宏奥冰上运动发展中心。此场馆建有1800平方米真冰场地、200人以上的专业看台、先进的冰上运动附属设施，可容纳300人进行滑冰，冰球、花样比赛场地同时也符合国际标准。2020年11月，由北京2022年冬奥会和冬残奥会组织委员会举办的北京2022年冬奥会冰球项目北京地区雪童测试活动以及2021年第二届北京名校冰球精英赛都在这里举行。

（三）教练员业务能力相对较好

近两年，星宏奥冰球俱乐部经营效益较好，其中重要因素是依托优秀的教练员来吸引青少年学员前来报名，以此提高俱乐部的业务收入。以前中国女冰队长金风玲为代表，退役之后没有选择执教专业队或进入官方机构，而是投身青少年俱乐部的运动员在星宏奥俱乐部执教的不在少数。青少年俱乐部与专业队相比，作为一种基层培训，这里不仅要教技战术，更重要的是根据小学员的身心特点、学习能力的高低制定个性化的兴趣激发和培养方案。调查发现，星宏奥俱乐部目前的培训课程以私教课居多，这样一来教练员与学员之间的沟通效果更佳，也便于俱乐部更好地获知学员需求，不断提升俱乐部的服务能力。

二、内部劣势

（一）俱乐部品牌宣传力度不足

由于俱乐部成立时间较短，因此与北京地区传统老牌青少年冰球俱乐部相比，星宏奥冰球俱乐部的社会知名度相对较低。通过各种路径进行探寻，北京星宏奥体育文化管理有限公司以及旗下冰球俱乐部的相关介绍无从查阅。经过实地调查可知，星宏奥冰球俱乐部所使用的招生宣传方式与传统的体育培训机构所使用的宣传方式一致，常规方法有宣传彩页、电话邀约试课等方法。在当前网络新媒体相对发达的时代，俱乐部虽然开通微信公众号、微博等平台账号，但这些账号以课程安排和收费价格为主要推送内容。相对于课程推广，俱乐部自身文化建设与宣传力度还远远不够。

（二）俱乐部培训费用相对较高

众所周知，冰球相较其他运动参与成本高。中国冰球产业正在经历"阵痛期"，走在由"体制内生存"向"还给市场"转变的过程中，由于冰球的相关装备和培训费不菲，所以学习冰球的青少年的家庭通常需要具备一定的经济基础。因此，在国外冰球通常是社会中上流人士会选择参与的运动，通常被视为一项"贵族运动"。在体育培训领域，我国青少年冰球培训俱乐部非常稀少，所以这些现存俱乐部的收费标准也较为高昂。就以星宏奥冰球俱乐部为例，一节 30 分钟的私教课最高能够达到 380 元，这是其他项目培训课程所无法比拟的。报名国际级教练的课程，一般保守估计年均培训费用在5 至 10 万元。为了检验培训成果，不少学员都会选择去参加比赛，比赛费用往往也是需要个人承担。目前我国冰球运动发展尚处于初级阶段，冰球运动的普及程度有限，没有形成规模。俱乐部如此昂贵的收费价格，对一些普通家庭来说只能是望而却步。

（三）俱乐部教练员流动性较大

星宏奥冰球俱乐部的大部分教练员都是想通过冰球教练的工作获取最大的经济利益。虽然部分教练员自身有冰球教学兴趣，他们热衷于将自身技能传授给青少年，以受聘于青少年冰球培训机构担任教练工作的方式，提高自己的冰球教学能力，提升儿童和青少年冰球技能并与之建立深厚友谊；不过多数教练员是想通过这份工作获得高昂的收入，退役不久的运动员转行做教练，这一群体以增加自身的工作经验，在同行业中实现角色转变为目的；同样也有少许的教练员有其他动机，没有目的动机的教练员则更容易流失。调查得知，星宏奥俱乐部的大部分教练都是有过冰球运动背景或冰球专业出身。在全国冰球专业人才极度匮乏的情况下，这些教练员的授课费用普遍较高。以利益为驱动，为短时间内获取更多利益，业内教练员流动性相对较高。这其中主要原因是培训机构的薪资无法达到个人期望而选择辞职，这种情况就容易导致培训机构的教练员流动性大从而呈现出不稳定的特点。对于俱乐部长期发展而言，教练员流失严重的甚至会造成培训学员流失。

三、外部机遇

（一）政策出台推动体育培训行业发展

2021 年 7 月 24 日，教育部颁布《关于进一步减轻义务教育阶段学生作业负担和校外培训负担的意见》。"双减"政策的目标是针对学生减轻其作业负担和校外培训所带来的额外负担。这一政策在教育战线刮来一股新风暴，是构建我国教育新格局、实现高质量发展、促进我国儿童及青少年学生健康成长的重大举措。"双减"政策一经推出，就得到全社会的普遍关注，在社区、家长间的反响尤其强烈[①]。近日，教育部在"双减"政策的基础上，明确强调在校外培训内容的界定中，体育按照非学科类进行管理。近几年体育培训行业发展势头显著，据央视财经数据分析，目前我国共有体育运动类培训相关企业高达 66 万家。在"双减"政策出台以后，体育与艺术培训相关企业新增 3.3 万家，较去年同期相比上涨 99%[②]。"双减"使得诸多教育培

---

① 袁磊，雷敏，张淑鑫，等. 把脉"双减"政策 构建在线教育信息安全体系［J］. 现代远程教育研究，2021，33（5）：3－13＋25.

② 腾讯网. 央视财经：双减后体育类培训迅速升温，素质类培训企业暴增近一倍［EB/OL］.［2021－09－04］. https://new.qq.com/rain/a/20210904A02EBL00.

训行业纷纷倒闭，唯独体育培训成为政策出台后的香饽饽。对于冰雪体育培训产业而言，"双减"、体教融合等政策的颁布实施无疑是为产业发展注入一针"强心剂"。特别是这次"双减"政策出台前后，冰上培训业感受到了企业、资本家更多的关注，社会各界向多家冰场投去"橄榄枝"，可见冰上培训行业前景较为可观。

（二）冬奥会使冰雪运动氛围日趋浓厚

在北京成功获得 2022 年冬奥会举办权后，我国参与冰雪运动的人群开始呈快速式增长。2019 至 2020 冬季全国约 1.5 亿人参加过冰雪运动，人口占比为 13.9%；自发组织形式和娱乐目的是当前我国民众冰雪运动的主体，其中，自发组织的占比为 64.1%、单位组织的 10.8%、社团组织的 9.2%；为了"娱乐"目的参加运动的人最多占到 45.0%，之后依次是为了健康占 23.3%和缓解压力占 17.5%等等。群众参与冰雪运动氛围的日趋浓厚，势必也将带动人们冰球运动参与积极性日渐增强，因而对我国冰球职业化发展起到推波助澜的作用。由国家发展改革委、国家体育总局、国家旅游局等七部门联合制定的《全国冰雪场地设施建设规划（2016—2022 年)》，明确提出了到 2022 年我国冰球场馆数量不少于 650 座的发展目标，其中新建不少于 500 座。《中国冰雪产业发展研究报告》显示，2015 年底全国只有 50 块室内冰球场，截至 2017 年底全国冰球场的数量已达 214 块，2019 年底为 388 块，比 2017 年增加了 174 块，增长幅度为 81.3%；北京 2019 年底冰球场地增加至 47 块。一旦群众参与冰球的热情逐步升温、冰球运动人口数量不断增加，无疑将为我国冰球市场不断注入新活力，我国冰球的职业化发展未来可期[①]。

（三）国外先进培训理念提供经验借鉴

以俄罗斯、美国、加拿大等为代表的欧美国家，由于冰球运动参与人数基数大、群众基础好，因此形成了完整且成熟的商业运作模式和系统的冰球职业联赛。在这些国家，冰球运动成为冬季项目中最具市场潜力，走市场化发展道路的项目，并发展成为一项商业价值高、市场化发展前景好的体育产业。冰球运动在国外青少年群体中颇受欢迎，国外儿童、青少年参加冰球培

---

① 李双玲，李刚，朱宝峰. 2022 年冬奥会视域下我国冰球产业发展研究 [J]. 体育文化导刊，2021（3）：88－95.

训，往往都是举家动员，家长带领孩子参加社区冰球赛事习以为常，家庭式冰球参与早已成为国外社区冰球运动的一种常态。青少年冰球培训产业作为冰球产业中的重要组成部分，近两年我国各青少年冰球俱乐部为提升培训效果及打造品牌效应，纷纷高薪聘请国外优秀退役运动员及教练员来华任职，以此不断提升俱乐部的行业竞争力，星宏奥冰球俱乐部中的俄罗斯籍教练瓦萨就是鲜明的案例。据了解，瓦萨教练拥有丰富的国外青少年冰球俱乐部的执教经历，无论在训练方法和效果上都与世界冰球青训模式相接轨。在瓦萨教练的训练指导下，可以更快地帮助中国青少年球员找出训练与比赛中的不足之处，从而不断提升其技能水平。

四、外部挑战

（一）重大突发事件导致培训环境复杂化

2020 年突如其来的新冠肺炎疫情，使各行各业的发展均受到不同程度影响，体育产业同样也不例外。以体育培训业、体育竞赛表演业为例，各体育培训机构大门紧锁，各种体育赛事纷纷停赛。调查发现，疫情期间各大冰雪体育培训俱乐部的经营状况均受此影响，星宏奥冰球俱乐部也不例外。北京市各级青少年冰球赛事无法正常开展，使得我国青少年冰球运动的发展在一定程度上受到阻碍。鉴于当前国内疫情防控出现向好势头，2021 年 2 月 24 日，北京市体育局发布《关于做好体育培训机构管理工作的通知》，要求各区体育局要加强体育培训机构的开放管理，在严格落实各项疫情防控措施和要求的前提下有序恢复开放体育培训活动。各俱乐部重新开张营业，北京市青少年冰球赛事也因此重新开启。但结合我国当前疫情持续反复的防控形势，俱乐部培训还要面临包括场地设施选择、场地设施卫生消毒，同时外籍教练员入境到岗也要经过层层手续，俱乐部工作人员的个人防护问题也是在疫情常态化下必须解决的问题。因此冰球俱乐部管理人员须做最充分的准备，确保俱乐部培训工作正常有序进行。

（二）冰球运动装备成本较高且依赖进口

在我国发展冰球运动的过程中，其场地器材、相关用品制造业进步显著，但与冰球发达强国相比步伐依旧较为迟缓。在我国，冰球运动当前仍被群众视为一项"贵族运动"，这在一定程度上是由于参与冰球运动成本较大、门槛较高所致，因此这同样就成为制约冰球发展的障碍。目前我国冰球装备制造多以初级低端装备生产为主，无论研发能力还是生产规模在总体上仍处于初级阶段，例如头盔、球杆、冰刀等冰球核心装备的生产整体较为落后。就装备安全系数而言，目前装备的选择基本只能依赖进口产品。如此情况下，我国生产企业无法进军国际市场，国内冰球装备消费市场大部分也被国外厂商所占据。在我国，一般群众参与冰球运动，单在购置装备上开销就需要 1 至 2 万。场地器材等基础设施落后，严重阻碍我国冰球运动的普及与发展，如此来看依照我国现有的冰球相关硬件设施根本无法匹配我国冰球运动的发展和普及的需求，这在一定程度上制约了我国青少年冰球培训产业发展。

（三）冰球运动群众基础差参与积极性低

任何运动项目的发展壮大都要有群众体育参与做支撑，对于儿童青少年群体而言，由于自身认知能力的不足，家长和老师的认同将是他们选择某项运动的主要参考依据。由此可见，群众基础差，认可度不高势必将严重影响我国青少年冰球培训产业的发展。究其原因，正如我国社会指导员一样，基层冰球体育工作者的数量不足以覆盖冰球运动的发展，在群众体育中间也难以开展以冰球为主题的体育活动。进而导致冰球发展的氛围不够浓厚，参与基础不够扎实，人们无法对冰球这一运动形成观念上的认同，导致群众参与冰球运动的积极性不高。根据资料显示，在 20 世纪 80 年代时，在我国北京、东北甚至包括淮河以北地区曾出现"冰球热"。全国参与和从事冰球运动的人数曾最高达到 10 万人以上，中国冰球国家队也在国际赛事中屡创佳绩。然而现在的情况却是截然相反。根据调查显示全国每周规律性地参与冰球训练的儿童和青少年实际人数不足 2 万人，其中女孩冰球人口更是不足1000 人。数字上的巨大反差正是冰球发展水平的直接体现。因此只有在群众中大力发展冰球运动并形成良好群众基础，冰球职业化的发展才会有动力源泉[①]。

第三节　星宏奥冰球俱乐部发展策略

SWOT 矩阵模型搭建及策略分析的结果建立在分析主体资源能力和外

---

① 蔡玉燕. 加拿大冰球运动对我国冰球运动发展的启示 [J]. 广州体育学院学报，2019，39（6）：94－97.

部资源良好匹配的基础之上，获得企业核心差异化优势，因此其核心在于战略匹配。归纳上文，将 SWOT 模型中我国冰球运动职业化发展的 2 个内部环境和 2 个外部环境分别取其一进行两两组合，因而得到 4 个战略模式，即 SO 开拓型战略，WO 争取型战略，ST 抗争型战略和 WT 保守型战略。

表 16-1 星宏奥冰球俱乐部 SWOT 分析

	内部优势（S）	内部劣势（W）
	S1 企业及赞助商给予资金保障 S2 培训场馆设施条件较为完善 S3 教练员业务能力相对较好	W1 俱乐部品牌宣传力度不足 W2 俱乐部培训费用相对较高 W3 俱乐部教练员流动性较大
外部机遇（O）	策略 1（SO 开拓型策略）	策略 2（WO 争取型策略）
O1 政策出台推动体育培训行业发展 O2 冬奥会使冰雪运动氛围日趋浓厚 O3 国外先进培训理念提供经验借鉴	国际合作健全人才培养路径 冰雪体育培训同样可以走国际合作的发展道路，当前制约我国冰球运动发展的核心问题是运动后备人才不足，未来拓宽俱乐部小球员的技能上限和国际视野。	加强品牌影响提升培训质量 知名度不高、缺乏竞争力是当前我国冰球产业存在的主要问题，树立良好的品牌形象，采取品牌化运营战略，重点提升企业品牌在国内、国际市场的影响力与竞争力。
外部威胁（T）	策略 3（ST 抗争型策略）	策略 4（WT 保守型策略）
T1 重大突发事件导致培训环境复杂化 T2 冰球运动装备成本较高且依赖进口 T3 冰球运动群众基础差参与积极性低	创新课程培养自主制造能力 许多实体经济受到严重打击，线下体育培训产业同样也不例外。科技在冰球中的应用或将为我国青少年冰球培训产业的发展提供重要动力。	合作经营提高风险应对能力 冰球普及程度不够，拓展青少年冰雪社会组织、俱乐部的发展空间。建立健全政府购买社区青少年冰球培训公共服务机制非常重要。

一、国际合作健全人才培养路径

国际合作是当今世界各产业发展的重要路径之一，冰雪体育培训同样可以走国际合作的发展道路。在"万物智联"的时代有联合才能有发展。针对我国当前冰雪体育培训产业发展现状，要搭乘"一带一路"、上合组织、金砖国家等合作组织的发展快车，有意识地把加强国际合作与加强自身自主知识产权建设"强筋健骨"结合，实现"中国特色"与"世界智慧"的融合[①]。纵观以往研究，当前制约我国冰球运动发展的核心问题正是运动后备

---

① 常晓铭，刘卫国."一带一路"背景下北京冬奥会推动我国冰雪旅游产业融合发展研究[J]．北京体育大学学报，2020，43（7）：86-96.

人才不足，冰球在群众体育中的氛围不够。若想拥有大规模的冰球运动爱好者，需要扩大冰球运动参与群众的影响。因此，在我国冰球发展处于初级阶段时期，尤其需要世界冰球强国的支持与援助，集合各界思路使得冰雪体育培训产业可以"四季常青"，将我国青少年冰球后备人才储备做大做强。星宏奥俱乐部通过聘任优秀外籍教练员，已经与海外冰球俱乐部建立联系。俱乐部相关负责人表示，未来通过与北京市冰球协会的合作，利用其搭建的交流平台，增加与国外优秀青少年冰球俱乐部的交流机会，拓宽俱乐部小球员的技能上限和国际视野。

众所周知，竞技运动项目的水平高低重点取决于人才储备和后备人才数量。在此方面，我国可以充分参考国外冰球后备人才的培养体系。在俱乐部层面，应该面向 8～15 岁的儿童、青少年，从对冰球运动产生良好兴趣开始，选择参加高水平赛事的人员，到最终选择成为专业选手。最初在引导儿童、青少年参加冰球运动时，应充分考虑我国的基本国情，如果仅以培养冰球运动员为目标导向，那么人才培养的路径将变得狭隘。为此，俱乐部在培养冰球人才的过程中也要协调好技能训练与文化素质培养之间的关系。尤其在儿童、青少年这身心成长的关键时期，以兴趣爱好作为基本目标才是根本目的。其次，深入贯彻"体教融合"的同时，俱乐部主动寻求与学校合作，破除冰球少年升学路径上的阻碍，切实按照长期培养后备人才模式进行。据悉，北京市已经出台相关文件，冰球运动已经成为升学路上的一把钥匙。由此可见，"单脚走路"培养模式已不能满足我国对于冰球后备人才的需要，俱乐部要主动加入校园冰雪运动，同社会力量一道作为重要内容纳入后备人才培养体系的构架。借此机会，俱乐部可以充分借助学校体育具有的选材面广、资源多等平台优势，节省俱乐部自身招生宣传成本。按照上述路径，青少年冰球俱乐部有望在短期内实现由"国家输血"到"自我造血"良性过度，形成良好的商业化运营模式，为我国培养高精尖的冰球人才。

二、加强品牌影响提升培训质量

知名度不高、缺乏竞争力是当前我国冰球产业存在的主要问题，只有注重品质、扩大影响、提升知名度才能使我国冰球产业不断提高竞争力、增加市场份额。以冰球培训产业为例，俱乐部应该秉持精益求精的态度对每个环节进行严格要求：设计环节要以使学员满意为出发点，不断创新服务理念，探索多元化教学模式，满足学员的个性化需求；教学环节要严格管控，通过抽查、筛查、普查等多种途径进行监管，确保教练员教学质量；课程销售环节要加强宣传，充分利用电视、报纸、杂志及微博、微信、二维码、直播等新兴媒体技术进行广泛宣传，不断扩大影响，树立品牌；售后环节要注重反馈，不但要不断提高服务品质，而且要建立学员满意程度反馈制度，不断对课程产品进行改进、升级、换代，形成良性循环机制。俱乐部要树立清晰的品牌发展规划，围绕自身以体育培训为核心的经营业务，对外树立良好的品牌形象，采取品牌化运营战略，重点提升企业品牌在国内、国际市场的影响力与竞争力。在俱乐部发展过程中，着重强化俱乐部教学文化、管理文化与精神文化方面的品牌文化积淀。俱乐部发展要做到知己知彼，在清楚把握主要消费者及市场竞争对手的基础上，明晰俱乐部品牌定位、品牌主张与品牌发展方向。俱乐部可以积极参加或举办各类社会公益活动，充分发挥俱乐部在青少年冰球运动的普及与开展中的推手作用，赢得社区群众以及学生家长的口碑，提升俱乐部的品牌号召力。积极主动与地方媒体建立良好沟通的渠道与桥梁，与媒体形成良好伙伴关系，拓宽俱乐部的影响范围，为俱乐部发展营造良好的舆论氛围[①]。同时，青少年俱乐部应该以市场为导向，积极承办并自主打造青少年冰球赛事。各个冰球俱乐部不仅可以承接地域性不同年龄级别赛事，在疫情防控允许条件下适当邀请国外优秀俱乐部开展友谊赛，加深多方友谊合作关系。随着品质的不断提高、知名度的不断提升，一方面是俱乐部发展再上新高度，打造世界知名的中国青少年冰球俱乐部；更重要的是加速我国冰球培训产业进入一个全新的时代。

三、创新课程培养自主制造能力

2020 年新冠肺炎疫情席卷全球，许多实体经济受到严重打击，线下体育培训产业同样也不例外。为了应对疫情反复带来的产业危机，体育培训产业需要增强风险应对及处理能力，同时也催生了新业态的产生。同样，新冠疫情也催生中国体育培训业步入崭新的发展轨道，探索互联网体育培训在线上与线下的完美融合。线上体育培训的新模式在新冠疫情期间呈爆发式增

---

① 赵轶龙. 促进消费视角下我国职业体育联赛改革与发展的策略研究——以中超联赛与CBA为例 [J]. 中国体育科技, 2019 (11): 52—61.

长，线上健身、线上体育培训现在已经家喻户晓，一种突破常规的体育消费理念正在形成。那么，我国的冰雪体育培训企业同样可将线下培训与互联网线上培训完美结合实现培训模式的转型升级。智能化在当今中国早已走入寻常百姓家，因而我国冰雪体育培训企业应牢牢把握当前线下实体培训转型升级的历史机遇，在考虑培训项目差异性与企业自身优势的基础上，推出一系列冰雪体育培训的在线课程。依托互联网这一平台优势开展线上冰球培训，或主要以技术动作模仿和战术教学为主要内容。这种模式虽有自身局限性，但是一方面通过优质的互联网线上冰球培训课程，让学员在实操之余加深对于理论知识的巩固和把握。另一方面，这种课程有利于青少年冰球培训企业满足老顾客的消费黏性，进行课程扩展服务①。除此以外，随着科技的进步，人工智能 VR、AR 以及高分子材料技术在冰雪项目中得到了广泛的应用，推进了各种模拟冰雪运动器材研发，以及仿真冰、仿真雪的运动项目推广。俱乐部除了提供冰场实体教学以外，利用高新技术为潜在学员进行课程体验也是不错的选择。如此一来，打破场地和参与成本较高的局限，将冰球运动从冬季运动变成四季运动，不仅满足了儿童、青少年参与冰球运动的美好生活需求，也推进了冰球运动向普通大众的普及，而且为冰球竞技人才的选拔和培养奠定了基础。所以，科技在冰球中的应用或将为我国青少年冰球培训产业的发展提供重要动力。

根据前文所述，冰球参与成本高、装备依赖进口是困扰广大青少年参与冰球运动的一大难题。调查发现，星宏奥冰球俱乐部存在冰球装备销售这一经营业务，但商品多以国内成本相对较低的基础装备为主。因此，为扩大俱乐部品牌影响力，吸引更多学员参加培训。俱乐部应该在冰球装备研发方面下足功夫，这样不仅扩展了企业、俱乐部自身的冰球产业链，更能够推动冰球运动实现"大众化"，降低大众参与冰球运动的门槛。俱乐部实现冰球装备自主生产制造有三种方式：一是完全自主研发，这种方式时间长、成本高、风险大；二是技术引进—消化吸收—再创新，这种方式可以借鉴国外成熟的先进技术，缩短创新时间、降低研发成本，但关键是要实现从模仿到创新的跨越；三是直接购买国外技术，即便这种方式可以省去研发成本，但难

---

① 胡良平. 新型冠状病毒肺炎疫情影响下中国体育培训企业发展困境及对策 [J]. 首都体育学院学报，2020（3）：228－232.

以获得尖端技术。俱乐部实现俱乐部自主装备产品制造价值链的动态攀升，可以在国际冰球装备产业分工中占据一席之地。

四、合作经营提高风险应对能力

在冰球产业发展处于初级阶段的情况下，冰球普及程度不够。私人资本和企业独立经营青少年冰球俱乐部势必将承担较高的风险。通过参考国外经验做法，政府、社会组织协同参与冰球俱乐部建设与运营是降低风险的有效办法。政府购买社区青少年体育公共服务是连接"三社联动"各类行动主体的重要机制，关联到"政社联动"及"社社联动"的范围和效果。《青少年体育活动促进计划》明确提出，各级体育、教育部门应进一步创新机制，鼓励通过政府购买服务等方式，引导社会力量积极参与青少年体育活动。纵观北京市部分青少年冰球俱乐部运作方式的发展历程，通过政府购买服务、设立项目资金、补贴活动经费等措施，积极引入专业体育社会组织嵌入俱乐部发挥作用，来弥补单一体育企业力量薄弱、青少年及其监护人参与程度有限等问题，正成为社区青少年体育治理的跟进策略。在"三社联动"的预期下，"政社联动"主要是发挥街道办和社区的协作引领和治理作用，通过采取政府购买服务的方式，依靠"三社联动"的协作机制将分散的冰雪社会组织协同起来，与政府分享权力，推动社区内外冰雪社会组织、社区俱乐部承接基层政府青少年体育职能转移和购买冰雪体育公共服务工作，最终形成政府与社会互动的嵌入式关系。"社社联动"是在政府通过购买服务向冰雪社会组织让渡权力空间的前提下，依靠"三社联动"的合作机制加强冰雪社会组织间的合作，以共生思维培育冰雪社会组织的社会资本，推动冰雪社区俱乐部的网络化建设，以便更好地承接政府购买服务，拓展青少年冰雪社会组织、俱乐部的发展空间。

然而，目前无论是政府向冰雪社区俱乐部购买青少年冰雪体育公共服务，还是冰雪体育社会组织实体化发展均处于起步阶段，各项法规制度还不完善。"无位置、无载体、无资源"是社会组织协同社区治理的最大困难，在冰雪社会组织实体化改革之后，冰雪社会组织寻求嵌入社区获得资源、合法性及制度支持就表现出更为强烈的需求。因此，进一步提升社区青少年冰球运动"三社联动"机制的协同效应和运转效率，建立健全政府购买社区青少年冰球培训公共服务机制就尤显重要，主要包括与社会组织和俱乐部建规章、立契约，发挥制度与契约对政府购买青少年冰球培训服务各利益主体及其行为的严格约束与支持作用；构建第三方动态监管与约束机制，增强社会组织、俱乐部在青少年冰球培训服务供给方面的专业化力量[①]。

---

① 曹海军. 社区治理和服务视野下的三社联动：生成逻辑、运行机制与路径优化 [J]. 华南师范大学学报（社会科学版），2017（6）：30－37.

第十七章 冰雪文化旅游
——黑龙江雪乡风景区

第一节 黑龙江雪乡风景区概况

雪乡原名双峰林场，位于黑龙江省牡丹江市海林市（长汀镇）大海林林业局双峰林场，距离黑龙江省会哈尔滨市近三百公里。因双峰林场位于西伯利亚冷空气与日本海暖湿气流交汇处，同时受高山密林的小气候影响，这里的雪黏稠度高、雪期长、降雪频繁，雪量堪称中国之最。2013 年，湖南卫视亲子秀节目《爸爸去哪儿》选择将雪乡作为最后一期的拍摄地，节目播出后，雪乡的知名度迅速提升，赴雪乡旅行的旅游者数量明显增加。近年来，随着冰雪旅游的热度不断提升，雪乡的品牌价值也逐年攀升。

雪乡依托优质冰雪资源及自然地理优势，形成了以雪景观赏为核心的冰雪旅游经济，冰雪旅游业是当地经济发展的支柱型产业。雪乡对于冰雪旅游资源的开发时间较早，在国内具有一定的知名度。雪乡每年十月份开始降雪，直至次年四月，长达 7 个月的降雪量使得雪乡的冰雪旅游时间跨度远高于其他冰雪旅游地。雪乡冰雪旅游经济的良好发展势头，除了独特的自然条件优势外，其人文景观以及当地民俗风情也吸引了不少游客前来观赏体验。近年来，雪乡在发展传统冰雪旅游业的基础下，也开辟了一些促进当地冰雪经济发展的新路径。雪乡依托雪乡国家森林公园得天独厚的自然生态环境，以及丰富的历史、文化、旅游资源，与各院校、营地、旅行社携手打造了雪乡研学服务品牌，开辟了"文旅＋研学"的新发展模式。自 2019 年开始接待研学旅行起，雪乡研学旅行逐渐标准化、规范化。通过"文旅＋研学"的发展模式，进一步拓展和延伸雪乡旅游产业链，实现了旅游数量和品质双重提升，拓展了雪乡冰雪旅游的深度，使雪乡冰雪旅游经济向多元化方向发展。与此同时，雪乡还充分发挥了影视业对于当地冰雪旅游的宣传推广作用。美国学者亨特认为，形象因素是旅游景区的开发过程中最为重要的因素，而人们对于某旅游地形象的认知与了解，往往取决于大众传播媒介对于该目的地形象的塑造。近年来，中央电视台"一年又一年"春节特别节目，连续五年到雪乡进行现场直播，进一步扩大了雪乡冰雪旅游业的国内外影响力。借助影视剧的宣传推广，有效提升了雪乡的知名度，极大地促进了雪乡冰雪旅游经济的发展。此外，随着互联网在旅游行业中的深入应用，旅游电子商务平台、旅游公共服务平台、旅游营销平台等项目的出现，雪乡的营销方式也在与时俱进。为了向游客提供更加高效的旅行服务，提升雪乡冰雪旅游行业的服务质量，由智慧管理、智慧服务、智慧营销、智慧保护四部分构成的"智慧雪乡"体系于 2018 年 10 月开始投入使用，并针对智慧景区的建设打造进行了实地考察，为进一步强化智能管理、完善服务设施、升级游客体验奠定了基础。

总体来看，雪乡冰雪经济正处于良好的发展态势之中，但在发展过程中，也存在着许多问题亟待解决。随着全球气候的异常变化，雪乡的冰雪经济受气候环境的影响十分显著，对于环境保护也应当更为严格。随着前来雪乡的游客数量不断增加，在大力开发冰雪旅游业的同时，对于当地自然环境以及冰雪旅游资源的保护还有待加强，如木材砍伐、房屋浓烟过量排放等对于雪乡的冰雪资源造成了不同程度的破坏，不利于雪乡冰雪经济的可持续发展。同时，由于当地经济发展水平制约，对于优质冰雪资源的开发还不完善，冰雪旅游项目较为单一，具有当地特色的冰雪体验项目还有待扩充，冰雪旅游同质化现象明显。雪乡冰雪旅游经济的发展也主要依托国内市场，其国际影响力很小。此外，当地政府对于冰雪旅游市场的监管力度还有待加强，景区经营服务的专业性也有待提升。在过去，雪乡旅游景区内的经营商户多以当地居民为主，服务质量不高，频发的"宰客"事件严重影响游客的旅行体验和满意度，对于雪乡的旅游形象造成了严重损害。尽管类似事件经过治理后有所改善，但其不利影响早已通过互联网的传播被进一步放大。

第二节　黑龙江雪乡风景区运营情况 SWOT 分析

黑龙江雪乡风景区作为国内规模较大的冰雪旅游景区，自然存在多样的内部优势与劣势，面临着复杂的机遇与威胁。为了有效地归纳和提炼雪乡自身优劣势与面临的机遇和威胁，以此审视黑龙江雪乡的生存情况和全面科学地把控其发展状况，我们开展对雪乡的 SWOT 分析，为后部分雪乡高质量发展策略的内容提供分析支撑。

一、内部优势分析

（一）自然旅游资源

冰雪与林木资源。冰雪资源方面，黑龙江雪乡风景区自建设运营以来，一直都以其得天独厚的冰雪风光而为人所熟知。由于风景区坐落于黑龙江省牡丹江市，日本海洋暖湿气流与贝加尔湖寒冷空气频繁在该区域发生对冲交汇，再加上风景区绝大部分面积被高山密林覆盖，进而形成了有别于周围区域的"天无三日晴，冬雪漫林间"的奇特小气候，其每年大约从十月开始降雪，一直到次年四月，雪期长达近 7 个月，积雪厚度最高可达 2 米左右。较大的雪量形成了雪乡独特的冰雪景观，而柔软黏稠的雪质使得雪乡的积雪可塑性强，随物具形塑造了雪乡惟妙惟肖、栩栩如生的冰雪童话世界。来自国际冰雪圣地的瑞士滑雪设计专家克里斯托夫认为黑龙江雪乡的雪可以媲美阿尔卑斯山的雪，将雪乡比作中国的达沃斯。更有学者认为，雪乡的冰雪资源是中国乃至全亚洲最优质的，在 2022 年北京冬奥会的契机下，利用冰雪资源实现冰雪体育产业的发展将大有可为。黑龙江雪乡得天独厚的冰雪资源在这个全球逐年变暖的时代显得弥足珍贵，充分利用冰雪生态资源，在合理开发冰雕灯展、温泉度假等传统冰雪旅游产品的同时，创造式地推出雪场滑雪、冰上运动项目体验等内涵丰富的冰雪体育运动服务，让游客在游览观光之余充分体验冰雪运动带来的乐趣，让冰雪运动融入人民生活将会是中国雪乡未来高质量与可持续发展的必由之路。

林木资源方面，黑龙江雪乡风景区的前身就是林牧业区，在大力发展旅游业之前，当地曾经以伐木作为地区发展的主要方式。据相关数据显示，雪乡森林公园植被覆盖率高达 90％以上，景区内六成以上的树种以白松为主，被美誉为"白松故乡"，另有山槐、水曲柳、胡桃楸等国家一、二级重点保护植物散布其中。此外，景区内还存有资源面积最大、保护程度完好的天然红松原始森林，其平均树龄高达四百多年，更有千年古树蕴藏其中。高密度的植被覆盖使得景区成为天然氧吧，红松林立使得雪乡成为天然养心谷，鸟语花香间尽显原始森林本色，8.2公里的观光栈道将沿线的美丽风景勾勒于游客眼前，成为美景爱好者的打卡之地与摄影创作者的灵感之地。丰富的林木资源与得天独厚的冰雪资源使得雪乡具备了全年开放的条件，一年四季有不同的旅游主题可以提供给游客观赏，极大地丰富了雪乡相关旅游产品的供给能力。

高山与物产资源。黑龙江雪乡地处高山林立地带，海拔超过千米的山峰有三十余座，其中云龙山、仙翁山与玉鼎山海拔更是超过一千五百米以上。因三山呈现相互簇拥的架势，故得"龙江三巨擘"之名，其山势险峻、层峦叠嶂而景色壮观，这也使得雪乡成为继冰雪旅游爱好者之外登山探险爱好者的绝佳去处。此外，耸立的山群也为高山滑雪和越野滑雪项目提供了天然的物质条件。目前，雪山滑雪场有初、中、高三级共 7 条雪道，总长度达 12.5 公里，其中专业越野雪道近 4 公里，自由越野雪道 6 公里，运动员专用快速道 2 条，另有雪地摩托、高山雪橇、马拉爬犁等娱乐项目供游客欣赏体验，并可以观赏到"八一"滑雪队的专业表演。同时，雪乡的高山也为各种物产创造了天然的生长环境，得益于良好的自然条件，雪乡的物产资源也非常丰富。随着旅游业的发展，雪乡逐渐形成了以"土特产"为核心的旅游纪念商品，包括松茸、野生木耳、猴头菇、细鳞鱼、红松果仁、油豆角等，这些特产以绿色健康、营养丰富而著称，其作为旅游纪念商品中最具有竞争力的品类之一，是构成雪乡"吃、住、行、娱、购、游"产业链中的主要消费类别，在成为黑龙江雪乡的特色名片同时，创造了非常可观的经济效益。

（二）人文旅游资源

战争遗址与历史文化资源。雪乡位于黑龙江省东南部，地处长白山脉张广才岭东麓，素有"林海雪原"之称，在这一带曾经发现唐朝时期渤海国的历史遗物，其位置距离渤海国古都仅有 30 余公里远，据考古学家推断，雪乡在地理位置上可能处于唐朝时期古渤海国的领土范围内。唐代中期，满族先人建立了渤海国，到了明末清初，这里一直被叫作"海蓝窝集"，满语里的意思为密林之处，新中国成立之后在雪乡的云龙山东部曾发现古城残垣，相关专家推断可能是古代人民为了抵御外敌入侵而修建的一处高山据点，故该地区一直被视为满族发源地的一部分。但由于古代该地气候寒冷，取暖设施落后，导致这里并不适宜人类久居，故雪乡一带并没有形成大规模的部落聚集地。即便如此，古时留下的风俗习惯依然可以从雪乡当地居民的生活点滴中发现。同时，近代以来，黑龙江雪乡的丰富林木资源一直都是帝国主义侵略者的眼中肉，不惜通过残忍的方式进行掠夺，而当地也涌现了许多革命先烈用自己生命进行反抗的事迹，电影《智取威虎山》、电视剧《硬骨头》等都向人们演绎着在这片"林海雪原"上演的英雄故事。现在，雪乡多处还仍保留着帝国主义曾经攫取资源的痕迹以及抵抗帝国主义的抗战遗址。这些战争与历史资源为雪乡传承红色精神、发展红色旅游、丰富文化旅游产品提供了资源基础。

民俗与饮食文化资源。民俗文化的形成是建立在一个地区长期社会生活物质基础上的，这些物质资源基础对人们生活方式的影响经过长期的积累与传承，使当地的文化具备民族性与地域性的特征。关于东北民俗文化，最为人所熟知的当属东北八大怪，雪乡地区同样也有着"花棉袄、土火炕、满族剪纸与窗花"等丰富的乡土民俗文化，以及"棒打狍子瓢舀鱼、野鸡飞到饭锅里"的狩猎文化。此外，位于雪乡内的酒店与剧场还会不定时的上演二人转表演以及文化大戏《梦里雪乡》，吸引游客驻足欣赏。深深根植于东北地区独特的自然资源与人文环境，特色美食作为地方民族文化的展示载体之一，同样也是雪乡的招牌特色。冻柿子、冻梨、铁锅小鸡炖蘑菇、农家猪肉炖粉条、粘豆包、铁锅冷水鱼等，纯原生态的冷水鱼加上七荤八素的菜品原料，为雪乡提供了丰富的原材料选择，山珍野味与特色烹饪方式的完美结合，成就了雪乡地区浓郁的东北特色饮食，朴实自然、醇厚浓郁成为雪乡菜品的特点与优点。在《舌尖上的中国》第二季中，雪乡的"铁锅炖鱼"成功入选舌尖上的中国美食。在雪乡，东北的民俗与饮食文化"影子"已经深刻融入当地人民的日常生活中，转变为人民深入骨髓的生活方式。丰富的人文旅游资源使得雪乡发展文化旅游产业成为可能，通过挖掘整理相关历史文化，取其精华去其糟粕，汲取其中的优秀文化部分通过旅游业带动其传承与发展，对于雪乡文化旅游产业的发展来说具有深刻的意义。

二、内部劣势分析

（一）产品单一导致雪乡"千村一面"

基于上述雪乡得天独厚的自然与人文旅游资源，雪乡的产品生态理应是非常丰富的，但是由于当前雪乡在现有资源的开发广度与各资源要素的融合利用方面明显不足，致使雪乡产品生态较为单一，据官方数据显示，雪乡虽然游客较多，但在景区内的游览时间却仅为 2 至 3 天，较短停留的时间限制了游客消费潜力的释放，从而影响雪乡的整体经济效益。单从历史文化资源的开发来说，对于具有丰富历史人文资源的景区，其旅游价值应重点体现在文化内涵层面，但雪乡对于非物质文化遗产的开发观念仍然受到传统旅游开发思路的左右，常见的非物质文化展现方式为饮食、歌舞等，其他形式非常少，这种结构单一的开发方式使得其最后开发出的旅游产品缺乏"灵魂"，与其他景区形成"千村一面"的尴尬处境，并且其所代表的民俗文化精神并不能真正展现在旅客面前，往往会给游客造成感官疲劳，而且在产品结构复杂性与创新性方面存在不足，产品的可替代性很强，尤其是在消费者可以随时随地接收到海量信息的互联网时代下，这样的产品更是难以满足游客追求个性化、多样化、高端化的旅游需求，很多游客都是走马观花式的象征性浏览，这种短暂的驻足难以激发游客的消费潜力，严重制约了雪乡当地的经济发展。而通过对产品业态进行升级，依托得天独厚的冰雪资源，实现冰雪与其他互补资源的相互利用，促进雪乡地区产业的融合发展，将会是化解上述难题的较好出路。

（二）"宰客"事件致使雪乡形象崩塌

"宰客事件"起源于 2017 年雪乡游客发表在微信平台的一篇文章，作者在文中称自己提前三个月在雪乡某旅店预订了房间，但在办理入住当天却遭受店家蛮横换房，一家被强制从三人间换成了大通铺，此外还提到了雪乡当地超出常理的昂贵天价菜单。这件事经网络曝光后激起了巨大的网络热议，众多旅客在转评中叙述了自己在雪乡曾经"被宰"的经历。一时间雪乡成为众矢之的，负面新闻占据了网络中与雪乡有关的话题，雪乡被网络舆论与"宰客"一词进行捆绑，其经营多年的旅游品牌遭受严重的形象危机。"宰客"事件发生后，首当其冲的影响就是游客数量出现严重下滑，据央视节目在 2018 年雪乡专题探访中的调查显示，雪乡游客数量同比增长由 30％降低至 19％，如果换算成具体数字相当于每日少来一千余名游客。此外，旅游人数下滑的负面影响会直接反映在雪乡的经济效益上，在节目中，有店家直接表示很多之前预定好的酒店订单被直接取消，新游客的望而却步与回头客的复旅意向衰减使得本该是旅游旺季的雪乡显得格外"冷"。雪乡的旅游形象需要恢复，更需要相关经营管理者拿出更多的行动与时间进行弥补。

三、外部机遇分析

（一）政策扶持

2020年10月，《黑龙江省人民政府关于印发黑龙江省冰雪旅游产业发展规划（2020－2030年）的通知》正式颁布，昭示着以雪乡为代表的黑龙江冰雪旅游再次迎来新的春天。其实近几年来，无论是国家层面的宏观引领政策，还是地方省份的微观落实政策；无论是资金端的金融与财税政策，还是产学研端的人才与科技政策；无论是聚焦社会效益的长远规划，还是紧抓经济效益的工作方案；无论是领导人层面的思想指引，还是国家层面的远大目标，对于雪乡来说，政策的红利越来越明显，产业的扶持越来越具体。黑龙江省是中国最早进行冰雪资源开发与运营的省份，更是中国最早依托冰雪资源促进经济高速与高质量发展的省份，作为中国冰雪旅游第一大省，黑龙江立足实际，通过政策规划引领与示范项目带头，充分发挥得天独厚的冰天雪地自然资源优势，促进冰雪与文化、体育等其他产业的融合，进而形成创新、协调、绿色、开放、共享的发展格局，使冰雪成为黑龙江省经济发展的内生动力，从而在全国范围内建设冰雪经济强省与国内首选冰雪旅游圣地，促进经济高质量发展的实现已成为必然。

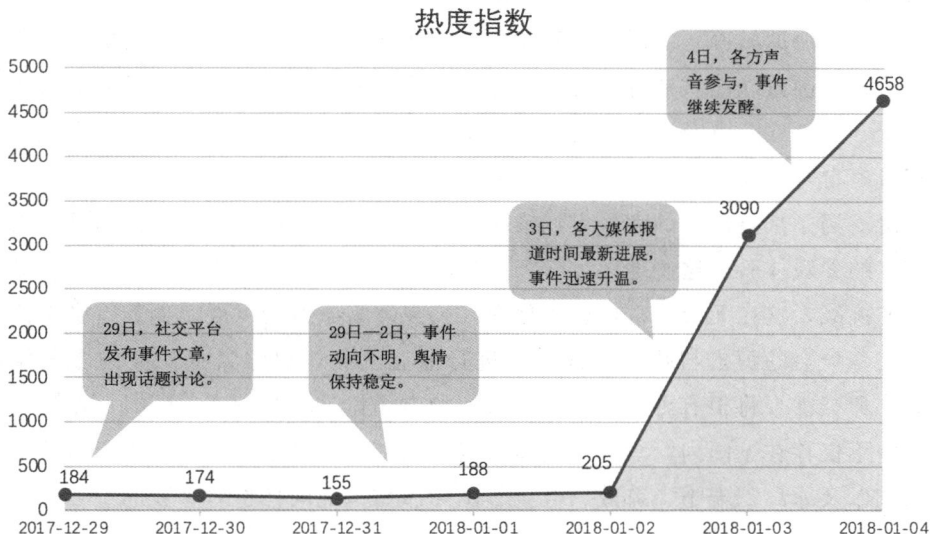

图 17－1 "宰客"事件后雪乡热度指数图

（二）冬奥会举办带来的契机

随着 2022 北京—张家口冬奥会的成功申办，国家提出了"三亿人上冰雪"的目标，使得举国上下掀起了一股"冰雪热"，国内有关冰雪的运动与相关产业迅速升温，成为未来一段时间内产业发展的新趋向，冬奥会的举办为全国冰雪运动的发展创造了新的机遇，也为国家经济实现高质量发展提供了支撑。以冬奥会为契机，大力发展冰雪旅游等相关产业，打响类似于雪乡等的一系列特色冰雪文化品牌，成为经济高质量发展理念下的重要理论命题。如今，以黑龙江雪乡为代表的冰雪旅游产业综合体正迎来新一轮的发展空间，冰雪运动、冰雪旅游、冰雪文化正得到人民越来越多的关注，与冰雪有关的旅游项目正得到进一步的推广与发展，以开放的姿态，依托自身得天独厚的冰雪优势，因地制宜地进行绿色开发，实现冰雪资源与其他相关资源的融合互通，促进我国冰雪产业的供需协调，促进地方经济高质量发展，已成为时代必然。

四、外部威胁分析

（一）日渐激烈的市场竞争

在国内，雪乡所面临的市场竞争既体现在同类竞争者（例如大兴安岭加格达奇冰雪游乐园、长白山冰雪旅游区、亚布力滑雪旅游度假区、北大壶度假区、上海冰城等）之间的相互竞争，也体现在非同类竞争者（瓦萨国际滑雪节、中国崇礼滑雪节等）之间的相互竞争。同时，在国内，除了人们熟知的黑、吉、辽三省有着丰富的冰雪资源以外，新疆、内蒙古等西部地区也在积极对自身的冰雪资源进行开发，北京、河北、四川等地也早已建有了成熟的滑雪场。来自国内的竞争者们推出各具特色的冰雪活动，吸引国内外不少游客的参观体验，这些地区冰雪产业的崛起，将给黑龙江雪乡的发展带来更大的挑战，这在无形中都威胁了黑龙江雪乡冰雪旅游的发展，倘若雪乡不抓紧在冬奥会的契机与政策的红利下进行业态创新，促进自身产业的多元发展，那么雪乡将很有可能会在日渐激烈的市场竞争中被淘汰。同时，激烈的竞争不仅存在于国内，具有丰富冰雪资源的韩国、日本、俄罗斯等周边几个国家以及冰岛、瑞士、挪威、芬兰等国际冰雪圣地同样也对雪乡的生存带来了威胁，其先进的技术、丰富的冰雪赛事活动经验与冰雪相关产业的发展同样也应引起相关部门的高度重视。

（二）资源开发带来的负外部效应

不可否认的是，类似于黑龙江雪乡的冰雪旅游项目发展对自然资源的消耗十分巨大，而全球气候变暖使得北方雪季缩短，为了维持景区已有的盈利周期水平，又不得不采用人工造雪的方式，这就不可避免地造成了产业发展的负外部效益，进一步对生态与盈利造成了伤害。以 2017 年为例，雪乡冬季旅游累计接待游客超 60 万人次，按照当前冰雪旅游热度持续上升的态势来看，黑龙江雪乡在未来几年将会承担更多人次的旅游消费者。虽然大量旅游者的参与推动了雪乡当地的经济发展，帮助当地多个区域实现脱贫致富与奔向小康，但也对雪乡的生态环境造成了巨大的压力。为了延长盈利周期，经营者一次次的挑战自然界自我调节能力的底线，资源不合理开发所带来的负外部效应将最终影响雪乡的可持续发展。雪乡的高质量发展离不开对生态环境的保护，考虑景区生态的存量与容量，因地制宜的发展冰雪旅游项目，做好资源开发与自然保护的平衡，落实产业开发的环境保护评估，促进产业的绿色发展显得尤为重要。

第三节　黑龙江雪乡风景区高质量发展策略

通过对黑龙江雪乡经营过程中的内部优势与劣势、外部机遇与威胁进行系统分析，我们构建了基于 SWOT 的分析矩阵，综合分析影响雪乡经营的各类因素，对雪乡的下一步发展提出了 4 类组合策略（如表 17-1）。

表 17-1　黑龙江雪乡风景区高质量发展 SWOT 分析矩阵

	内部优势（S）	内部劣势（W）
	S1 自然旅游资源 S2 人文旅游资源	W1 产品单一雪乡"千村一面" W2 "宰客"事件雪乡形象崩塌
外部机遇（O）	策略 1（SO 开拓型策略）	策略 2（WO 争取型策略）
O1 政策扶持 O2 冬奥会举办的契机	文化培育推动雪乡"走出去"以国民时代所需确立自身的品牌定位；以文化为创意原点，立足黑龙江省雪乡文化内核打造属于自己的特色文化品牌。	"冰雪＋"促进产业多元发展 重视互补业态的相互利用，推动自身产业的多元发展；加大冰雪旅游产品的体验性与参与性，激发游客产生复旅行为。

外部威胁（T）	策略 3（ST 抗争型策略）	策略 4（WT 保守型策略）
T1 日渐激烈的市场竞争 T2 资源开发负外部效应	合理开发实现绿色持续发展 秉持开发与治理并重的原则；坚持预先系统规划、整体实行开发的原则；以环境的生态保护为着力点，更加关注雪乡经济效益增长的同时环境情况发生的变化。	利益共享形成雪乡治理合力 通过股份的方式，有效地将个人利益与集体利益进行捆绑，充分调动多方主体治理的能动性与创造性、形成共商、共治、共享的雪乡治理新模式。

表格中，SO 为开拓型策略，旨在最大限度地发挥黑龙江雪乡自然与人文旅游资源的同时，抢抓外部政策与冬奥会的发展机遇，使现有优势产出最大化的效益，通过文化品牌培育推动黑龙江雪乡"走出去"，从而实现开放式发展；WO 为争取型策略，以外部发展机遇来助推雪乡业态创新，通过各类"冰雪＋"弥补雪乡自身发展短板，实现雪乡产业多元化发展；ST 为抗争型策略，具体而言通过资源绿色开发，达到扬长避短的目的；最后是 WT 保守型策略，在面对内有劣势外有威胁的情况下，通过抓住雪乡服务质量这个主要矛盾来最大限度地规避自身劣势与外部威胁，从而实现阻碍雪乡发展因素的最小化。综合认为，黑龙江雪乡自身整体优势远大于发展劣势，但机遇与威胁并存。因此，雪乡在未来的发展过程中，既要保优势又要避劣势，既要抓机遇也要避威胁，综合运用四种策略，促进自身的高质量发展，实现"三生"融合的目标。

一、文化品牌培育推动雪乡"走出去"

首先，雪乡需要以国民时代所需确立自身的品牌定位。文化品牌的培育需要顺应国情与政策导向，并注重对其时代性、独特性等文化属性的培育。例如江西平村的《关公战颜良》等特色民俗活动，通过体育运动的方式引导游客进行身体锻炼与感受三国时期文化，不仅满足了游客轻欢愉、宣泄压力等的情感需求，更使得广大游客通过体育宣泄重拾对美好生活的希望，通过游客之间的互动有力推动了江西民俗文化品牌的传播，提升了游客对我国优秀传统文化的自信心，顺应群众需求的同时紧扣了提高民族自信、文化自信的国情。对于黑龙江雪乡来说，迎合"三亿人上冰雪"的时代特征与国家大力发展冰雪文化的要求，同时以市场需求为导向实现文化培育与时代发展之间的协调和匹配，但也不能忽视现阶段游客群体对于冰雪旅游消费需求的转变，充分考虑初旅与复旅游客之间在群体需求、消费能力、品味共性等方面的差异，根据差异进行服务质量的调整，突破单纯"游、娱、看、尝"的固有传统模式，构建以雪乡地区文化为核心的"游、体、学"等深涉入的文化品牌体系。

其次，要以文化为创意原点，立足黑龙江省雪乡文化内核打造属于自己的特色文化品牌。例如湖南省的德夯苗寨依托受众较多和影响力较大的"百狮会""苗鼓王大赛"等民俗文化为基础，深度挖掘本土文化内涵，并不断进行打散、整合与创新，形成了独具影响力的"国际苗鼓文化节"，重塑了当地特色民俗文化形象，真正实现了德夯苗寨"走出去"。基于此，黑龙江雪乡也应本着因地制宜的原则，结合雪乡地区独特的生态特征与文化优势，深入挖掘白色冰雪文化与红色历史文化，凸显雪乡地域文化优势，提升品牌的文化内涵，增加"创意、体验、体育运动"等元素在文化产品中的占比，打造独具雪乡特色的文化品牌体系，突出雪乡与其他景区差异化的特征。黑龙江雪乡具有与生俱来的冰雪、林木、高山与物产等资源，也应运而生出了具有地域特色的人文旅游资源，在政策指引与冬奥会即将举办的双重红利期下，通过培育雪乡文化品牌，以开放的姿态推动雪乡走出黑龙江、走出国门，将会是雪乡与地区冰雪经济高质量发展的必然。

二、依托"冰雪十"促进产业多元发展

黑龙江雪乡现在面临着同质化的内在劣势，倘若不抓紧进行深度的特色开发，进行业态方面的创新，就会因为极其容易被模仿复制与缺乏核心竞争力而丧失政策与冬奥会等千载难逢的外在市场机遇，再加上"宰客事件"对其旅游形象的毁灭性影响，雪乡将很难再从国内旅游市场中冲出包围。对于黑龙江雪乡来说，重视互补业态的相互利用，从而推动自身产业的多元发展，将会是同质化问题的解决根本。网络平台的建设是景区旅游形象传播的重要渠道，尤其是自主建设与运营官方网站，成为众多旅游景区对外形象建立的首要选择。相关数据显示，截至 2018 年 6 月，我国网民规模达 8 亿多人，互联网普及率近六成，以互联网为雪乡对外宣传与形象建立的载体具有极大潜力。目前，雪乡在网络端仅开发建设了官方网站与微信公众号，利用互联网进行信息传递与形象曝光的主动性严重不足，亟待加大在网络端的投

入与建设。以微博为例，2020 年在长沙举办的中国新媒体大会上，新浪微博高级副总裁曹增辉提到，微博月活跃用户超过 5 亿、日活跃用户超过 2 亿。作为国际前列的社交网络平台，微博用户既是信息发布者，更是信息接收者。目前雪乡在微博平台仅开设了官方账号，但并没有进行日常运营维护，最后一次信息发布时间仍为 2018 年，严重缺少信息传递过程中的互动性，而同为市场竞争者的哈尔滨冰雪大世界的官方微博粉丝超 2 万，并经常进行景区活动安排的通知与相关咨询，通过打卡、抽奖等活动与用户形成互动，黑龙江雪乡需要加强在微博、美团、大众点评等网络平台的业态创新。

而在"冰雪＋体育"方面，雪乡更是存在严重的创新不足。雪乡需要加大冰雪旅游产品的体验性与参与性，才能使游客印象深刻进而产生复旅行为，而"冰雪＋体育"恰好能够实现这一目标。推动雪乡冰雪与运动健身、冰雪与运动培训等业态的融合发展，以及部分场地在非高峰时间段内低价或免费开放等方式增加雪乡游客参与深度与冰雪运动的参与人数，从而在创新业态融合发展的角度丰富了雪乡冰雪产业的旅游供给。此外，还可以加强冰雪运动主题公园、青少年户外运动基地等的建设，引导雪乡当地通过业态融合与产业集聚建成冰雪旅游特色小镇等，丰富雪乡在运动、康养、养生等方面的产品供给，从而推动形成"一村一面"的新发展格局。除了"冰雪＋互联网"与"冰雪＋体育"外，有关冰雪业态创新的案例还有"冰雪＋人工智能"与"冰雪＋大数据"等。乘着冬奥的浪潮，享受着国家政策的红利，此时的黑龙江雪乡应该紧紧抓住机遇，以创新为导向，依托"冰雪＋"等业态融合模式，促进自身冰雪产业的多元发展，化解"千村一面"等自身发展劣势。

三、合理开发资源实现绿色持续发展

五大发展理念中绿色发展是指要解决好发展过程中人与自然和谐共生的重要问题，从人类文明发展史的眼光来看，只有充分地尊重自然、保护自然，人类才能实现可持续发展，只有实现人与自然的和谐共生，才能获得更广阔的发展空间。因此，在对雪乡进行旅游资源的整合与开发过程中，首先应秉持开发与治理并重的原则，在开发利用过程中不可破坏原先生态系统的完整性与原始性，保证自然资源得以完整保护的前提下再进行资源开发与利

用。其次，还应坚持预先系统规划、整体实行开发的原则，在开发过程中要处理好整体与部分的关系，既要因地制宜结合不同小区域内的实际情况进行开发，又要以整体观与全局观审视整个开发过程，在开发之前提前将景区的后期维护治理纳入开发规划内，确保在突出地方特色的同时，又实现自身的绿色发展。最后，雪乡应在绿色可持续的发展理念下，以环境的生态保护为着力点，更加关注雪乡经济效益增长的同时环境情况发生的变化，决不可以牺牲生态环境为代价实现自身发展，而应通过科学合理的方式确定相关资源的整合与开发路径，从而保证雪乡资源利用的可持续性。区域冰雪旅游资源的整合与开发不仅是对自然景观的改造，更是对当地文化的创新与传承，雪乡村落景观与古建筑承载着浓厚的历史文化，因此有必要也对其进行适当保护与绿色开发，在一方面注重自然资源的保护、建立严格的资源整合与开发制度同时，还要注意对具有历史文化底蕴建筑等的改造，从而确保黑龙江雪乡得天独厚的冰雪旅游资源能够全方面地保存完整。

四、利益共享促进雪乡形成治理合力

面对内有产品单一与形象受损等劣势，外有市场竞争激烈与资源开发负外部性效益等威胁，唯有通过利益共享才能促进黑龙江雪乡形成治理合力，规劣避胁。但目前来看，雪乡内部并未形成治理合力，对于突发事件各个部分事不关己，相互推卸责任的现象屡屡存在。例如"宰客事件"发生后，雪乡相关部门并未及时做出声明并进行整改，而是通过媒体"喊冤"，并经常拿例如泰山等的景区做比较，企图以"侮辱他人的方式博得自己的同情"，而山东媒体则第一时间前往一线，通过走访用事实说话，以诚恳的态度和得当的语言最大限度降低舆论所带来的负面影响，彰显了山东媒体与景区的担当和责任心，赢得了公众的信任。而雪乡官方的失声等处置缺位和治理不当使得其很长一段时间陷入形象危机。

通过将各方利益进行挂钩实现利益共享，从而达到合力共治的最终目的，是冰雪旅游规劣避胁的根本保障。例如陕西袁家村就通过对利益与治理进行统筹实现了自身的高质量发展，通过集体经济股份化，袁家村的人民形成了规模空前巨大的利益共同体，"生意是大家的生意，未来是大家的未来，一损俱损、一荣俱荣"，真切的利益关联关系促使袁家村形成了真正的集体主义，村内的治理力量自然也就大了。黑龙江雪乡也应通过多元化股份的方式，形成"你中有我，我中有你"的多元治理格局，有效地将个人利益与集体利益进行捆绑，激发干部做好服务工作、激发商户规范销售行为、鼓励群众参与景区治理，充分调动多方主体治理的能动性与创造性、形成共商、共治、共享的雪乡治理新模式。